Claire Avalon

ATLANTIS

BEGEGNUNGEN MIT DEN WÄCHTERN VON EDEN

Arbeitsbuch 1

Bitte fordern Sie unser kostenloses Verlagsverzeichnis an:

Smaragd Verlag
In der Steubach 1
57614 Woldert (Ww.)
Tel.: 02684.978808
Fax: 02684.978805
E-Mail: info@smaragd-verlag.de
www.smaragd-verlag.de

Oder besuchen Sie uns im Internet unter der obigen Adresse.

Hinweis zum Cover
Die auf der Brust gekreuzten Arme stellen den Gruß der Atlanter dar.

Deutsche Erstausgabe: Juni 2004
Cover: PreData
Umschlaggestaltung: PreData
Satz: G. Heuchemer, Smaragd Verlag
Printed in Czech Republic
ISBN 3-934254-73-X

Claire Avalon

ATLANTIS

BEGEGNUNGEN MIT DEN WÄCHTERN VON EDEN

Arbeitsbuch 1

Smaragd Verlag

Über die Autorin

Claire Avalon beschäftigt sich seit vielen Jahren mit den Fragen des spirituellen Wachstums dessen, was einen Menschen einzigartig macht – der Seele.

Vor etwa fünfzehn Jahren begann bei ihr eine spirituelle Entwicklung, die ihr immer wieder zeigte, dass sich hinter allem Geschehen eine unvorstellbare Intelligenz höherer Ordnung verbergen muss, die man weder als Zufall bezeichnen, noch jemals ganz begreifen kann. Die Ausbildung zur psychologischen Beraterin unterstützte das Verständnis für die vielen Facetten der Seele.

Sie wurde immer wieder liebevoll an die Arbeit im Dienste der Menschen herangeführt, um sich dann freiwillig für ihr Wirken als Medium der Großen Weißen Bruderschaft zu entscheiden.

Heute arbeitet sie in Einzelsitzungen mit Menschen, um ihnen auf ihrem Weg der Transformation im Sinne der Akzeptanz all ihrer Fähigkeiten, Unvollkommenheiten und Schönheit behilflich zu sein. In Seminaren unterstützt sie diese Menschen dabei, selbst in eine seriöse und eigenverantwortliche Kommunikation mit der Weißen Bruderschaft zu gelangen und das Gesetz der Präzipitation erfolgreich anzuwenden. Ihr wichtigstes Ziel ist die Unabhängigkeit eines jeden Menschen und die Übernahme der eigenen Verantwortung für das SEIN. Nur so kann das „SCHAFFEN AUS DER URMATERIE“ von Erfolg gekrönt sein.

Inhalt

Vorwort der Autorin

Liebe Leserinnen und Leser,

dieses Arbeitsbuch ist das erste einer vierbändigen Reihe. In jedem Band werden jeweils drei der zwölf Strahlen in ihrer Reihenfolge behandelt. Die Reihe baut auf dem Buch “Die zwölf göttlichen Strahlen und die Priester aus Atlantis” auf. Dort wurden die atlantischen Priester und Priesterinnen bereits vorgestellt, beschrieben und im Sinne der Präzipitation – dem Schaffen aus der Urmaterie – in die Arbeit mit den zwölf Strahlen eingebunden. Deshalb wird hier auf die Wiederholung dieser wichtigen Grundlagen verzichtet. Wenn Sie sich also auch einen visuellen Eindruck der Priester verschaffen möchten, was ja auch gerade in der Arbeit mit Kindern sehr wichtig ist, empfehle ich Ihnen begleitend die Lektüre über die zwölf Strahlen.

Grundsätzlich möchte ich Sie bitten, in allem, was Sie tun mit den Aufgestiegenen Meistern und den Atlantern, kreativ zu sein und vor allen Dingen die Eigenverantwortung nicht zu vergessen.

Auf Seite 15 finden Sie einen einführenden Text für Erwachsene, auf Seite 17 für Kinder. Diese Texte bieten sich als Grundeinstieg in alle Meditationen an. Dann gehen Sie weiter zum entsprechenden Kapitel, indem Sie sich im Vorfeld für die Arbeit mit einem bestimmten Strahl entscheiden. Weniger ist oft mehr. Begnügen Sie sich bitte immer mit einem Strahl und einem der Atlanter, je nachdem, welches Thema gerade angebracht ist. Sie werden sehr schnell merken, wie intensiv an und mit Ihnen gearbeitet wird.

Ein Tipp: Wenn Sie den einführenden Text zum Beispiel in einer Gruppe vorlesen, geben Sie der Einfachheit halber schon den Strahl vor, mit dem gemeinsam gearbeitet werden soll. Es erleichtert den Einstieg in die Energie. Seien Sie bitte auch so kreativ und bereiten Sie sich vorher auf die Arbeit vor. Wer in Gruppen arbeitet, ob mit Erwachsenen oder mit Kindern, hat genug Spielraum, die einzelnen Texte dem anstehenden Thema anzupassen.

Sie werden auch Meditationen finden, die ein praktisches Arbeiten einschließen, zum Beispiel die Meditation mit Tunere. Dann haben Sie ruhig den Mut, selbst oder innerhalb der Gruppe zu arbeiten und die Meditation später fortzusetzen. Gerade das lässt Sie kreativ sein, und vor allem werden Sie so die direkte Präsenz der Energie spüren.

Nehmen Sie bitte vorher das Buch über die zwölf Strahlen zur Hand und schauen Sie sich noch einmal die persönliche Beschreibung der Atlanter oder auch ihrer Tiere und Tempel an. Lesen Sie die Texte genau durch, oder die Passagen laut vor. Wir sind visuelle Wesen und können uns so viel leichter mit den einzelnen Priestern auseinandersetzen. Sie werden sehen, es macht viel mehr Spaß, und Sie und Ihre Teilnehmer haben das Gefühl, etwas ganz Persönliches geschaffen zu haben. Die Atlanter gehen darauf ein, und es wird immer eine besondere Atmosphäre herrschen. Ich weiß, es ist Arbeit, aber die Texte nur einfach zu lesen wird schnell langweilig und es fehlt der Pep. Ganz ehrlich: Der Apfelkuchen schmeckt mit Sahnehäubchen doch auch viel besser! – Oder?

Wenn Sie im Hintergrund musikalische Untermalung wünschen, wählen Sie eine geeignete Musik aus. So kann das Geräusch eines Wasserfalls durchaus sinnvoll sein. Schon während der Vorbereitung spüren Sie die Energie der Meister und Atlanter, die Ihnen gerne bei der Auswahl der Stücke helfen. Lassen Sie sich also führen. Die Atlanter bevorzugen vor allem in ihren Tempeln ein harmonisches Glockengeläut zur Vorbereitung auf ihre Worte.

Ein Letztes: Sie werden viele Passagen finden, in denen Sie zum Hinhören und Aufnehmen von Botschaften aufgefordert werden. Lassen Sie sich und den Teilnehmern dafür bitte viel Zeit. Sie sind nicht bei einem Marathonlauf durch Atlantis. Dort hatte man alle Zeit der Welt.

Unser aller Ziel ist die selbständige Kommunikation mit dieser Ebene mit Hilfe der inneren Stimme und von Impulsen.

– Sehen Sie Ihr Treffen mit den Atlantern und auch den Meistern doch als Einladung zur Entspannung, zur Regeneration und zur erfolgreichen Zusammenarbeit an, auch wenn es Zeit, Energie, Liebe, Geduld und Demut kostet. Aber es ist der Mühe wert – und nach einiger Zeit wird Ihnen bewusst, dass wir alle, die wir uns im irdischen Kreislauf befinden, aus derselben Quelle stammen. Diese Quelle kann nie versiegen. Sie sprudelt immer gleichmäßig und versorgt uns alle mit den wichtigen Impulsen. Hinhören, aufnehmen und umsetzen, – das ist das Werkzeug, das wir brauchen, um diese wichtigen Stimmen zu "hören".

Gehen Sie jetzt also mit mir auf die Reise und vergessen Sie die Kinder nicht, auch wenn Ihnen bewusst wird, dass Sie offensichtlich kein "Indigokind" in Ihrem Kreise finden. Sie werden sich wundern, wie viele "normale" Kinder es gibt, deren Intuition und Sichtweise verblüffend und von einer "anderen Welt" ist. Geben Sie ihnen eine Chance, denn sie sind unsere Welt von morgen.

Vorwort für Kinder

Liebe Kinder,

Eure Eltern, Freunde oder vielleicht auch Lehrer haben ein ganz besonderes Buch in die Hand genommen, um mit euch gemeinsam etwas zu lesen. Ich habe schon einige Bücher geschrieben, aber noch nie ein Buch für Kinder. So hat es mich diesmal ganz besonders gefreut, einige Kapitel für euch schreiben zu dürfen.

Atlantis ist sicherlich für viele von euch schon ein Begriff. Wir wissen, dass es ein uralter Kontinent ist, der vor langer, langer Zeit untergegangen ist. Das hatte zahlreiche Gründe, und viele Wissenschaftler befassen sich schon sehr lange mit der Forschung.

Ihr wisst, dass die Seele eines Menschen etwas ist, das jedes Leben überdauert. Der Körper stirbt zwar, aber die Seele – manche sagen auch Lichtkörper dazu – lebt weiter und entschließt sich dann irgendwann, wieder in einen Körper zu gehen. Dann wird man wieder als Baby geboren und wandert von neuem auf der Erde herum. Man trifft natürlich wieder ganz viele Menschen, die man vor langer, langer Zeit in einem anderen Leben gekannt hat, denn die sind auch wieder in einen Körper gegangen.

So kann man sich natürlich auch vorstellen, dass diese Seele, die ja jetzt in einem neuen Körper wohnt, sich irgendwie an diese ganz alten Leben erinnern kann. Genauso ist es mit Atlantis. Viele Seelen in den Menschen haben sich schon daran erinnert, dass sie dort einmal gelebt haben. Manchmal sehen sie auch Filme darüber oder lesen etwas in Büchern und etwas in ihnen "weiß", dass das alles richtig ist.

Vielleicht habt ihr schon mal das Wort "Intuition" gehört. So ein Gefühl oder eine Ahnung ist auch eine Intuition. Ja, und dann geht man meistens auf die Suche nach mehr Berichten, Bildern, Filmen und Informationen. In der Geistigen Welt, also dort, wo sich noch viele Seelen befinden, die im Moment nicht in einem Körper sind, wohnen auch noch viele Seelen, die seit dem Untergang von Atlantis nicht mehr in einen Körper gehen wollten. Jeder kann das für sich entscheiden. Das nennt man auch "freien Willen." Diese Seelen waren damals in Atlantis sehr intelligent und gut zu den Menschen. Es waren große Persönlichkeiten, die man sehr geachtet hat. Man nennt sie auch Priester. Das hat nichts mit den Priestern in der Kirche zu tun, denn die machen eine ganz andere Arbeit, die auch sehr wichtig ist. Hier hat das Wort "Priester" eine andere Bedeutung. Es meint, dass sie viel Wissen haben und dies mit viel Liebe an die Menschen weitergeben möchten. Jetzt müsst ihr euch vorstellen, wie es wäre, wenn diese Priester so wie ihr auf der Erde in einem Körper lebten. Man müsste sie immer besuchen gehen, um mit ihnen zu sprechen. Man könnte sie vielleicht auch anrufen oder anders erreichen. Das wäre aber sehr kompliziert, und ganz bestimmt würde man es oft vergessen, weil es so viel Zeit in Anspruch nehmen würde. Also haben diese Priester sich vorgenommen, über den sogenannten "Geist" mit uns allen zu sprechen. Einerseits benutzen sie Menschen wie mich dazu, die sie direkt hören können und dann alles aufschreiben. Das sind sogenannte Medien. Aber nicht alle Menschen können diese Arbeit so wie ich tun. Das hat verschiedene Gründe. Die Menschen müssen ja bestimmte Dinge erledigen, und so hat jeder seine Aufgabe. Trotzdem können alle mit diesen Priestern sprechen, und zwar über ihre innere Stimme, die Gedanken und die Intuition. Am besten geht das in der Meditation. Da können euch eure Eltern sicherlich sehr gut helfen. Sie erklären euch, wie das geht. Dann machen diese Priester in der Meditation mit euch bestimmte Übungen, indem sie euch zu sich nach Atlantis einladen und dort viele interessante Dinge mit euch besprechen. Ihr werdet sehen, wie schnell ihr euch dort wieder zurechtfindet. Dann könnt ihr auch malen, was ihr gesehen habt. Ihr werdet bestimmt sehen, wie viel Hilfe ihr von ihnen zusätzlich zu der Hilfe eurer Eltern, Geschwister, Freunde und sonstigen Begleiter bekommen werdet.

Ich möchte euch und euren Eltern gerne noch etwas Persönliches sagen: Manche Atlanter sprechen davon, dass die Menschen kein Fleisch essen und die Tiere am Leben lassen sollen. In Atlantis war das ganz normal, und die Menschen waren körperlich noch ganz anders aufgebaut. Wir heute leben anders und dürfen uns wieder dahin entwickeln. Aber Kinder brauchen viel gute Nahrung, um kräftig und erwachsen zu werden. Später können sie dann entscheiden, ob sie Vegetarier werden möchten oder nicht. Ihr braucht euch also keine Gedanken zu machen, wenn ihr und eure Eltern noch gerne Fleisch esst. Viele Erwachsene, die heute Vegetarier sind, haben dies als Kinder und Erwachsene auch noch gerne getan, ich übrigens auch. Alles braucht seine Zeit, und wir dürfen uns zu nichts zwingen lassen.

Ich hoffe, ihr habt Freude an diesem schönen Buch. Vielleicht hat der eine oder andere ja Lust, mir mal zu schreiben oder ein Bild zu schicken. Ich würde mich freuen.

Seid herzlich umarmt.

Eure Claire Avalon

Danksagung

An dieser Stelle bedanke ich mich bei all meinen Klienten für die phantastische Zusammenarbeit, auch in den einzelnen Meistergruppen; bei meinen geistigen und irdischen Freunden, die alle gemeinsam mit mir an einem Strang ziehen; bei den vielen Lesern und Leserinnen, die ich nicht kenne, für ihr Vertrauen; und vor allen Dingen bei Mara Ordemann, die durch ihre grandiose Verlagsarbeit und die Blaue Lichtburg zu einem wichtigen Lichtpunkt der Weißen Bruderschaft geworden ist.

Von Herzen danke ich auch meiner Familie für all ihre Geduld und Rücksichtnahme während der "anstrengenden Phasen", und natürlich meiner "uralten" Stütze Christoph für seinen unbegrenzten Mut, seine ausgleichende Liebe und seine immer wieder wachsende Energie für die "Reise durch alle Zeiten."

Danke an El Morya, "unseren Freund der Quelle".
Danke!

Ihre/Eure Claire Avalon

Vorbereitung für die Meditation – Erwachsene

Begib dich in deinen geschützten Räumen an den Platz, der dich einlädt zu einer ruhigen Meditation. Nimm Platz und mache es dir bequem. Schließe deine Augen. Du hast gelernt, in deine sieben Chakren zu atmen, bis sich eine entspannte Haltung in dir bemerkbar macht. Nimm dir Zeit, begrenze dich nicht und atme. Schlage dabei von deinem Wurzelchakra ausgehend feste Wurzeln in die Erde, damit du auch bereit bist, in deinem Körper zu bleiben. Nur so wirst du dich erinnern an alle Ratschläge und Mitteilungen.

Ruhe.

Nun visualisiere deinen Kausalkörper, der die Energie aller zwölf göttlichen Strahlen beheimatet. Stell dir vor, dein Höheres Selbst trägt ein Kleid, das all die Farben dieser Strahlen der kosmischen Schöpfung enthält. Visualisiere nacheinander die Farben Saphirblau, Goldgelb, Rosa, Weiß, Grün, Rot, Violett, Aquamarin, Magenta, Gold, Pfirsich und zuletzt Opal.

Ruhe.

Nun aktiviere in diesem Kleid den Strahl (den Strahl entweder selbst wählen oder je nach Thema vorgeben), mit dem du heute intensiv arbeiten möchtest, und lenke seine Strahlkraft ganz bewusst in das Chakra, das seiner kosmischen Wirkkraft zugeordnet ist. Fühle dort die Kraft des Strahles und atme frei und kraftvoll.

Ruhe.

Du musst dich nicht weiter auf den Strahl konzentrieren, denn er wird dich begleiten, sei ohne Sorge. Halte die Augen geschlossen und gehe auf die Reise nach Atlantis. Du kennst den Weg. Er führt dich über Ozeane und ferne Länder, weit weg vom Trubel deiner Welt. Du weißt, jemand wartet dort auf dich, ein alter Freund oder jemand, den du vor langer, langer Zeit in dein Herz geschlossen hast. Dein Geist überbrückt die Zeit der Materie, die zwischen eurem letzten Wiedersehen und heute liegen mag. Lasse dir Zeit und schau, ob du manches wieder erkennst. Nur der Frieden und gute Energien begleiten dich auf deiner Reise.

Ruhe.

Atme tief und ruhig ....

(weiter mit der Meditation des entsprechenden Kapitels)

☆☆☆☆☆

Vorbereitung für die Meditation – Kinder

Setze dich ganz bequem an deinen Lieblingsplatz, wo es warm und gemütlich ist. Dann schließe deine Augen und atme ganz ruhig. Du fühlst, wie sich dein Körper wohlfühlt.

Jetzt stelle dir vor, du würdest wie ein großer, alter Baum Wurzeln in die Erde schlagen. Tief hinein wachsen sie, durch den Boden, auf dem du sitzt. Sie halten dich ganz fest und geben dir Sicherheit.

Ruhe.

Jetzt stell dir einmal vor, du sitzt in einem riesengroßen Luftballon. Er gehört dir ganz alleine. Halte deine Augen schön geschlossen und sieh dich um. Gott hat in diesen Luftballon, als er ihn aufgeblasen hat, ganz viele Farben gepustet. Alle Engel und Helfer von Gott kennen diese schönen Farben. Schau dir die wunderschönen Farben genau an: Blau, Gelb, Rosa, Weiß, Grün, Rot, Violett, Aquamarin, Magenta, Gold, Pfirsich und Opal.

Ruhe.

Wenn dir nun eine Farbe besonders gut gefällt, dann sprich mit ihr. (Farbe entweder selbst wählen oder vorgeben) Vielleicht sieht ja auch der Luftballon so aus, in dem du heute sitzt. Bitte die Farbe doch einfach, sich heute ganz besonders liebevoll mit dir zu befassen. Du wirst merken, wie sie dich liebevoll streichelt und wärmt. Sie wartet nur darauf, sich wie eine warme Decke über dich zu legen. Spürst du das? Decke dich mit ihr zu. Ruhe.

Keine Sorge, die Farbe bleibt bei dir. Sie lässt dich nicht im Stich. Halte deine Augen ruhig geschlossen und spüre, wie leicht du wirst, als könntest du fliegen. Du bist jetzt wie ein Vogel, der alles unter sich sieht. Da ist einmal ganz viel Wasser, ein großes Meer, dann wieder eine Insel mit Palmen und vielen Menschen, die ganz klein aussehen und umherlaufen. Du siehst große, weite Flächen mit vielen Tieren. Hast du manches schon einmal gesehen? Kommt dir etwas bekannt vor? Du bist auf der Reise nach Atlantis. Dort warst du schon einmal, auch wenn es lange, lange her ist. Wenn du dort ankommst, wirst du sehen, dass dort jemand auf dich wartet, den du schon kennst. Ganz viele Engel begleiten dich. Kannst du sie sehen? Sie winken dir zu und strecken dir die Hände entgegen.

Ruhe.

Du fühlst dich sehr wohl. Die Engel sind immer noch bei dir. Sie tragen dich auf ihren Flügeln und geben dir ganz viel Kraft, denn langsam musst du zur Landung ansetzen wie ein Vogel, der sein Nest erreicht. Vielleicht siehst du sehr schöne Dinge, die dir auf deinem Weg begegnen. Freue dich an ihnen und lächele ihnen zu.

Ruhe.

Atme ganz tief und ruhig..

(weiter mit der Meditation des entsprechenden Kapitels)

ERSTER, BLAUER STRAHL

Zitat von El Morya – dem Lenker des blauen Strahls

"Möge der blaue Strahl seine Energie in euch versenken. Lenkt ihn in euer Halschakra, als Ausdruck all eueres Mutes zur Zielsetzung, des Willens zur Durchführung, des Vertrauens und der grenzenlosen Verantwortlichkeit für all euer Denken und Handeln. Er kläre euer Bewusstsein, den Samen zu legen in jedes Wesen, das euch begegnet, denn vor Gott sind alle gleich. Niemals sollt ihr beurteilen, was des Samens Weg zu sein scheint. Auch das Unkraut erfüllt seinen Dienst. Sein Wandel zum nährenden Getreide ist eine Frage der Kultur, des Zeitenwandels und der dargebrachten Energie.

Habt ihr den Samen gelegt, so bringt das Wasser und haltet die schützende Hand darüber. Sprießt das dünnste Kraut, so seid der hütenden Natur gewiss. Wendet euch dem nächsten Körnchen zu und wandert weiter in der Gewissheit der göttlichen Ordnung. Die unsichtbare Kette des Lichts lässt euren Weg verfolgen, seid gewiss. Nicht der Erdenlohn sei der Maßstab, sondern das Geistige zählt die Stationen. So eilt voran. Der Sämann braucht lange, um seinen Acker abzuschreiten. Tag und Nacht währt sein Marsch in der fruchtbaren Zeit. Ein kurzes Mahl und die Rast an einer reinen Quelle sind seine ganze Erquickung. Der tiefe Schlaf ist kurz und lehrreich. Dem Müßiggang bietet sich keine Stunde. Das ist das Licht der nächsten Dimension."

Gott zum Gruße – El Morya

MAFESE – PRIESTER DES MUTES UND DER KRAFT

Themen:

- Ich habe keine Kraft.
- Man hat mir zu große Aufgaben übertragen.
- Mir fehlt der Mut zu neuen Schritten, die Konsequenzen haben könnten.
- Ich bin total überfordert.
- Ich muss zu hart kämpfen.
- Mir fehlt der Wille zur Tat.
- Ich bin nicht geeignet für die Führungsrolle.
- Man erwartet zuviel von mir.
- Ich muss zu schnell entscheiden. Man lässt mir keine Zeit.

☆☆☆

Wie oft geschieht es dir, dass du vom Lauf der Dinge überholt wirst? Wird dir manchmal auch bewusst, dass du all die Situationen selbst in Gang gesetzt hast? Was mag es für dich bedeuten, keine Kraft zu haben. Was ist Kraft? Kraft ist Antrieb, der innere Mut, etwas in Gang zu setzen. Man kann dir die Kraft weder nehmen noch geben. Alleine dass du existierst, ist Ausdruck der Kraft.

Vergleiche dich mit einem Baum. So lange er lebt, entwickelt er in jedem Frühling seine Kraft neu, um teilzunehmen am Wachstum und am Leben in der Natur. Er hat geruht und sich vorbereitet auf etwas Neues. Sobald der Kreislauf des Lebens ihn fordert, folgt er seiner selbst gewählten Aufgabe. Und schon beginnt sich seine Kraft zu entfalten. Er weiß, was er zu tun hat. Und so weißt auch du in deinem Inneren, welch freudigen, tragischen und kreativen Prozessen du dich in deinem Leben stellen wolltest. So betrachte die Forderung deiner Kraft als höchsten Anspruch an dein Mitwirken im Kosmos und am Prozess des Universums. Nur wer seine Kraft mühsam verschenkt, fühlt sich ihrer beraubt. So frage dich dann, wie viel Kraft dein Ego noch braucht, damit es sich gemessen fühlt am sichtbaren Einsatz aller anderen. Wer seine Kraft spendet für den Prozess des Gebens und Nehmens, wird sie erfahren als rückflutenden Strom einer sich ständig neu aufbauenden Lebensenergie. Ein Lebensstrom, der sich einsetzen will und muss für das Miteinander im Wachstum der Menschheit und im Sinne des Aufstiegsprozesses, wird sich immer wiederfinden in einer Führungsposition. Du wirst immer Seelen treffen, die sehr viel von dir erwarten und dich fordern. Vor allem wirst du das spüren, wenn sich deine Seele den blauen Strahl als Seelenstrahl erwählte. Aber nur du hast es so gewählt, nicht dein Schöpfer. So bleibe immer gelassen und ruhig, denn du weißt, du bist beschützt. Bitte um die Kraft und um den Mut, das zu bewerkstelligen, wozu du dich bereit erklärt hast. Halte dir immer dein Ziel vor Augen, denn dieses schenkt dir den Willen zur Tat.

Du hast dich eingefädelt in den irdischen Kreislauf von Zeit und Raum. Dieses Rad dreht sich unaufhörlich. Warum denkst du oft, du hast zu wenig Zeit? Wo fängt sie an und wo hört sie auf? Nimm sie dir, denn sie ist unendlich. Ihr Reservoir ist unerschöpflich. Wenn du gelernt hast, sie als deinen bereitwilligen Freund zu sehen, der sich deinem Wesen anpasst und sich in einer nicht berechenbaren Fülle verschenkt, wirst du nicht mehr in Phasen denken. Dann wird dir bewusst, dass dich die Zielsetzung und das Anvisieren dieses Ziels konfrontieren mit den zeitlich korrekten Gegebenheiten. So wirst du dann handeln wollen und können, wenn die Zeit gekommen ist. Mag sein, dass du dann viel mehr tun musst, als du dir vorgenommen hattest, aber du alleine erkennst dann die Notwendigkeit. Das gibt dir Kraft und Energie, zwei Tage ohne Schlaf zu arbeiten oder viele Entscheidungen in kurzer Zeit zu treffen. Habe doch den Mut, keine fremden Erwartungen zu erfüllen. Dann werden die Aufgaben nicht zu groß und man kann dich nicht überfordern. Gleichwohl solltest du erkennen, dass Erwartungen immer ein Spiegel sind. Du bist nur bereit, Erwartungen zu erfüllen, wenn du selbst weißt, was Erwartungen bedeuten. Auch du selbst kannst nicht warten. Du wartest konzentriert, dass andere das erfüllen, was notwendig erscheint. Und so stellst du an dich selbst die

Erwartung, andere dabei zu begleiten, diese Erwartungen zu erfüllen. Gleichzeitig erwarten andere von dir eine Reaktion. Und so taucht der Mensch ein in den Kreislauf der Erwartungen.

Ich will dir helfen, mit Mut und im vollen Bewusstsein deines Kraftpotenziales durch dein Leben zu gehen.

EINSTIMMUNG (siehe Seite 15)
MEDITATION

Die Grenzen deiner jetzigen Existenz verschmelzen in einem weißen Licht der göttlichen Güte und Liebe. Bilder aus der Vergangenheit mögen auftauchen. Lasse sie an dir vorbeiziehen, auch wenn du dabei Schmerz empfindest. Es ist gut so. Segne alle Wesen und Situationen und hülle sie ein in die allumfassende und bedingungslose Liebe. Dann lasse sie los.

Ruhe.

Öffne dein Herz für unsere Begegnung. Für mich ist sie sehr wertvoll. Auch ich habe mich darauf vorbereitet. Ich wusste, du würdest eines Tages hierher zurückkehren, um Kraft und Mut zu schöpfen für deinen Weg in der Unendlichkeit von Raum und Zeit.

Ruhe.

Du bist voll konzentriert. Unter dir erscheint ein Kontinent von atemberaubender Schönheit. Im Glanz der Sonne glitzert das Meer wie ein riesiger aquamarinfarbener Kristall. Kannst du mich sehen? Ich warte am Meeresstrand auf dich. Ich sitze ruhig da und winke dir zu. Mein blaues Gewand leuchtet in der Morgensonne. Neben mir schläft mein Löwe.

Ruhe.

Schwinge dich langsam ein in die Energie von Atlantis. Komme an und fühle dich zu Hause und erwartet. Sei mein Gast und von Herzen geliebt. Nimm Platz neben mir im strahlend weißen Sand, der dich wärmt nach der langen Reise.

Ruhe.

Habe keine Angst vor meinem Tier. Es ist friedlich und sucht deine Zuneigung. Fasse es ruhig an, wenn dir danach zumute ist. Vielleicht hast du ja auch Angst vor Tieren dieser Art, was immer einmal geschehen sein mag. Lehnst du sie vielleicht körperlich ab, indem du krank wirst in ihrer Gegenwart? Erkenne in Ruhe, dass deine Angst oder Ablehnung völlig unbegründet ist. Atme tief die frische Luft ein und erkenne den Geruch deiner alten Heimat. Was erkennst du wieder? Was fühlst du? Wenn du traurig bist, lasse die Tränen fließen. Sie sind Perlen der Seele. Übergib sie dem Meer, das sie vereint mit dem Salz des Lebens. Wenn dein Herz sich freut, lasse es zu.

Ruhe.

Lasse uns gemeinsam auf das Meer schauen, das sich in gleichmäßigen Wellen vor unseren Augen bewegt. Dieses Meer kennt keinen Sturm. Siehst du die vielen Delfine? Sie erkennen dich wieder als ihren Freund.

Ruhe.

Also, hast du etwas Bestimmtes auf dem Herzen? Dann sprich, und ich werde dir einen Rat geben, dem du folgen darfst. Keine Sorge, es wird so in dir verankert, dass du damit umgehen kannst. Höre in dich hinein. Nimm dir Zeit.

Ruhe. (Längere Pause)

Ich möchte dir Mut machen, damit du deinen Weg mit all deiner Kraft gehen kannst, die so unerschöpflich ist wie dieses Meer. Bedenke immer, dass du ein wichtiger Teil der gesamten Schöpfung bist. Ohne dich würde etwas fehlen, ein Stück der universellen Kraft.

Ruhe.

Fühle diese Kraft und den Willen in dir aufsteigen wie eine Fontäne der Wärme und des Friedens. Erspüre die Sicherheit, dass man nur das von dir verlangen kann, was du dir selbst vorgenommen hast. Dein Halschakra öffnet sich ganz weit. Atme das Salz des Meeres ein, das Salz des Lebens. Es möge dich stärken für all die wichtigen Aufgaben, die du dir wünschst und die du erfüllen kannst und wirst. Sprich das aus, was du nur von dir selbst erwarten kannst und willst.

Ruhe.

Du fühlst einen mächtigen Energieschub im Bereich deines oberen Rückens. Halte die Augen geschlossen und nimm einfach diese unglaublich kraftvolle Energie in dich auf. Dabei legt sich ein blauer Mantel um deine Schultern. Es ist der Mantel des Schutzes und der Kraft, den Erzengel Michael dir schenkt. Trotz all der Kraft fühlt er sich ganz leicht und seidig an. Er braucht dich nicht zu wärmen, denn er ist nur zu deinem Schutz bestimmt. So kannst du ihn immer tragen, wenn du dir dieses göttlichen Freundes bewusst wirst.

Ruhe.

Wie wunderbar sind solche Stunden mit Freunden, die dein Innerstes kennen. Sei unbesorgt, du wirst all das schaffen, was du aus deinem Herzen heraus entscheidest. Du wirst all die Kraft dafür bekommen, um auch die Konsequenzen zu tragen. Du bist nur für deine Ziele und Entscheidungen verantwortlich.

Ich gebe dir folgende Affirmation mit auf den Weg:

Ich bin mir meines göttlichen Auftrages bewusst. Ich weiß, dass ich die dafür benötigte Kraft und den Mut in mir trage. Alles, was ich plane, entscheide und tue, unterliegt meinem freien Willen. Dafür setze ich all meine Energie ein. Die Kraft des blauen Strahles soll mich beschützen auf all meinen Wegen.

Ruhe.

Es wird Zeit für dich zu gehen. Komm wieder, wann immer du uns brauchst. Aber lerne, dein irdisches Werk mit Mut und Freude zu erfüllen. Vergiss nicht deinen blauen Mantel. Er wurde dir geschenkt. Wenn du wiederkommst, bringe ihn mit, damit wir ihn mit neuer Energie bestücken können. Ich verneige mich vor dir in Ehrfurcht, dass du den Mut hattest, diese Reise anzutreten. Kehre nun zurück über die Meere und finde dich wieder in deinem wunderbaren menschlichen Körper.

Habe Dank für deinen Besuch.

Adonai – Mafese, dein Freund.

Mantra

☆

"Vater aller Dinge, gib mir die Kraft und den Mut, meinen Weg so zu gehen, dass ich vor mir selbst bestehen und das Geschenk der Unendlichkeit verstehen kann. Zeige mir den Weg der zwölf Tugenden." ☆

Text von Mafese für Kinder

Ich grüße dich. Mein Name ist Mafese und ich freue mich, dass du mich einlädst, mit dir zu sprechen.

Du bist vielleicht noch nicht sehr lange auf der Erde. Aber sei gewiss, du bist von allen Menschen eingeladen worden, sie hier zu besuchen. Vor allem deine Eltern und Geschwister, deine Großeltern, Freunde, Lehrer und viele, viele Menschen, die dir noch begegnen werden, haben lange auf dich gewartet. Aber ich sehe manchmal, dass du meinst, du wärest nicht so stark wie die anderen. Manchmal sehe ich deine Angst, dass du dich nicht mit ihnen messen kannst. Habe keine Angst, der liebe Gott wird dir immer wieder genug Kraft geben, damit du allen anderen mutig begegnen kannst. Du bist da, geliebt und verstanden, ganz gleich was passiert. Er wird immer auf dich aufpassen und dir viel Kraft geben, wenn du ihn darum bittest. Aber du weißt auch, dass man dann seine Kraft wieder einsetzen muss. Auch ein Fahrrad fährt nur dann, wenn du die Pedale ganz kräftig bewegst. Fasse dir ein Herz und stelle dich ganz mutig zu den anderen in die Reihe. Es wird dir nichts geschehen. Du hast auch das Recht, einmal ganz mutig Nein zu sagen, wenn du müde bist. Weißt du, es gibt oft Erwachsene, die nicht zwischen Kindern und sich selbst unterscheiden können. Dann musst du ihnen Bescheid sagen.

Mutig sein heißt auch manchmal, sich zu wehren und nicht immer nur das zu tun, was andere von dir verlangen. Wichtig ist immer, dass du es mit deinen Worten erklären kannst. Wenn dir das gelingt, dann wirst du auch verstehen, dass auch die Erwachsenen nicht immer das tun können, was du gerade von ihnen verlangst.

Es kann sein, dass du manchmal nicht so schnell bist wie die anderen. Das macht nichts. Vielleicht bist du dafür in anderen Dingen besser als sie. Beobachte doch einmal im nächsten Frühling die Bäume in eurem Garten. Wenn die ersten Sonnenstrahlen ihre Äste wärmen, fangen die neuen Blätter an zu wachsen. Die Bäume erinnern sich daran, dass sie jetzt wieder viel zu tun haben. Irgendwann willst du doch die Äpfel oder die Kastanien ernten. Wenn du genau hinschaust, wirst du entdecken, dass es Bäume gibt, die viel schneller große Blätter haben als die anderen. Sie tun sich hervor durch ihre frühe Pracht. Die anderen warten noch. Sie müssen noch all ihre Kraft sammeln, um mitzumachen. Aber dann, nach einigen Tagen, kommen auch ihre Blätter hervor, und nach einigen Wochen sind sie alle voller frischer, grüner Blätter. Dann sieht man nicht mehr, wer zuerst sein Kleid entwickelt hatte.

Ich möchte dir helfen, ganz mutig und stark zu wachsen, damit du mit allen anderen Kindern und Erwachsenen gemeinsam viel Freude erleben darfst.

EINSTIMMUNG (siehe Seite 17)
MEDITATION

Ich kenne dich schon sehr lange. Freust du dich auch auf unser Wiedersehen? Lange habe ich auf dich gewartet, aber ich wusste, dass du mich eines Tages wieder einmal besuchen würdest. Vielleicht erinnerst du dich jetzt nicht mehr an mich. Aber ich habe dir vor ganz langer Zeit versprochen, dass ich dir immer helfen würde, wenn dir einmal der Mut und die Kraft fehlen. Ich halte mein Versprechen.

Ruhe.

Jetzt sei ganz achtsam und beobachte alles unter dir. Siehst du das Land? Es ist wunderschön. Herrliche Farben kannst du erkennen. Das Meer leuchtet herrlich blau. Siehst du mich? Ich sitze am Strand und winke dir zu. Mein blaues Gewand leuchtet ganz stark in der Sonne. So kannst du mich am besten finden. Und dann schau neben mich.

Siehst du den Löwen neben mir? Er schläft. Dieses Tier ist ganz zahm und mein bester Freund.

Ruhe.

Du spürst jetzt, wie du schwerer wirst. Ganz weich und sanft wie ein Vogel landest du neben mir im weißen Sand. Wie geht es dir nach diesem schönen Ausflug? Ich freue mich, dass du da bist. Setz dich neben mich. Der Sand ist ganz warm. Er tut dir gut.

Ruhe.

Mein Löwe freut sich sehr über deinen Besuch. Er mag dich sehr. Weißt du, früher in Atlantis waren alle Tiere die Freunde der Menschen. Man brauchte sich nicht vor ihnen zu fürchten. Die Kinder spielten damals mit allen Tieren. Du darfst meinen Löwen sogar anfassen, wenn du magst. Streichele ruhig sein Fell. Siehst du, er blinzelt dir zu und genießt deine Liebe. Jetzt atme ganz tief die frische Luft ein. Fühlst du dich wohl?

Ruhe.

Komm, wir schauen gemeinsam auf das Meer. Vielleicht kennst du ja das Meer schon aus deiner Heimat. Wenn nicht, dann schau, wie sich das Meer in gleichmäßigen Wellen bewegt, ganz ruhig und friedlich. Da, sieh hin, vor uns schwimmen ganz viele Delfine. Sie springen aus dem Wasser, hoch in die Luft, um dich zu begrüßen. Sie erkennen dich wieder. Du bist ihr Freund.

Ruhe.

Jetzt bist du ganz da. Schau mich an. Ich bin dein Freund. Vertraue mir. Was bedrückt dich? Wovor hast du Angst? Warum denkst du, verlangt man so viel von dir? Oder warum denkst du, will man deine Wünsche nicht erfüllen? Höre ganz tief in dich hinein. Ich spreche mit dir und gebe dir die Antwort. Du kannst sie hören. Glaube mir, du wirst sie nicht vergessen. Ich bin immer da und wiederhole sie für dich.

Ruhe. (Längere Pause)

Hab doch Mut. Du wirst schon alles richtig machen. Schau, Gott kann so viel Kraft aus seinen Muskeln schütteln. Das reicht für alle Menschen auf der ganzen Erde. Du darfst dir so viel davon holen, wie du nur brauchst. Dann wirst du stark und kannst mit allen anderen mithalten. Du musst ihn nur immer wieder darum bitten. Sonst weiß er doch nicht, was du von ihm willst. Du bist ein ganz, ganz wichtiges Kind auf der Erde. Alle Menschen brauchen dich. Vergiss das nie.

Ruhe.

Jetzt merkst du, wie du ganz stark wirst. In dir wird es ganz warm und friedlich. Habe keine Angst, alle Menschen um dich herum sind froh, dass es dich gibt. Du musst doch ganz wichtige Sachen tun, damit ihr alle es gut habt. Jetzt sage zu dir selbst, was du für dich und alle Menschen tun kannst und willst. Du wirst sehen, wie sie dir zulächeln und froh sind, dass du da bist und dich anstrengen willst. Schau dir deine Eltern an, deine Freunde, deine Lehrer. Du bist für sie so wichtig. Und alle werden dir dabei helfen, mit ganz viel Liebe und Freude.

Ruhe.

Halte deine Augen schön geschlossen. Du hast das Gefühl, als würde dich jemand ganz fest in die Arme nehmen und an sich drücken. Es ist angenehm. Alles um dich herum ist blau. Kennst du Erzengel Michael? Er ist ein ganz hoher Engel, der allen Menschen Kraft und Mut gibt. Wer ihn ruft, bekommt von ihm einen wunderschönen blauen Mantel geschenkt. Er legt ihn dir um deine Schultern und hüllt dich ganz fest darin ein. Der Mantel gehört dir. Er ist ein Geschenk von Michael. Ziehe ihn immer an, wenn du viel Kraft und Mut brauchst.

Ruhe.

Michael verabschiedet sich wieder von uns. Jetzt wirst du alles schaffen, was für dich vorgesehen ist. Bitte ihn immer um Kraft. Gott schickt ihn dann sofort zu dir. Auch ich komme sofort, wenn du mich rufst.

Sage diesen Satz, wann immer es für dich gut ist:

Gott hat mich auf die Erde geschickt, um für mich und alle Menschen viel zu tun. Dafür schenkt er mir ganz viel Kraft und Mut. Michaels blauer Mantel soll mich dabei immer beschützen.

Ruhe.

Du warst jetzt lange hier. Langsam musst du wieder nach Hause gehen. Alle Menschen, die dich kennen, warten dort auf dich. Nimm deinen blauen Mantel mit. Wenn du wieder einmal kommen willst, bringe ihn ruhig mit. Ich danke dir für deinen Mut, mich zu besuchen.

Du wirst wieder ganz leicht wie ein Vogel und fliegst zurück über das Meer. Zu Hause angekommen, fühlst du wieder deinen kleinen Körper.

Ich danke dir für deinen liebevollen Besuch.

Adonai – Mafese, dein alter Freund.

Mantra für Kinder

☆

"Michael, gib mir deinen blauen Mantel. Michael, gib mir Kraft und Mut."

☆

☆☆☆☆☆

SAMUELE – PRIESTER DES SELBSTVERTRAUENS

Themen:

- Ich habe kein Selbstvertrauen mehr.
- Mir fehlt es an Selbstbewusstsein.
- Ich fühle mich ungeschützt gegenüber den Angriffen von außen, Neid und Eifersucht.
- Ich habe Angst davor, meine Ideen zu verteidigen und umzusetzen.
- Ich bin mir meines eigenen Wertes nicht bewusst.
- Ich drohe immer wieder zu kapitulieren, wenn andere mich bedrohen oder versuchen zu überzeugen.
- Ich habe keine Courage und keinen Kampfgeist.

☆☆☆

Was bedeutet für dich Selbstvertrauen? Sich selbst vertrauen? Lernen, selbst auf etwas zu vertrauen? Lernen, von selbst auf etwas zu vertrauen? Siehe, Definitionen gibt es viele. Vertrauen kannst du nur, wenn du dir all der Dinge bewusst bist, die dein Selbst schätzt, anerkennt und bereit ist zu leben. Selbstbewusstsein wird oft verwechselt mit einem geordneten, trainierten und kampfbereiten Auftreten in der Gesellschaft. Wie oft wird es abschätzend und nicht selten abwertend an die Stelle von Egoismus und übertriebener Selbstdarstellung gesetzt. Wenn dein Bewusstsein gewachsen und die Bewusstheit gefördert ist, wenn all dein Denken sich nicht mehr nur um die eigene Achse dreht, sondern auch wohlwollend alle anderen Wesen um dich herum einbezieht, kann dir nichts mehr geschehen. Dann bist du dir deiner selbst bewusst, deines wunderbaren Wertes als Teil des Ganzen. Dann kann dir nichts und niemand mehr etwas anhaben. Sogleich erlischt jeder Anspruch an dich, dein Denken und Verhalten anderen Maßstäben anpassen zu müssen. So entzieht sich die Grundlage für Neid und Eifersucht sich selbst. Jeder andere spürt dann, dass nur du selbst in diesem Moment und in dieser Situation das darstellen und verbreiten kannst, was dir eigen und im Laufe vieler, vieler Zeitalter gewachsen ist. Dann bist du du selbst.

Du wächst über dich hinaus, nicht im Stolz, nein, dein Wert wird dir zum Bewusstsein. Bedenke, brauchst du dann noch Courage und überdimensionalen Mut, um andere zu überzeugen oder dich ihrer Überzeugung gegen deinen Willen zu entziehen? Nur der muss kämpfen, der nicht im vollen Vertrauen zu sich selbst steht. Warum bist du unsicher und fühlst dich bedroht? Was ist Bedrohung? Bedrohen kann man dein Leben. Das ist schlimm und bedarf dann vielleicht der Flucht. Aber bedrohen kann man auch deine Position im Beruf, in der Familie, im Freundeskreis. Man kann deine Überzeugung bedrohen. All das gelingt nur, wenn du nicht auf dein eigenes Potenzial vertrauen kannst. Lerne, dass jedes Wesen seinen Anspruch auf Perfektionismus ablegen muss, früher oder später. Wenn du verstanden hast, dass Fehler menschlich sind und dich sympathisch machen, bist du ein akzeptiertes Teilchen im Zahnrad des Universums. Dann bist du geschliffen. Deine Kanten sind vorhanden und dennoch gerundet. Man kommt an dir vorbei, ohne sich weh zu tun. Aber man muss dich beachten, denn deine Existenz macht das Bild erst sichtbar. Dein Bewusstsein gehört zum Wachstum und zum Funktionieren alles Gewachsenen. Das wird dir Vertrauen geben in den Plan des Göttlichen, denn dort kommst du vor. Wenn es dich nicht gäbe, wäre der Plan nicht vollkommen. So vertraue auf dich selbst, so wie du es einmal getan hast, als du dich von Gott gelöst hast, um ihm zu beweisen, dass du es schaffst, in seinem Vertrauen und in seiner Liebe zu existieren, nicht verstoßen, sondern nur getrennt aus eigenem, freien Willen. Du selbst wolltest die blaue Kraft des Vertrauens und der Kraft immer positiv um dich herum schwingen lassen, als immer währender Bestandteil der kosmischen, väterlichen Liebe, die den Plan aufrecht erhält und kultiviert. Warum willst du vor dem scheitern, was du vor Äonen von Zeitaltern mit begründet hast? Bedenke immer wieder von neuem, dass all das, was dich betroffen macht, von dir selbst mit inszeniert ist. Könnten es Prüfungen sein, denen du dich selbst-bewusst unterziehen wolltest? Ich kann es nur bejahen, denn Vertrauen in dich selbst kann nur wachsen, niemals erlernt werden. Jeder Vater und jede Mutter trägt ihr Kind auf den Armen, bis es sich auf eigene Füße stellt. Es will laufen und die Fremde erkunden. Dann müssen die Eltern loslassen und ihr Kind ins Vertrauen zu sich selbst, seinen eigene Kräfte und die des Schöpfers wandern lassen. Ein so kleines Kind weiß in seinem Inneren, dass da jemand ist, der es auffängt, wenn es fällt. Kleine Kinder tun sich nicht weh, wenn sie fallen. Warum? Weil ihre Entfernung zum Boden gering ist und ein unsichtbarer, schützender Arm sie hält. Wenn es um dein Selbstvertrauen geht, ist die Entfernung zum Herzen noch geringer als die eines Kindes zum Boden. Dein Herz ist seine Quelle. Der schützende Arm gehört jedem Wesen und zieht sich niemals zurück. So bleibe stark und deines Selbst bewusst, vertraue dir selbst. Schöpfe aus deiner Quelle der Kraft.

EINSTIMMUNG (siehe Seite 15)

MEDITATION

Ich danke dir, dass du den Mut und das Vertrauen gefunden hast, dich auf diese Reise zu begeben. Es zeigt mir, dass du bereit bist, an dir zu arbeiten. Danke dir dafür, denn nur du bist die treibende Kraft, niemand anders. Vielleicht begegnen dir auf deiner Reise in Gedanken Menschen, die dir nicht besonders zugetan sind und die, wenn auch unbewusst, dazu beigetragen haben, dein Selbstvertrauen zu schmälern. Dann fülle dein Herz mit Liebe und verzeihe ihnen. Es mögen auch fremde Gesichter vor deinem geistigen Auge auftauchen. So lernst du die Seelen kennen, die dich in früheren Leben auf ähnliche Art und Weise begleitet haben. Auch sie bedürfen der Heilung auf dieser Ebene. Du weißt, mangelndes Selbstvertrauen kann auch auf karmischen Ursachen beruhen. Ich will dir helfen, zu wachsen und dein Herz mit Großmut zu füllen, denn alles, was du bereit bist zu verzeihen, wird dir den Lohn des Loslassens bringen. Also, erkenne, dass nichts und niemand dein Selbstvertrauen beeinflussen kann, es sei denn, du lässt es zu. Schaue also in Ruhe hin und übe dich in verzeihender Güte. Ruhe.

Nun, bist du bereit für unsere Begegnung? Ich erwarte dich in meinem Tempel. Du erreichst Atlantis, deine alte Heimat. Du kommst über das Meer zu mir. Das ist gut, denn mein Tempel liegt weit draußen auf einer Landzunge, die weit ins Meer hinausragt. Wenn du am Strand angekommen bist, brauchst du nur ein paar Schritte zu gehen, und du stehst vor meinem Heim, das dich einlädt zum Besuch. Der Tempel ist schneeweiß mit einem ultramarinblauen Portal, das offen ist. Wenn du bereit bist, komm herein.

Ruhe.

Tritt näher und lasse dich umarmen. Fühle meine Freude. Du musst verstehen, dass dein Besuch der erste Schritt in ein neues Selbstbewusstsein deiner Persönlichkeit ist. Als Dank und Zeichen meiner Hochachtung überreiche ich dir einen großen Türkis. Er soll dich begleiten und schützen vor jeglichen Angriffen mentaler und verbaler Art. Komm, wir nehmen Platz auf meinen dicken blauen Kissen. Setz dich mir gegenüber. Du wirst feststellen, dass mein Tempel sehr spartanisch eingerichtet ist. Nichts soll deine Aufmerksamkeit ablenken. Präge dir mein Aussehen ein, so dass du mich jederzeit visualisieren kannst. Meine smaragdgrünen Augen sollen dich begleiten. Wir wollen so wieder eine bleibende Verbindung schaffen, damit ich dich jederzeit über den Impuls erreichen kann. Konzentriere dich und präge dir alles ein.

Ruhe.

Nun berichte mir in klaren und einfachen Worten, was dein Selbstvertrauen beeinträchtigt. Wovor hast du Angst und was hält dich davon ab, dir deines Wertes bewusst zu sein? Beziehe dich dabei nicht auf andere Menschen, denn sie hast du ja in Liebe losgelassen. Sollten sie doch wieder auftauchen, mache deine Übung nochmals. Lasse dir Zeit. Nur so wirst du Neid und Eifersucht als Vergangenheit betrachten.

Ruhe.

Ich sehe noch deine Zweifel, ob du dich immer so durchsetzen und deine Ideen verteidigen kannst, wie du es dir wünschst. Weshalb kapitulierst du zu schnell oder lässt dich bedrohen? Erkläre es mir, das ist wichtig.

Ruhe.

Ich möchte dich aufbauen und dir dabei helfen, dass all das Selbstvertrauen, das du benötigst, in dir selbst wächst und sich verankert. Schau in meine Augen. Über die Kraft der Gedanken will ich dir wichtige Hinweise geben, die du so selbst erkennen und in dein Leben integrieren darfst. Deine innere Stimme ist dein bester Ratgeber. Mir ihr will ich kommunizieren. Wir beginnen.

Ruhe. (Längere Pause)

Siehst du, nun bist du gewappnet für deine selbstbewusste Teilnahme am Leben, am Eintauchen in den Strom der Existenz. Ich überreiche dir als Zeichen unserer Übereinkunft meinen Schutzschild, begleitet von einer Affirmation, die du jederzeit einsetzen kannst. Nimm beides auf in dein Unterbewusstsein:

Ich bin bereit, meine einmalige Persönlichkeit zu schätzen. Ich vertraue auf mich selbst, denn ich bin ein wichtiger Teil des großen Ganzen. Alle mir gestellten Aufgaben erfülle ich mit Selbstbewusstsein und ohne Angst. Ich weiß, ich bin wertvoll. So bitte ich den blauen Strahl um Unterstützung, damit mein Vertrauen in mich selbst meinen Plan aufrechterhalte.

Ruhe.

Du kannst mich jederzeit besuchen, wenn du das Bedürfnis hast. Ich werde dir durch neue Affirmationen und Mantren helfen, deine jeweilige Situation zu klären und vertrauensvoll zu erleben. Mein Schild und mein Türkis sollen dich begleiten in die Materie. Empfinde meinen Dank für deinen Besuch. Ich verneige mich vor dir im Frieden und bitte dich zurückzukehren in deinen Körper. Verlasse meinen Tempel und behalte ihn in deiner Erinnerung.

Adonai – Samuele, dein Freund.

Mantra

☆

"Vater aller Dinge, gib mir das Selbstvertrauen zurück, mit dem du mich einst ausgestattet hast, um im Bewusstsein deiner Liebe durch Raum und Zeit zu wandern. Zeige mir den Weg der zwölf Tugenden."

☆

Text von Samuele für Kinder

Sei gegrüßt mein kleiner Freund, meine kleine Freundin. Ich heiße Samuele und möchte mich ein wenig mit dir unterhalten. In der letzten Zeit habe ich dich ein wenig beobachtet. Weißt du, auch wenn du mich nicht siehst, so kann ich doch durch die Wolken am Himmel auf dich hinunter sehen. Stelle dir einfach vor, ich hätte ein ganz besonderes Fernglas, durch das die Menschen nicht sehen können. Auch deine Mama und dein Papa haben nicht ein solches Fernglas, weil es das auf der Erde nicht zu kaufen gibt. Nur der liebe Gott hat diese Ferngläser, und mir hat er eines geschenkt, damit ich die Kinder auf der ganzen Welt damit beobachten kann. Und weißt du, was ich durch dieses Fernglas sehe? Ich sehe, wenn es den Kindern, auch dir, nicht so gut geht und ihr traurig seid. Manchmal sehe ich, dass du Angst davor hast, dich selbst zu verteidigen. Dafür kann es viele Gründe geben. Oft gibt es andere Kinder, die neidisch sind auf deine guten Noten in der Schule, deine Spielsachen, deine Eltern und Geschwister und vieles mehr. Sie wollen alles haben, was du hast, obwohl sie vielleicht Dinge besitzen, die du nicht bekommen kannst. Vielleicht hast du aber auch manchmal das Gefühl, dass dich die Erwachsenen, deine Eltern oder auch deine Lehrer zu etwas überreden wollen, was dir überhaupt nicht gefällt. Schau, sie meinen es nur gut mit dir. Manchmal vergessen sie aber, dass du noch ein Kind bist. Aber sie sind erwachsen, viel stärker als du, und sie machen dir Angst. Sie verstehen nicht, dass du genau weißt, was gut für dich ist.

Vielleicht hast du einen Traum, was du einmal werden möchtest. Sage es ihnen und lerne, dazu zu stehen. Aber jetzt bist du noch zu klein, um alles alleine zu können. Die Erwachsenen sollen dich beschützen und für dich das Beste tun. Unterhalte dich mit ihnen, auch mit deinen Geschwistern, Freunden und Schulkameraden, auch mal mit deinem Lehrer. Du hast vor langer Zeit noch beim lieben Gott gewohnt. Aber dann wolltest du zu deinen Eltern und auf die Erde. Der liebe Gott hat zu dir gesagt: "Schau, da unten warten deine neuen Eltern auf dich. Zuerst bist du dann ein kleines Kind, aber es dauert nicht lange und du bist so groß wie sie. Wenn du jetzt von mir weg gehst, weißt du ganz genau, was du einmal werden willst. Dann bist du wie die Großen und wirst auch auf ein Kind warten, das noch bei mir wohnt. Um so groß zu werden, brauchst du aber ganz viel Mut, und du darfst all deine Ideen und Wünsche sagen. Das werden sie gut finden, und ihr werdet alles besprechen. Sie werden dir auch erklären, weshalb sie meinen, warum du so gut in der Schule sein solltest. Aber lerne, sie danach zu fragen. Das ist eine wichtige Aufgabe für dich."

Dann bist du auf die Erde zu deinen Eltern gegangen. Und wenn du größer wirst, dann erkennst du, dass du selbst nicht neidisch bist, weil du gelernt hast, dich bestimmt und freundlich zu wehren, zu unterhalten und dass du alles bekommst, was gut für dich ist. Dafür musst du dich nicht mit Fäusten wehren, böse werden oder dir einfach alles nehmen, ohne zu fragen. Du bist klug und hast viel gelernt. Dabei vertraust du dir selbst. Dann bist du ganz schnell groß und alle werden dich bewundern, weil du ihnen so gut erzählen kannst, was du dir wünschst und werden willst. Also, wenn du traurig bist, winke mir einfach kurz zu. Ich schaue durch mein Fernglas und sehe dich winken. Das geht auch, wenn du schon im Bett liegst. Mein Fernglas sieht direkt in dein Fenster hinein. Ich helfe dir dann.

EINSTIMMUNG (siehe Seite 17)
MEDITATION

Vielleicht siehst du unter dir aber auch Menschen, die nicht so gut zu dir waren. Mag sein, dein Spielkamerad, dein Schulfreund oder auch dein Lehrer, alle die, die dich vielleicht geärgert haben oder neidisch waren.

Ruhe.

Sei nicht mehr böse auf sie. Schicke jedem von ihnen einen Engel, der mit dir geflogen ist, und bitte ihn ganz lieb, diese Menschen wieder zu deinen Freunden zu machen. Er soll mit ihnen sprechen und alles erklären, was wichtig ist. Sage ihm ruhig vor, was er ihnen ausrichten soll.

Ruhe.

Beobachte von oben, was passiert, wenn er bei ihnen landet und mit ihnen spricht. Du siehst, wie sie nach oben zu dir schauen, lächeln und dir zuwinken. Winke ruhig zurück und freue dich. Es wird alles wieder gut.

Ruhe.

Stell dir vor, durch mein Fernglas habe ich dich schon lange kommen gesehen. Du kannst dir gar nicht vorstellen, wie ich mich darüber gefreut habe. Das war eine sehr gute Idee von dir. Es zeigt mir, wie viel Mut du doch hast, dich ganz alleine auf den Weg zu mir zu machen. Ich weiß, du vertraust mir. Du weißt, dass ich hier auf dich warte. Niemand kann dir jetzt verbieten, mich zu besuchen und so mutig zu sein.

Ruhe.

Jetzt schwebst du direkt über dem klaren Wasser. Schau, vor dir siehst du ein Stück Land, das ganz weit ins Meer hinausragt. Man nennt das eine Landzunge. Dort wohne ich, ganz weit draußen. Jetzt landest du direkt am Strand, im warmen Sand. Ruhe dich zuerst ein wenig aus und schau dich ruhig etwas um.

Ruhe.

Stehe langsam auf und gehe auf das schneeweiße Haus mit den Säulen zu. Es hat eine schöne, blaue Tür, die sich langsam für dich öffnet. Gefällt dir das Haus? Hab keine Angst, ich bin in dem Haus und warte dort auf dich. Komm ruhig herein.

Ruhe.

Wenn du willst, komm ganz nahe zu mir. Ich nehme dich gerne in meine Arme. Ich bin so froh, dass du da bist. Es ist so toll, dass du ganz alleine gekommen bist. Liebst du Steine? Schau, ich gebe dir einen ganz großen Stein in die Hand. Es ist ein Türkis. Kennst du ihn? Du darfst ihn behalten. Ich habe ihn extra für dich ausgesucht, damit er dich beschützt. Sieh mal, dort hinten liegen viele blaue Kissen auf dem Boden. Komm, wir setzen uns dorthin.

Ruhe.

Hier in meinem Haus gibt es nicht so viele Sachen wie bei dir zu Hause. Ich brauche sie nicht. Es genügt mir, wenn du da bist. Wenn du mich ansiehst, entdeckst du, dass ich ganz grüne Augen habe. Denke immer an meine Augen, wenn du dich mit mir unterhalten willst, auch wenn du wieder zu Hause bist. Sieh sie dir ruhig genau an.

Ruhe.

Jetzt bist du an der Reihe. Erzähle mir, was dich immer so traurig macht. Warum musst du dich so oft wehren? Weshalb sind die anderen neidisch auf dich? Warum wollen dich die Erwachsenen immer zu Dingen überreden, die sie gut finden?

Ruhe.

Ich will dir dabei helfen, dich zu verteidigen und über alles mit ihnen zu sprechen. Jetzt erzähle ich dir ganz alleine, wie das geht. Höre genau hin, wenn du magst.

Ruhe. (Längere Pause)

Siehst du, wie einfach das geht. Pass auf, was ich dir jetzt in die Hand gebe. Du kennst doch sicherlich die Schutzschilde, die die Ritter früher hatten, wenn sie sich aufgemacht haben, um zu kämpfen. Einen solchen Schild habe ich für dich alleine gemacht. Den will ich dir schenken. Schau dir an, was ich darauf geritzt habe. Nimm ihn, er gehört dir.

Sage diesen Satz, wann immer du meine Hilfe brauchst:

Gott hat mich auf die Erde geschickt, um groß und stark zu werden. Mit dem Schutzschild von Samuele kann ich überall hingehen und sagen, was gut für mich ist. Ich habe keine Angst mehr vor anderen. Alle Menschen sollen Freunde sein, so wie Gott mein Freund ist.

Ruhe.

Jetzt musst du aber wieder nach Hause gehen. Deine Eltern, Geschwister, Freunde, und auch deine Lehrer warten doch auf dich. Nimm den Stein und deinen Schild mit. Steh langsam auf und gehe aus meinem Haus hinaus.

Ruhe.

Jetzt werde leicht und fliege davon wie ein kleiner Vogel. Du fühlst wieder deinen Körper. Ich habe mich sehr gefreut. Komm gerne wieder, wann immer du magst.

Adonai – Samuele, dein Freund.

Mantra für Kinder

☆

"Mein Schutzschild soll mich stärken, mein Schutzschild steh mir bei."

☆

☆☆☆☆☆

JOSIRA – Priesterin der kreativen Kommunikation

Themen:

- Ich muss zu viele Informationen aufnehmen.
- Ich habe keine Zeit, die Informationen korrekt zu verarbeiten.
- Ich verstehe die Botschaft hinter den Informationen nicht.
- Ich kann mich nicht fließend und verständlich ausdrücken.
- Ich muss alles mehrmals lesen, um es ansatzweise zu behalten.
- Nur die anderen sind kreativ, mir fällt nichts ein.
- Mir fehlt der Mut, vor anderen frei zu sprechen.
- Ich bin zu unsicher, um mich selbstbewusst und frei auszudrücken.

☆☆☆

Was hindert dich daran, dich als Wesen zu betrachten, das mit einer großen Intelligenz und Weisheit ausgestattet ist, die sich bildete über Zeitalter hin? Hast du vergessen, dass du dich einst aus der Quelle verabschiedet hast, um dich zu üben in der Verständigung mit allen existierenden Wesen? Wie war der Plan, der Aufbau dieser Kommunikation des “Alles, was ist?” Siehe, wenn du begriffen hast, dass du ein wichtiger Teil des großen Ganzen bist, wirst du auch verstehen, dass deine Teilnahme an der allumfassenden Verständigung unverzichtbar ist. Das, was du zu sagen hast, wird benötigt, um etwas im Flusse zu halten, was man Evolution nennt. Wenn du schweigst, nimmst du dir und den anderen die Möglichkeit des Fortschrittes. Du darfst niemals vergessen, dass nur der Umgang miteinander, geprägt durch eine fließende und kreative Kommunikation, die Vergangenheit, Gegenwart und Zukunft der Menschheit garantiert. Jede Form der Kommunikation bestimmt über euer Zusammenleben, ob im Krieg oder Frieden. Nur so ist dir und anderen auch die Lösung eures Karmas möglich.

Wenn du nun behauptest, dich nicht konzentrieren zu können auf die wichtigen Informationen, dann denke darüber nach, ob es die Informationen sind, die du jetzt in diesem Moment benötigst. Werde niemals starr im Denken, denn diese Starrheit verhindert deine Kreativität. Nur das, was dir Freude macht, wirst du in diesem Moment behalten. Die vermeintlich unwichtigen Dinge werden zu einem ganz anderen Zeitpunkt interessant. Dann wirst du sie auch behalten.

Wir wussten in Atlantis, dass es niemals gut sein kann, sich nur der Technik zu verschreiben. Das lähmt euren Idealismus und auch euren Antrieb zur Kommunikation von Mensch zu Mensch. Wer einer Maschine gestattet, ihn zu vertreten, wird bald nicht mehr wahrgenommen als Wesen mit Körper, Geist und Seele. Dann bist du gezwungen wie alle anderen auch, die Botschaft hinter den Kulissen zu vermuten. Du hast verlernt zu beobachten, wahrzunehmen und zu fühlen. Dein Herz reagiert nur noch auf Impulse und die Kälte der Maschinen. Es ist einzig und alleine der Kontakt von Wesen zu Wesen, der es dir und allen ermöglicht, kreativ zu sein und Impulse aufzunehmen. Ruhe und Frieden im Umgang miteinander, das Zuhören können und das Beobachten, all dies schafft eine bleibende Verbindung, die auch eine Entfernung nicht trennen kann. Nur so könnt ihr Missverständnisse vermeiden und euch üben im richtigen Zuhören. Eine Maschine übermittelt dir ein Wort, einen Satz oder einen Text, aber immer in der gleichen Form. Das gesprochene Wort hingegen wird betont. Es wird gewählt nach der Situation und der Ausstrahlung des Gegenübers. Weshalb seid ihr oft so verletzt, wenn jemand etwas ausdrückt, das euch nicht gefällt? Es liegt an euch, denn ihr habt verlernt, den Sinn hinter allem zu verstehen. Siehe, es ist das Recht eines jeden Wesens, sich so auszudrücken, wie seine Empfindung es ihm gestattet. Das ist die Freiheit der kreativen Kommunikation. Erst daraus ergibt sich dann das klärende Gespräch, das kreative Miteinander. Der Atlanter war dazu bereit.

Die Zeitalter danach haben vieles schwierig gemacht. Der kreative Ausdruck wurde umgewandelt in Dogmen, Drohungen und Beleidigungen. Das machte es vielen schwer, sich vor anderen zu behaupten und ihre Meinung zu vertreten. Lerne also wieder zu schöpfen aus der kreativen Zeit der Nacht. Sie gibt dir die Kraft, den Tag zu nutzen für die doch so wichtigen Dinge des Alltags. Alle wünschen sich eine perfekte Intuition. Das Kommunizieren über das Herz und den Impuls setzt eure Bereitschaft voraus, euch einzulassen auf kleinste Gedankenformen, auf Gesten, Mimik, Trauer, Freude und die Liebe. Wenn du begreifst, dass die Kommunikation mit der geistigen Ebene in dieser Art nur gelingen kann, wenn du sie in der Materie perfekt beherrschst, dann kannst du ermessen, wie weit du noch davon entfernt bist. Der Weg zu Gott geht niemals am Menschen vorbei.

Ich will euch helfen, die Brücke von Mensch zu Mensch wieder sicheren Schrittes zu betreten.

EINSTIMMUNG (siehe Seite 15)
MEDITATION

Auch wenn du dich in deiner Welt am Tage zu deiner Reise zu mir entschlossen hast, wirst du hier bei mir nach Einbruch der Dunkelheit ankommen. Ich sagte dir bereits, dass wir uns hier in meiner Universität in Atlantis die Energie der Nacht zunutze machen.

So stimme dich ein auf deinen Besuch bei mir. Während du unterwegs bist, konzentriere dich auf dein Halschakra. Fühle, wie es sich langsam öffnet. In deinem Nacken spürst du ein zartes Kribbeln. Ein leiser Hauch streift dich dort. Nun visualisiere im Bereich deiner Kehle eine wunderschöne, blaue Blüte deiner Wahl. Langsam öffnet sich diese Blüte wie ein Kelch, der bereit ist, meine Energie aufzunehmen.

Ruhe.

Jetzt ist es gut. Du musst dich nicht weiter darauf konzentrieren.

Lasse nun deine alltäglichen Gedanken endgültig los. Du musst wissen, dass ich dich hier nur empfangen kann, wenn du bereit bist, dich auf ein uraltes Experiment einzulassen. Für uns ist es ganz alltäglich, aber du kommst aus der Materie. Deine Sorgen und Gedanken haben genug Nahrung. Überlasse sie sich selbst, denn sie werden dich wieder finden, wenn die Zeit dafür gekommen ist. Stelle dir vor, sie befinden sich in einem bunten Luftballon, der dich leicht tanzend begleitet. Nichts kann dich mehr aus der Ruhe bringen.

Ruhe.

Siehe, unter dir ruht Atlantis im Frieden der Nacht. Aber dieser Frieden ist einladend und getragen von Lebensfreude. Du siehst, dass dort Leben ist und kein bleierner Schlaf wie auf der Erde. Aber alles ist ruhig und gelassen. Die kreative atlantische Nacht empfängt dich.

Ruhe.

Obwohl es dunkel ist, kannst du alles erkennen. Es erscheint dir, als wäre alles um dich herum indirekt beleuchtet. Die Sterne und der Mond haben hier eine ganz besondere Leuchtkraft. Du kommst an in einem sanften Tal. Vor dir liegt ein imposantes Bauwerk, mit vielen kleinen Tempeln, Türmchen und Säulengängen in einer großen Parklandschaft mit unterschiedlichen Pavillons, Gärten und kleinen Teichen. Komm herein in meine Universität der kreativen Kommunikation und sei mein Gast. Niemand wird dich fragen, ob deine Leistungen dich dazu berechtigen. Du bist da, und das ist wichtig. Atme tief in dein Halschakra. Jetzt spürst du es wieder mit aller Kraft. Die Luft ist erfüllt vom Duft der Orangen- und Zitronenbäume zu deiner Linken. Wandele durch den Park und atme. Sei willkommen.

Ruhe.

Beobachte die Wesen um dich herum. Wie sind sie gekleidet? Du erkennst, dass sie alle leichte, weite Gewänder in leuchtenden Farben tragen. Die Farbe Schwarz ist uns unbekannt. Alle lächeln dir zu. Schaue ihnen ohne Angst in die Augen und frage sie in Gedanken nach dem Weg zu mir. Du wirst nun keine Worte hören. Auch wirst du keine Handbewegung sehen, die dich lenken möchte. Bleibe ganz ruhig.

Ruhe.

Jetzt frage dein Herz, wohin es dich lenkt. Setze dich in Bewegung und gehe weiter durch den Park. Du folgst keinem Wegweiser, sondern der Schwingung meiner Energie. Alle hier können sich der Schwingung anpassen und über Impulse kommunizieren. Siehst du, so einfach ist das. Du kannst das auch, wie du siehst. Suche nicht, sondern vertraue wie ein Kind. Ruhe.

Du gelangst nun zu einem Säulengang. Ich warte dort auf dich und freue mich, dass du mich gefunden hast. Komm, ich zeige dir die verschiedenen Schulungstempel. Sieh dich ruhig um. Denke an ein spezielles Fachgebiet, und wir sind sofort an Ort und Stelle.

Ruhe.

Schau, wie einfach es für die Wesen hier ist, zu lernen. Sie sind einfach anwesend und nehmen alles in sich auf. Auch dürfen sie üben, sich ausruhen und jederzeit gehen, wenn ihnen danach zumute ist. Aber eines wirst du feststellen. Sie sind da, ganz da mit all ihren Sinnen und voller Konzentration.

Komm, wir gehen in einen kleinen Tempel. Dort sitze ich immer mit meinen Besuchern. Alles ist blau. Der Fußboden besteht aus leuchtendem Larimar. Nimm Platz in einem tiefen Sessel aus blauem Samt. Ruhe dich ein wenig aus.

Ruhe.

Nun, was ist dein Problem? Suche dir ein Thema aus und formuliere es klar und deutlich in Gedanken. Versuche dabei, alle deine Gedanken gleichzeitig zu visualisieren. Forme sie um in Bilder, Töne oder Farben. Gib ihnen eine konstruktive Form.

Ruhe.

Was immer auftaucht, werden wir jetzt gemeinsam umformen. Dies geschieht nur über Impulse, die ich dir gebe. So lernst du gleichzeitig die Wahrnehmung des kreativen Ausdruckes. Konzentriere dich dabei nur auf das Wesentliche. Nimm es auf und speichere es in deinem Gehirn.

Ruhe.

Wann immer du meine Hilfe brauchst, komme zu mir und übe mit mir die kreative Kommunikation. Es wird dir am besten gelingen, wenn du dies nachts versuchst. Jedoch bitte ich dich, dies immer in voller Konzentration zu tun. Der Schlaf ist da zur Erholung und geistiger Schulung. Alles, was du bei mir lernst, gehört irgendwann zu deinem normalen Tagesablauf. Dort wirst du alles umsetzen und große Fortschritte machen.

Ich möchte dir noch eine Affirmation mit auf den Weg geben:

Ich bin mir meines kreativen Ursprungs bewusst. Meine Kommunikation dient mir dazu, mich zu behaupten, frei zu fühlen, gebildet und akzeptiert. Ich diene dadurch dem großen Ganzen.

Ruhe.

Ich danke dir für deinen Besuch. Versuche zu ermessen, wie wichtig deine Rückkehr an diesen Ort war. Dein Geist wird ihn immer wieder finden. Kehre nun zurück in deinen Körper. Meine Universität ist immer für dich offen. Dein Halschakra schließt sich nun als Blüte. Der Kelch ist gefüllt und bereit, dich zu nähren.

Adonai – Josira, deine Freundin.

Mantra

☆

"Vater aller Dinge, hilf mir, die Schwere der Materie zu überwinden, um mich zu öffnen für den kreativen Weg des Herzens. Zeige mir den Weg der zwölf Tugenden."

☆

Text von Josira für Kinder

Nun, mein kleiner Freund oder meine kleine Freundin, ich freue mich, dass du dich mit mir unterhalten willst. Weißt du eigentlich, dass es im Himmel ganz viele Engel gibt, die nachts und auch am Tag zu allen Kindern auf der Erde gehen, um sie zu beobachten? Sie beschützen euch, und manchmal können sie auch mit euch sprechen. Es gibt Engel für alle Gelegenheiten, mit denen Kinder zu tun haben. Oft kommen sie zu euch, wenn ihr nachts in euren Betten liegt und träumt. Dann fragen sie euch, wie es euch so geht. Ihr könnt ihnen dann alles erzählen, was euch Sorgen macht. Oft kommt es dann vor, dass Kinder sich beklagen, weil sie in der Schule so viel lernen müssen. Sie sagen, dass sie oft Angst davor haben, mit den Erwachsenen zu sprechen, weil die sie nicht richtig verstehen. Gehörst du vielleicht auch zu diesen Kindern? Für viele Eltern und Lehrer ist es schwer, die Sprache der Kinder zu verstehen und zu sprechen. Es gibt für diese Dinge einen ganz besonderen Engel. Er heißt Nikodemus und ist nur für Kinder zuständig, die Angst davor haben, vieles zu lernen, zu behalten und vorzutragen. Wenn sie Angst davor haben, vor der Klasse etwas aufzusagen, weil sie nichts behalten, dann kommt er, wenn sie ihn rufen, um ihnen zu helfen. So hilft er dann auch dir. Er nimmt dich an der Hand und geht mutig mit dir zu den Menschen, mit denen du darüber reden musst. Und er hilft dir auch dabei, dich an das, was du gelernt hast, zu erinnern. Wenn du also etwas Wichtiges zu lernen oder aufzusagen hast, oder wenn du deinen Eltern oder anderen Menschen etwas ganz Wichtiges mitteilen möchtest, dann rufe Nikodemus.

Wenn er angeflogen kommt, hält er eine große Tafel in der Hand. Auf dieser Tafel stehen dann die Dinge, an die du dich ganz besonders erinnern musst, um das zu behalten, was du gerade gelernt hast. Dort stehen auch Dinge, die du unbedingt erzählen oder aufsagen musst. Schau dir die Tafel und Nikodemus genau an. Wenn du ihn darum bittest, wird er dir auch etwas malen oder vorsingen, das dich dann daran erinnert. Vielleicht schreibt er für dich etwas in ganz großen Buchstaben. Er ist immer dabei, wenn du schwierige Dinge tun musst. Vor allem nachts, wenn du schläfst, nimmt er dich oft mit in meine Schule. Dort darfst du all das machen, was dir gerade gefällt. Heute willst du vielleicht gerne malen, und morgen lernen wir gemeinsam ein Gedicht. Ich lese es dir vor, und Nikodemus schreibt die Worte auf die Tafel, die dich an das Gedicht erinnern. Dann kannst du es auch. Deshalb möchte ich dich auch gerne einladen, mich in meiner großen Schule zu besuchen, in die alle Menschen nachts kommen können. Auch du bist eingeladen. Ich werde dich nicht abfragen oder mit dir schimpfen, wenn du etwas nicht kannst. Weißt du, was wir dann tun? Wir lernen und machen nur das, was du dir heute wünschst. Das kannst du dann besonders gut. Wenn du dann morgen in die Schule gehst, kannst du dich viel besser mit den Dingen beschäftigen, die dir etwas schwerer fallen. Ich bin gespannt, ob du mir beim nächsten Mal dann erzählst, dass du dich viel besser unterhalten und aufpassen kannst. Nikodemus und ich werden dir dabei helfen.

Aber du kannst mich natürlich auch tagsüber jederzeit besuchen, wenn du mich brauchst. Dann zeige ich dir, wie wir nachts dort arbeiten. Dann sind alle Menschen, auch du, viel ruhiger. Sie haben alle Dinge erledigt. Sie waren in der Schule, haben mit Freunden gespielt, gelernt und sind müde gewesen. Wenn sie dann ins Bett gehen, holen die Engel sie ab. So kommt Nikodemus zu dir. Er hebt dich hoch und fliegt mit dir zu mir. Später bringt er dich wieder zurück, damit niemand merkt, dass du so lange fort warst. Dann stehst du auch bald wieder auf und gehst in die Schule. Also, ich warte auf dich.

EINSTIMMUNG (siehe Seite 17)
MEDITATION

Da schau, Nikodemus kommt zu dir geflogen. In seiner Hand hält er die Tafel, von der ich dir erzählt habe. Kannst du sie sehen? Nikodemus und ich freuen uns, dass du dich ganz alleine entschlossen hast, mich zu besuchen. So konntest du ganz von selbst auf diese Reise gehen. Nikodemus wird dich begleiten. Jetzt nimmt er deine Hand und landet mit dir in Atlantis. Hier bei uns ist es jetzt Nacht. Aber er kennt den Weg, keine Sorge. Siehst du, wie die Sterne funkeln? Schau dir alles ganz genau an.

Ruhe.

Ihr beide landet in einem wunderschönen Tal. Du kannst alles ganz genau erkennen. Schau mal, was da vor dir liegt. Es ist ein wunderschönes Haus. Es hat viele kleine Tempelchen, Türmchen und ganz viele Gänge, in denen man herumspazieren kann. Dann gibt es bei uns einen riesengroßen Park. Man kann überall sitzen, und wir haben viele kleine Teiche, in denen hell leuchtende Fische schwimmen. Gehe ruhig mit Nikodemus herum und schau dir alles an.

Ruhe. (Längere Pause*)*

Siehst du, so sieht meine Schule aus. Hier gibt es keine harten Stühle, auf denen man stundenlang ruhig sitzen muss. Ich werde dich auch nicht abfragen, ob du genug gelernt hast. Ich bin einfach nur froh, dass du in meine Schule kommen willst. Ich freue mich auf dich. Hier sind viele andere Kinder, die du gleich sehen wirst. Schau dich einfach um. Und sieh mal die vielen Tiere, die es hier gibt. Alle darfst du an-

fassen und streicheln. Hunde, Katzen, kleine Hasen, alle warten auf deinen Besuch.

Ruhe.

Sieh mal, wie viele Kinder hier sind. Sie sind sehr fröhlich und lachen mit dir. Alle tragen sie schöne bunte Kleider. Auch du trägst so ein Gewand. Sieh mal an dir herunter. Es ist ganz bunt, sieht du es? Es ist leicht, ganz weich und weit. Aber du willst doch zu mir kommen, um mich kennen zu lernen, nicht wahr? Schau Nikodemus an und frage ihn einfach in deinen Gedanken, wo ich wohne. Er hat dich verstanden, weißt du. Jetzt folge ihm weiter durch den schönen Park. Achte auf alles auf deinem Weg.

Ruhe.

Alles ist so schön leicht, nicht wahr? Von ganz alleine findest du den Weg. Du kannst dich nicht verlaufen. Nikodemus ist ja bei dir.

Ruhe.

Jetzt sei achtsam. Du kommst zu einem kleinen goldenen Tor. Es öffnet sich, und da stehe ich. Toll, wie du mich gefunden hast. Für Kinder, die mich besuchen kommen, wohne ich in einem kleinen Türmchen. Komm, wir gehen dahin. Nikodemus hält deine Hand und ich nehme dich an der anderen Hand. Ich hoffe, es gefällt dir hier. Sieh die vielen Kinder, die hier spielen. Wir gehen jetzt in das Türmchen. Alles ist blau. Schau mal, da gibt es ein dickes, blaues Kissen auf dem Boden. Setz dich ruhig darauf. Nikodemus setzt sich neben dich. Er hat ja seine Tafel dabei.

Ruhe.

Was wollen wir also heute unternehmen? Ich glaube, du hast da ein paar Schwierigkeiten in der Schule oder mit deinen Eltern. Denke darüber nach. Während du das tust, kannst du vielleicht Bilder vor dir sehen. Wie du in der Schule bist, bei deinen Eltern zu Hause, und was dir so schwer fällt.

Ruhe.

Verschiedene Möglichkeiten

1 *Jetzt schau neben mich. Da steht deine Mutter, Vater, Lehrer, Freund .... Er/sie spricht mit dir und sagt dir, dass alles gar nicht so schwer ist. Er/sie sagt dir, dass du nur Mut haben musst, alles zu lernen, und dass du dafür auch genug Zeit hast.*

2 *Sieh mal, ich halte das Buch in der Hand, in dem du so viel lernen musst. Schau hinein, ich helfe dir, es zu lernen. Sieh mal, Nikodemus schreibt es ganz groß auf seine Tafel. Er malt dir dazu ein Bild. Merke es dir. Dann kannst du dich immer daran erinnern.*

3 *Wenn du nicht weißt, wie du etwas erklären sollst, sage es einfach, wie es ist. Schau in meine Augen, ich gebe dir den Mut dazu. Niemand wird dir böse sein, ich verspreche es dir. Stell dir dann immer vor, du bist hier bei mir und redest mit mir. Wenn ich dir nicht böse bin, wird es sonst auch keiner sein. Vertraue mir.*

Ruhe.

Weißt du, du kannst immer zu mir kommen, wenn ich dir helfen kann. Bitte Nikodemus, dich zu begleiten. Das darfst du auch tun, wenn du abends zu Bett gehst. Rufe Nikodemus und sage ihm ganz deutlich, was du mit mir besprechen möchtest. Du kannst es dir auch aufschreiben und unter dein Kopfkissen legen. Und immer, wenn du meine Hilfe brauchst, sage diesen Satz:

Ich bin noch ein Kind, aber ich weiß, dass ich ganz viel kann. Ich möchte allen Menschen sagen, was ich gerade fühle, damit sie erkennen, dass ich sehr klug bin. So mutig bin ich.

Ruhe.

Danke, dass du zu mir gekommen bist. Komm jederzeit zurück, wenn du Lust dazu hast. Meine Schule ist immer offen. Du kannst jederzeit kommen und gehen, wenn du müde bist oder keine Lust mehr hast. Nikodemus begleitet dich wieder auf deiner Heimreise. Er hebt dich hoch auf seine Flügel und fliegt mit dir davon. Ruhe.

Jetzt bist du wieder zu Hause. Fühle deinen Körper und atme ganz tief ein und aus. Bis zum nächsten Mal.

Adonai – Josira, deine Freundin

Mantra für Kinder

☆

"Ich bin stark und mutig, Nikodemus steht mir bei."

☆

☆☆☆☆☆

DESDENA – PRIESTERIN DER POSITIVEN NUTZUNG DER MACHT

Themen:

- Wie erkenne ich die positive Macht?
- Ich habe Angst vor der negativen Macht.
- Wie schütze ich mich vor Machtmissbrauch?
- Ich fühle mich der Macht in der Welt ausgeliefert.
- Macht bedeutet für mich Unterdrückung, Gewalt und Bevormundung.
- Macht hat immer nur der, der stärker und intelligenter ist.
- Macht hat eine negative Schwingung.
- Ich habe Angst vor meiner eigenen Macht.

☆☆☆

Wie weit geht dein Bedürfnis, alles in Frage zu stellen, was dem Willen des Menschen untersteht? Hast du dir einmal Gedanken darüber gemacht, welche Tatsache oder welcher Mensch ursprünglich in der Lage war, einem Begriff wie dem der Macht eine Bedeutung zukommen zu lassen, die sich nur in Schwarz oder Weiß aufteilen lässt? Siehe, alles, was dir Angst macht oder dich beunruhigt, hat einen Ursprung in deinem Erbe und in deiner Erinnerung.

Du weißt, es gibt Menschen, die Macht als sehr positiv und als Reichtum betrachten. Sind sie in deinen Augen auf dem rechten Weg? Was weißt du über sie? Kannst du ihre Einstellung und Nutzung der Macht beurteilen? Alles, was den Menschen unruhig macht, sollte ihn dazu veranlassen, den Dingen bewusst gegenüberzutreten. Die schlechte Schwingung eines Begriffes ist irgendwann entstanden, jedoch immer geprägt durch den Menschen selbst. Grundsätzlich ist die Macht positiv zu sehen, wenn sie weise eingesetzt wird. Dann ist sie göttlich. Sie wirkt zum Wohle aller, indem sie Schutz verleiht, Weitsicht und Großmut übt, von männlicher und weiblicher Energie genährt. Alles ist im Fluss. Dabei arbeitet sie in allen Bereichen nach dem gleichen Prinzip, ob in der kleinen Familie oder im Sinne des Weltgeschehens. Für dich und viele andere wird sie erst dann zur schleichenden Bedrohung, wenn das Herz den Hauch der Manipulation und Berechnung wahrnimmt. Dein Solarplexus kommt in Berührung mit dem sich aufdrängenden Impuls. Dort gerät er in den Strudel der Emotionen, diese verdichten sich und suchen sich ihren Weg ins Herzchakra. Von dort aus korrespondieren diese Gefühle mit deinem Emotionalkörper und erinnern dich an karmische Gegebenheiten, die in dir verankert sind. Diese müssen natürlicherweise mit negativen Erfahrungen verbunden sein, denn sonst würden die Erinnerungen an die Macht in deinem Kausalkörper schwingen. Dann wäre sie für dich ein Instrument der Liebe und des Potenzials.

Reagieren jedoch deine Emotionen, dann solltest du dir selbst gegenüber ehrlich und sorgsam sein. Du solltest dann die nächste Stufe auf deiner Leiter der Erkenntnis erklimmen und deinen Mentalkörper befragen. Er speichert die Gedanken. Du weißt, der Gedanke steht immer vor den Worten und Taten. Er produziert also den Ausdruck der Macht. So versuche in dich hineinzublicken und zu ergründen, wo in dir der Ursprung des negativen Machtgedankens zu finden ist. Sei gewiss, du wirst ihn finden. Es mag lange her sein, vielleicht Jahrtausende, aber dein Respekt vor der Macht anderer liegt immer in deinen eigenen Machtgedanken, und seien sie uralt. Das ist nicht schlimm. Viele Wesen mussten diese Erfahrung machen.

Das Ego ist einer eurer größten Feinde, aber dennoch so wichtig. Wer einmal die Macht fühlte und sie auf seine Weise missbrauchte, auch wenn er meinte, damit etwas Gutes zu tun, wird ihr immer mit Vorsicht begegnen, läuft er doch Gefahr, sich mit den eigenen Waffen zu schlagen. Höre in dich hinein. Wo und wann holt dich die Vergangenheit ein? Sind es Worte, Taten oder Bilder, die dich innehalten lassen? Es ist ganz einfach. Du darfst so lernen, die Macht als etwas Göttliches und Kraftvolles zu erleben. Was immer dich betroffen macht, schaue es dir genau an. Höre in dich hinein und fasse deine Emotionen in klare Gedanken. Diese formuliere durch eine Affirmation um in positive, gewinnbringende Worte. Dann lasse Taten folgen, soweit es vonnöten ist. Wenn du siehst, dass andere ihre Macht missbrauchen, lasse es nicht mehr an dich heran. Erkenne, dass nur sie selbst diese Transformation bewirken können. Wir haben es hier immer mit karmischen Aspekten zu tun. Wenn du deine Angst vor der Macht verlierst, wird sie dich auch niemals beeinträchtigen können. Das ist eine Tatsache.

EINSTIMMUNG (siehe Seite 15)
MEDITATION

Es war deine eigene Entscheidung, mich hier in Atlantis zu besuchen. Auch wenn du aufgewühlt und unruhig sein magst, es hat seinen Sinn. Trotz allem erwartet dich hier eine wohltuende Energie. Mache dir klar, dass alles positiv zu sehen ist, ganz gleich, von welcher Warte aus du die Dinge betrachtest. Auch ich musste lernen, in allem das Gute zu sehen.

Ruhe.

Also, darf ich dich langsam willkommen heißen? Es ist sehr wichtig, dass wir beide diese Erfahrung gemeinsam machen. Du wirst dich anschließend befreit und neu aktiviert fühlen. Konzentriere dich nun auf das letzte Stück deiner Reise nach Atlantis.

Ruhe.

Du wirst ganz leicht. Wie ein Vogel schwingt dein Körper in der Wärme der atlantischen Sonne. Du erreichst eine Steilküste. Den letzten Teil deines Fluges begleiten einige Seeadler. Sie begrüßen dich, indem ihre Flügel dich leicht berühren. Dann geleiten sie dich auf die Erde. Schau nach unten. Du landest mitten in einem Mandala. Ich habe es für die Menschen aufgebaut, die mich besuchen möchten. Es erstrahlt in sämtlichen Blautönen, die du dir vorstellen kannst. Riesige blaue Kristalle fügen sich zusammen zu einem Kunstwerk mit einem Durchmesser von etwa zehn Metern. Kannst du mich erkennen? Ich warte dort auf dich. Komme ganz langsam an.

Ruhe.

Komm, wir setzen uns in die Mitte des Mandalas. Sie besteht aus einem riesigen Aquamarin, dem Stein der Klarheit. Atme die klare Luft tief in dein Halschakra ein. Spürst du, wie es sich ganz weit öffnet für unsere Kommunikation?

Ruhe.

Du kannst dich mit mir im absoluten Vertrauen unterhalten. Für mich spielt es keine Rolle, ob du Angst vor der Macht anderer hast, oder ob du selbst Gefahr läufst, Macht auszuüben, die andere Menschen vielleicht überfordert. Ich bin neutral und nur dafür da, dir einen möglichen Weg zu zeigen. Also, finde den Mut, deine Gedanken und Gefühle zum Thema Macht ganz direkt auszusprechen.

Ruhe.

Wovor hast du Angst? Komm mit mir, wandern wir doch gemeinsam durch unser Mandala. Es besteht aus mehreren kristallenen Kreisen. Du wirst jetzt entdecken, dass sich die Kristalle verändert haben. Treten wir also aus dem aquamarinfarbenen Zentrum heraus in den nächsten Kreis. Er ist aus einem einzigen Citrin gestaltet, der in einem warmen Honigton leuchtet. Schau hinein und fühle, wie sich die Macht mit all ihren Aspekten in deinem Solarplexus anfühlt. Was verursacht sie dort? Schließe deine Augen. Du siehst alte Bilder auftauchen, verbunden mit Macht. Lasse sie zu, ich bin da, keine Sorge.

Ruhe. (Längere Pause)

Wenn du die Bilder verinnerlicht hast, öffne wieder deine Augen und folge mir in den nächsten Kreis. Für diesen Kreis habe ich den Smaragd gewählt. Ein königlicher Stein, der das Herz tief berührt. Er fordert die Güte, die Nachsicht und die Herzlichkeit des Herrschers, des Mächtigen. Welche Gefühle werden jetzt in dir wach, wenn du deine Bilder der Macht betrachtest? Ist es Trauer? Wut? Oder ist es Freude? Ganz gleich was es ist, heiße es willkommen in deinem Herzen. Fühle dich ein in deine Macht. Sie gehört dir, mit all ihren Gesichtern, und sie ist dir vertraut.

Ruhe.

Jetzt bist du wieder präsent in deiner alten Machtstruktur. Komm, ich weiß, was dir jetzt noch fehlt. Gehen wir weiter. Der nächste Kreis ist schon sehr groß. Er besteht aus leuchtendem Lapislazuli, durchwirkt mit vielen Goldfäden. Das ist der Kreis der Gedanken, der Konzentration und auch der Wahrheit. Der Stein ist von der Sonne wunderbar durchwärmt. Lasse dich darauf nieder und empfinde deine Gedanken, die dich vor langer, langer Zeit mit der Macht in Berührung brachten. Es ist nicht schlimm, wenn es keine positiven Gedanken sind. Denke immer daran, dass wir sie aufspüren müssen, damit sie für dich wieder Realität werden.

Ruhe. (Längere Pause*)*

Deine Gedanken sind klar definiert. Das ist gut so. Ich reiche dir jetzt einen großen Blautopas als Zeichen der positiven Macht. Er soll dir immer die Kraft zur Transformation der Gedanken geben, seien sie nun sehr alter Natur oder gerade erst entstanden. Nimm ihn an, er ist mein Geschenk an dich.

Ruhe.

Folge mir jetzt in den letzten Kreis des Mandalas. Er ist der größte und besteht aus einem riesigen, klaren Ametrin. Es ist die gelungene Kombination aus Transformation und Macht. Fassen wir also noch einmal zusammen. Lasse die Bilder, Emotionen und Gedanken noch einmal an dir vorbeiziehen.

Ruhe.

Und nun gebe ich dir eine Affirmation zur Transformation der Macht:

Ich bin mir meiner eigenen und der Macht der anderen voll bewusst. Alles, was mich ängstigt und an der positiven Nutzung der Macht hindert, übergebe ich hiermit der violetten Flamme der Transformation. Möge mich der blaue Strahl dazu ermächtigen, meine positive Macht so zu manifestieren, dass sie immer richtig und zum Wohle aller verstanden wird.

Ruhe.

Fühle, wie der Blautopas in deiner Hand an Strahlkraft gewinnt. Er gibt dir Wärme und Zuversicht. Nimm ihn mit auf deine Heimreise. Du kannst jederzeit zu mir zurückkommen, wenn du meine Hilfe benötigst. Aber ich bin ganz zuversichtlich, dass du es auch alleine schaffen wirst. Kehre jetzt zurück in deine Welt und in deinen Körper. Dein Besuch war mir eine große Bereicherung.

Adonai – Desdena, deine Freundin.

Mantra

☆

"Vater aller Dinge, gib mir die Macht zurück, mit der du mich in deiner Heimat beschenkt hast. Werde sie wieder so, wie du sie geschaffen hast. Zeige mir den Weg der zwölf Tugenden."

☆

Text von Desdena für Kinder

Mein liebes Kind,

ich freue mich sehr, dass du mir dein Vertrauen schenkst. Ich weiß, du hast oft Sorgen und Ängste, wenn du dir die Welt der Erwachsenen anschaust. Du siehst, wie sie in der Welt Kriege führen. Sie entscheiden einfach über das Schicksal von Menschen, ohne sie nach ihrer Meinung zu fragen. Wenn sie nicht das tun, was man von ihnen verlangt, werden sie einfach zu Dingen gezwungen. So geschieht es auch oft den Kindern. Ich weiß, viele Kinder, vielleicht auch du, würden manchmal gerne zu den Politikern gehen, mit ihnen schimpfen und ihnen ihre Meinung sagen. Die Eltern, Lehrer und Politiker lachen darüber und nehmen euch nicht ernst. Aber ihr wisst ganz genau, was ihr dazu zu sagen habt.

Es gibt aber auch Kinder, die andere Kinder das machen lassen wollen, was sie sich ausdenken. Sie wollen immer die stärkeren sein. Manchmal werden sie auch böse gegenüber Eltern und Lehrern. Dann möchten sie nur das machen, was ihnen gefällt. Die Erwachsenen sprechen dann oft von Machtkämpfen. Manche Kinder können das auch bei ihren Eltern beobachten. Vielleicht hast du Freunde, die dir das schon einmal erzählt haben. Einer versucht immer, stärker als der andere zu sein und ihm seinen Willen aufzuzwingen. Dann sind die Menschen sehr traurig, auch die Kinder. Weißt du, das ist ein ganz altes Problem, das die Menschen da haben. Sie gehen ja auch mit den

Tieren so um. Die Tiere werden von ihnen gezähmt und müssen ihnen gehorchen, ob sie wollen oder nicht.

Aber man kann auch mit Menschen zusammenleben und alles geht sehr gut. Du kennst doch sicherlich Geschichten, in denen es einen König gibt, der alle seine Untertanen sehr liebt, beschützt und gut zu ihnen ist. Wenn sie sich streiten, sorgt er dafür, dass sie wieder in Frieden zusammenleben. Er sagt ihnen auch, was sie tun müssen, aber mit ganz viel Liebe. Er ist gerecht und sorgt für Ordnung. Ein solcher König muss auch über die Menschen bestimmen, aber er hat keine bösen Gedanken dabei. Man nennt das eine gute Macht. Er ist froh, wenn es seinen Menschen gut geht. Du siehst also, es ist möglich, dass man sich gut versteht. Vielleicht weißt du schon, dass man nicht nur einmal lebt. Man kommt immer wieder auf die Erde, um Dinge gut zu machen, die einmal vor langer, langer Zeit nicht so gut waren. So kann es also sein, dass man selbst einmal nicht so ganz artig und gut zu anderen Menschen war. Dann kann man versuchen, sich daran zu erinnern. Das ist ganz einfach. Kinder können das ganz leicht machen. Dann weiß man ganz genau, weshalb man heute vielleicht ein wenig Angst vor dieser Macht der anderen hat, oder weshalb man selbst gerne über die anderen bestimmen würde. Das ist dann gar nicht mehr so wichtig. Der liebe Gott sorgt dafür, dass es dir gut geht und die anderen dich in Ruhe lassen.

Es kann aber auch sein, dass du andere in Ruhe lassen sollst. Das macht nichts. Der liebe Gott hat jeden lieb, wenn er diese Dinge verstanden hat. Ich würde dir gerne dabei helfen, einmal nachzuschauen, warum du dich in dieser Welt, deiner Familie oder bei deinen Freunden manchmal nicht so gut fühlst. Wollen wir gemeinsam hinschauen? Du wirst sehen, es ist ganz einfach.

EINSTIMMUNG (siehe Seite 17)
(siehe Seite 17)

MEDITATION

Damit du mich besser findest, habe ich bei mir zu Hause ein riesiges Blumenbeet für dich angelegt. Kleine Pfade führen hindurch, so dass man darin herumwandern kann. Siehst du es von oben? In der Mitte stehen nur hellblaue Blumen. Es sieht aus wie ein Teller mit ganz vielen Blüten. Drumherum habe ich ein Kreis gezogen mit gelben Blumen. Schau dir alles genau an.

Ruhe.

Nochmals drumherum habe ich einen Kreis mit weichem, grünen Moos gezogen. Dann gibt es nochmals einen großen Kreis mit dunkelblauen Blumen. Kannst du sie sehen?

Ruhe.

Siehst du, es gibt noch einen riesigen Kreis drumherum mit violetten Blumen. Sie leuchten in der Sonne.

Ruhe.

Langsam kommst du herunter und schwebst über meinem Blumenbeet. Siehst du mich? Ich warte dort auf dich. Sieh mal, neben dir sind ganz viele, bunte Vögel. Sie freuen sich über deinen Besuch. Kennst du schon Papageien? Schau, wie viele es sind. Sie leben hier bei mir und freuen sich über jedes Kind, das sie besucht. Ihr Gefieder leuchtet in allen Farben. Jetzt landest du mitten zwischen den hellblauen Blumen in der Mitte.

Ruhe.

Diese Reise hast du ganz alleine gemacht. Das ist eine tolle Leistung. Komm, setz dich mit mir auf den Boden. Er ist ganz warm. Schau dich ganz in Ruhe um.

Ruhe.

Jetzt erzähle mir ganz in Ruhe, was dir Angst macht, wenn du siehst, wie die Menschen miteinander, mit Kindern und mit Tieren umgehen. Oder bist du selbst manchmal ein wenig böse zu anderen Kindern? Wie fühlst du dich dabei?

Ich habe eine Idee. Wir stehen jetzt auf und gehen auf dem klei-

nen Pfad gemeinsam durch das Beet. Es wird dir gut tun. Komm, wir gehen einmal in die gelben Blumen hinein. Sie freuen sich auf dich. Kannst du sie riechen? Schließe deine Augen und fühle in dich hinein. Bist du müde, oder siehst du Menschen vor dir? Was tun sie, und was tust du mit ihnen? Bist du gerne mit ihnen zusammen? Sprechen sie mit dir? Du kannst mir alles erzählen.

Ruhe. (Längere Pause)

Komm, ich führe dich auf das wunderschöne, grüne Moos. Es kühlt deine Füße ganz angenehm. Was fühlst du in dir? Bist du traurig oder sogar böse mit den Menschen, weil sie so ungerecht sind? Oder freust du dich, dass du so viel sehen darfst? Du kannst dich hinsetzen und ruhig traurig sein. Du kannst auch auf dem grünen Moos tanzen und dich freuen, ganz wie du willst.

Ruhe.

Wollen wir noch ein wenig wandern? Sieh mal, wir kommen in den Kreis mit den dunkelblauen Blumen. Wenn du so nachdenkst, was meinst du, war das alles richtig, was du eben gesehen und gespürt hast? Was würdest du den Menschen gerne sagen, was sie anders machen sollten? Möchtest du dir selbst etwas sagen, wie du dich anders verhalten könntest? Denke ganz in Ruhe nach.

Ruhe.

Schau, jetzt möchte ich dir etwas schenken. Ich gebe dir einen wunderschönen blauen Stein in die Hand. Was hat er für eine Form? Kannst du sie erkennen? Wann immer du Sorgen hast, wenn die Menschen wieder nicht gut zueinander sind, nimm ihn hervor und bitte ihn, dir zu helfen. Ich höre das dann sofort, und dann machen wir gerne diese Übung.

Ruhe.

Komm, wir gehen mit dem Stein in das violette Blumenbeet. Wir setzen uns mitten hinein. Schau dir jetzt noch einmal die Menschen an, was sie tun. Dann fühle nochmals in dich hinein und lasse deine Gedanken fliegen. Alles wird ganz leicht. Wann immer du so traurig bist, sage diesen Menschen:

Ich bitte Gott, dass er alle Menschen zu Freunden macht. Niemand soll andere zu etwas zwingen. Alle sollen stark, gerecht und lieb miteinander sein. dann braucht niemand Angst vor den anderen zu haben. Das wünsche ich mir im Namen aller Kinder.

Ruhe.

Schau, der Stein in deiner Hand wird ganz warm. Du darfst ihn mit nach Hause nehmen. Komm jederzeit zu mir zurück, wenn du mich brauchst. Ich habe mich sehr über deinen Besuch gefreut. Schau, die Papageien winken dir mit ihren Flügeln zu. Du wirst ganz leicht und fliegst mit den Engeln zurück nach Hause.

Ruhe.

Jetzt fühlst du deinen Körper wieder ganz richtig und atmest tief ein und aus. Bleibe ganz stark.

Adonai – Desdena, deine Freundin.

Mantra für Kinder

☆

"Alle Menschen sollen Freunde sein. Im Namen aller Kinder."

☆

☆☆☆☆☆

BIGENES – PRIESTER DER UMSETZUNG DES ERSTEN IMPULSES

Themen:

- Ich habe nicht den Mut, den ersten Impuls umzusetzen.
- Der erste Impuls macht mir Angst.
- Ich habe Angst, vorschnell zu reagieren und mich zu blamieren.
- Ich bin zu langsam. Dadurch verpasse ich viele gute Chancen.
- Mir fehlen die Spontaneität und die Risikobereitschaft.
- Ich habe keine Tatkraft.
- Ich habe Angst, Fehler zu machen.
- Ich möchte alles richtig machen.
- Andere verunsichern mich mit ihren Ratschlägen und Meinungen.
- Ich möchte alles planen und gut abschätzen können.

☆☆☆

Fasse dir ein Herz und beleuchte mit mir gemeinsam deinen innersten Kern. Dort wohnen Zweifel, Ängste und die Unsicherheit. Weshalb hast du dich verändert? Das Göttliche in dir wusste vor langer, langer Zeit, dass es nichts gibt, das nicht versucht werden darf. Der Vater aller Dinge schenkte dir sein Vertrauen, indem er dich aufforderte, dich frei und ungezwungen in der verschwenderischen Fülle seiner Liebe zu bewegen. Er kennt keine Strafe, sondern nur Wohlwollen und Güte. Wenn du ein kleines Kind in deiner Obhut hast, wirst du ihm alle Möglichkeiten geben, sich auf die kleinen Füße zu stellen und seine ersten Schritte zu tun. Wenn es hinfällt, hilfst du ihm auf und versicherst ihm, dass sein Schmerz vergeht, dass es Versuche sind, am Fortschritt des Lebens teilzunehmen. Jedes existierende Wesen macht sich zur Aufgabe, seiner Evolution genügend Raum zu geben.

Dadurch bedingt es die Evolution des großen Ganzen.

Als das Göttliche das Universum schuf, folgte es einem Impuls. Es setzte seinen Willen ein, um dieses alles verändernde Ziel zu verfolgen. Nur dem Impuls folgt die Weisheit, und er findet Verwirklichung in der aktiven Intelligenz. Das ist ein göttliches Prinzip. Jeder Motor wartet auf einen Impuls, um sich der energieerzeugenden Aktivität hinzugeben. Du wirst mit deinem menschlichen Verstand niemals den Zustand der treffsicheren Vorausschau erreichen. Alles, was ist, ist unberechenbar, sogar du. Deshalb solltest du bereit sein, dich einzulassen auf das Spiel des Lebens. Es ist das, was dich vor Zeitaltern am meisten beschäftigte und in die Verkörperung begleitete. Damals wusstest du, dass deine gesamte Schöpferkraft dem Impuls entspringt. Du warst überzeugt davon, dass deine Impulse der Urquelle des reinen Lichtes entspringen. Die Aspekte des blauen Strahles hattest du so verinnerlicht, dass dir bewusst war, wie wichtig das Umsetzen des ersten Impulses ist, um der Schöpfung überhaupt eine Motorik zu ermöglichen. Viele, dir heute unbewusste Erfahrungen mögen dich erschüttert haben. Dabei mag es sein, dass dein Mut zum Fortschritt andere Wesen überforderte oder ihnen nicht interessant genug schien. Dort liegt in der Regel der Ursprung der Blockade.

Es geht nicht darum, wie andere dein Umsetzen des ersten Impulses sehen oder bewerten. Es geht nur um dich und deinen Fortschritt. Wenn auch deine Aktion etwas auslöst wie Unbehagen, Neid, Zweifel und Kritik, dann ist dies trotzdem eine Evolution. Sagen wir, es ist der Startschuss für die Kettenreaktion der Gedanken, Emotionen und Taten. So wird unvermeidbar das Karma des Menschen aktiviert und seiner Bearbeitung zugeführt. Das kann nicht immer nur von positiven Auswirkungen begleitet sein, geschweige denn kannst du im voraus absehen, welches Ergebnis sich dir offenbaren wird. Du weißt, dass sich ein Ergebnis auch als Krise zeigen kann und muss. Du wirst den Lauf der Dinge nicht verändern, indem du dich unbewusst bemühst, die Umsetzung deiner Impulse raffiniert und intelligent zu umschiffen. Du weißt, Zeit ist relativ. Der Impuls hat die Wahl des veränderten Kleides, um dich dann zur rechten Zeit zu überlisten. Dein Höheres

Selbst ist von dir selbst ermächtigt worden, dir die Impulse so zu senden, wie es dein geistiger Führer für richtig und angebracht hält. Alle Beteiligten folgen also nur deiner Anweisung. Dann bist du gefordert. So stelle dir immer wieder vor, dass du es dir selbst wert bist, die aktive Intelligenz zum Einsatz zu bringen. Ihre Nahrung ist der Impuls und die Weisheit, nicht zuletzt die Kraft der schaffenden Liebe. Du bist der Schöpfer aller Dinge. Der erste Impuls gibt dir die Macht der Schöpfung als Geschenk Gottes.

EINSTIMMUNG (siehe Seite 15)

MEDITATION

Als du noch ein Kind warst, konnten dich deine Eltern noch mit einer "Fahrt ins Blaue" überraschen. Erinnerst du dich noch daran? Was war an dieser Fahrt so interessant? Du wusstest nicht, was dich dort erwartet. Selbst der Ort war dir nicht bekannt. Man überließ das Ziel dem Zufall. Der Vater fuhr einfach los und ließ sich vom schönen Wetter und seinem Gefühl lenken. Dabei setzte er pausenlos Impulse um, indem er die Richtung veränderte und trotzdem auf ein Ziel zusteuerte, das für euch "Erholung und Freude" hieß. Auf einer ähnlichen Reise befindest du dich jetzt.

Ruhe.

Du hast losgelassen und fühlst dich vogelfrei. Trotzdem weißt du, dass ich auf dich warte. Jetzt ist die Kreativität deines Erlebens gefordert. Ich mache dir unser Treffen zum Geschenk, jedoch nicht zum organisierten Stelldichein. Du bist aufgefordert, mich zu finden. Mein Aussehen ist dir bekannt. Also beginne Ausschau zu halten. Unter dir liegt Atlantis mit seiner prachtvollen Natur.

Ruhe.

Ich bin bereit, dich dort zu treffen, wo dein Impuls dich hinlenkt. Du solltest dich nun entscheiden. Welcher Ort in der freien Natur dieses Paradieses sagt dir am meisten zu?

Du wirst langsam schwerer. Die Materie zieht deinen Körper an. Bewege dich jetzt auf dein Ziel zu. Entscheide dich sofort. Denke nicht darüber nach, ob ich in der Lage bin, dich dort zu finden. Du weißt, ich bin. Ruhe. (Längere Pause)

Sei willkommen am Ort deiner Wahl. Lasse dich nieder und ruhe dich aus. Nimm dir Zeit, anzukommen.

Ruhe.

Wende deinen Blick nach rechts. Neben dir auf dem Boden findest du einen Korb mit wunderschönen blauen Blumen. Es sind die blauen Blumen des Unbekannten. Nimm eine davon in die Hand und schau sie an. Was ist das für eine Art Pflanze? Gib ihr einen Namen. Sie spricht mit dir. Hast du das schon gemerkt? Sie sagt dir, dass ich ganz in der Nähe auf dich warte.

Ruhe.

Also erhebe dich, nimm den Korb, lege die Blume hinein und setze dich in Bewegung. Du kannst langsam schreiten, springen, laufen, vielleicht auch schnell marschieren. Du vermagst alles, um mich zu finden. Mich, deinen Freund des Impulses. Bist du unsicher, was du am besten tun sollst? Tue das, was du jetzt als richtig und angenehm empfindest. Lasse dich ein auf deine Unsicherheit und begegne ihr mit Kreativität. Sie wird sich vor dir ehrfürchtig verbeugen und als geheilt zurückziehen.

Ruhe.

Es spielt keine Rolle, welchen Ort du für deine Ankunft gewählt hast. Dein Weg zu mir führt dich an den Rand einer tiefen, dunklen Schlucht. Dort kommst du nun langsam an. Was hast du jetzt für ein Gefühl? Lasse es zu. Willst du umkehren? Ich würde es akzeptieren. Die Blumen sicherlich auch. Aber ich denke, dein Herz ist neugierig. Also, trete langsam an den Rand der Schlucht und blicke hinunter. Achte auf alles, auf Farben, Geräusche und Gerüche.

Ruhe.

Ein Urwald breitet sich vor dir aus, undurchsichtig und verbunden mit dem menschlichen Gefühl der Orientierungslosigkeit. Das ist ganz normal. Habe keine Sorge. Du wirst nicht versagen. Der Weg zu mir ist so einfach und leicht zu finden. Werde ganz still. Schau, die Blumen haben ihre Kelche ganz weit geöffnet. Wenn du achtsam bist, hörst du genau wie sie das Rauschen eines Wasserfalls.

Ruhe.

Folge dem Geräusch. Setze dich sofort in Bewegung. Bleibe nicht stehen, bis du direkt über dem Wasserfall angekommen bist. Er ist ein Wunder der Natur, breit und schäumend wie das Meer.

Ruhe.

Du stehst jetzt direkt über dem Wasserfall. Das Wasser ist die Quelle des Lebens, die Fülle, der Ursprung. Es stürzt sich in die Tiefe der Schlucht. Wie eine Rutschbahn sieht dieser Wasserfall aus. Silbern glitzert das Wasser in der Sonne. Es ist rein und kraftvoll. Dieser Wasserfall ist der einzige Weg in diese Schlucht. Bist du bereit zu springen? Du weißt, dass dir nichts geschehen wird. Jetzt folge deinem Impuls.

Ruhe.

Es ist vollkommen egal, wie du dich entschieden hast. Schau, deine Blumen verwandeln sich zu einem blauen Fallschirm, der dich kurz in die Höhe zieht und dann sicher in die Tiefe trägt. Atme tief durch.

Ruhe.

Du kannst ihn lenken und dabei bestimmen, ob du unterwegs ein Bad im kristallklaren Wasser nimmst, oder ob du die frische Luft des Waldes genießt. Beides wird dir gut tun. Du siehst, es ist nur wichtig etwas zu tun. Das Ziel bleibt dir erhalten. Schau, unter dir stehe ich am Fuß des Wasserfalls. Ich winke dir zu.

Ruhe.

Du landest sicher neben mir im weichen Moos. Lasse dich umarmen. Ich bin stolz auf dich. Auch wenn du entschieden hast, nicht zu springen, solltest du mich besuchen dürfen. Du hast es dir verdient. Die Angst vor dem Unbekannten ist so ernst zu nehmen wie der Mut zum Risiko. Du bist dem richtigen Impuls gefolgt. Das war wichtig. Komm, ich zeige dir jetzt einen ganz bequemen Fußweg hinauf. Bevor wir losgehen, formuliere ein spezielles Problem. Nimm dir Zeit.

Ruhe.

Jetzt brechen wir auf. Während wir nun durch eine unbeschreibliche Blütenpracht von Orchideen hinaufsteigen, wirst du ganz viele

Impulse erhalten, die ich dich bitte, in deinem Tagesbewusstsein gleich umzusetzen. Folge mir. Ruhe. (Lange Pause)

Wir sind oben angekommen. Ich hoffe, die Impulse haben dich erreicht und du kannst sie gleich verwirklichen. Lass mich dir danken für deinen Besuch. Kehre jederzeit zurück zu mir. Nimm folgende Affirmation mit auf die Heimreise:

Ich bin bereit, meine Impulse jederzeit und an jedem Ort sofort umzusetzen. Ich danke meinem Höheren Selbst und meinem geistigen Führer für seine umsichtige und wohlwollende Führung. Ich bin.

Ruhe.

Ich überreiche dir wieder eine blaue Blume des Unbekannten. Sie soll dich begleiten auf deiner Heimreise und dich schützen auf all deinen Wegen des ersten Impulses. Kehre zurück in deinen wertvollen Körper. Du bist geliebt.

Adonai – Bigenes, dein Freund.

Mantra

☆

"Vater aller Dinge, ich danke dir für dein Vertrauen, mich frei und ungezwungen in der verschwenderischen Fülle deiner Liebe bewegen zu dürfen. Zeige mir den Weg der zwölf Tugenden."

☆

Text von Bigenes für Kinder

Ich heiße Bigenes, und wie du heißt, weiß ich ganz genau. Und ganz genau so weiß ich auch, dass du manchmal Angst hast, einfach das zu tun, was dir gerade in den Sinn kommt. Ich glaube nämlich, dass du schon öfter einmal Sachen machen wolltest, die deine Eltern, Freunde oder Lehrer in dem Moment nicht so gut fanden. Das hat dich geärgert, ich weiß. Und dabei hattest du so große Lust, gerade etwas zu machen, das dir genau in dem Moment so viel Freude gemacht hätte. Es war dann einfach gut für dich.

Erwachsene, aber auch andere Kinder, meinen dann oft, man

müsse vernünftig sein und erst einmal gut überlegen. Viele haben Angst, sie könnten etwas falsch machen und man würde sie auslachen. Dafür können die anderen Menschen nichts. Vielleicht könnten sie ja von dir etwas lernen, was meinst du? Klar, man kann nicht einfach aus der Schule zu Hause bleiben, weil man das gerade für gut hält. Ich will dir ein Beispiel nennen: Nehmen wir einmal an, du hast Schulferien. Auf diese Zeit hast du dich lange gefreut. Endlich hast du Freizeit, über die du ganz alleine bestimmen darfst, denn du sollst dich ja erholen.

An einem bestimmten Tag hast du dich mit Freunden im Schwimmbad verabredet. Nun kommt dieser Tag und du solltest eigentlich deine Sachen packen. Aber du hast keine Lust. Lieber würdest du jetzt Musik hören oder einfach nur schlafen. Du rufst einen Freund an und erklärst ihm dein Gefühl. Der aber ist enttäuscht und versucht dich zu überreden, doch ins Schwimmbad zu kommen. Als er keinen Erfolg hat, ist er verärgert und meint, er sei dann nicht mehr dein Freund. Du hast nun zwei Möglichkeiten: Entweder du willigst ein und gehst mit den Freunden schwimmen. Dann denkst du immer wieder daran, was du lieber getan hättest, und du hast keine Freude. Sie hänseln dich vielleicht noch und sagen, du bist langweilig.

Du kannst aber auch zu dir stehen und nicht hingehen. Dann wird es dir gut gehen und du hast einen schönen, freudigen Tag. Sei sicher, dein Freund wird dir nicht für alle Zeiten böse sein. Er wird sich mit den anderen amüsieren und den Streit schnell vergessen. Aber er hat etwas gelernt, nämlich auf dich Rücksicht zu nehmen. Er weiß, dass du deine Wünsche verteidigst und das tust, wozu du stehen kannst. Glaube mir, wenn er selbst einmal in diese Lage kommt, denkt er an dich und wird es genauso machen. Ähnlich wird es dir noch oft in deinem Leben ergehen, auch wenn du erwachsen bist.

Vielleicht hast du dich auch schon einmal darüber gefreut, wenn deine Mutter oder dein Vater an einem verregneten Sonntag plötzlich die Idee bekam, mit dir ins Kino oder auf die Rollschuhbahn zu gehen. Dort hast du vielleicht Freunde getroffen und ihr alle hattet viel Spaß zusammen. Daran hättest du morgens beim Aufstehen noch nicht gedacht. Du hättest es aber auch ablehnen können. Dann wäret ihr zu Hause geblieben und der Tag wäre ganz anders verlaufen. Was ich dir erklären möchte, ist, dass alles, was man plötzlich tut, sehr interessant werden kann. Man darf nur keine Angst davor haben. Du kannst oft gar nicht wissen, was solche Ideen bedeuten. Solche Ideen nennt man auch Impulse.

Stell dir vor, dass der liebe Gott und seine Engel eine Art Ideenmaschine besitzen. Du weißt doch sicher, wie man Seifenblasen macht. So machen sie die Ideen, um den Menschen Freude und Glück zu bringen. Diese Ideen fliegen dann als Seifenblasen durch die Wolken und werden zu den Menschen gesteuert. Sie sind normalerweise unsichtbar. Ich werde sie heute ausnahmsweise für dich sichtbar machen. Dann landen sie auf den Köpfen der Menschen, zerplatzen und werden sofort zu Ideen. Es liegt dann nur an den Menschen, diese Ideen oder Impulse, wie wir sie auch nennen, auszusprechen und zu verwirklichen. Wenn du willst, können wir dazu eine Übung machen.

EINSTIMMUNG (siehe Seite 17)

MEDITATION

Du kannst dich entscheiden, ob du ihre Hände ergreifst, oder ob du alleine weiterfliegen willst. Sie werden dich immer begleiten und beschützten, habe keine Angst. Mache es so, wie du es willst.

Ruhe.

Jetzt schau einmal unter dich. Du siehst eine liebliche Landschaft. Wo willst du gerne landen? Entscheide dich. Es wird Zeit, dass du landest. Wir wollen uns doch dort treffen. Ich werde dich schon finden.

Ruhe.

Jetzt kommst du am Boden an. Toll, wie du alleine landen kannst. Schau, die Engel fliegen wieder weg. Keine Sorge, sie holen dich nachher wieder ab. Ruhe dich erst einmal aus und schau dich um.

Ruhe.

Kannst du dir vorstellen, wohin die Engel geflogen sind? Soll ich es dir sagen? Sie sind jetzt bei der Ideenmaschine angekommen. Gott hat sie dahin gerufen, damit alle gemeinsam ganz viele Seifenblasen zu dir schicken können. Du weißt ja, dass ich hier irgendwo auf dich warte. Stehe also jetzt vom Boden auf und schau dich um. Blupp ..., in diesem Moment ist eine Seifenblase auf deinem Kopf gelandet. Sie sagt dir, wohin du gehen musst. Du darfst auch laufen oder springen, wie du willst. Also, gehe los.

Ruhe.

Was siehst du alles? Schau mal nach oben in den Himmel. Kannst du die vielen Seifenblasen sehen, die dort umherfliegen? Gleich wird dich wieder eine treffen. Gehe einfach weiter.

Ruhe

Sieh mal da vorne. Dort steht mitten auf einer Wiese ein alter Zirkuswagen. Er ist blau und bunt bemalt. Geh darauf zu.

Ruhe.

Jetzt stehst du vor dem Zirkuswagen. Was ist auf ihn draufgemalt? Siehst du die Tür? Sie ist verschlossen. Willst du hineingehen, oder hast du Angst? Ich weiß, du bist neugierig. Wenn du hineingehen willst, musst du den Schlüssel suchen. Blupp ..., die nächste Seifenblase ist auf deinem Kopf gelandet. Sie sagt dir, wo der Schlüssel ist. Suche ihn sofort.

Ruhe.

Super, du hast ihn gefunden. War gar nicht so schwer, oder? Jetzt gehe zu der blauen Tür, stecke den Schlüssel in das Schlüsselloch und drehe ihn um. Getraust du dich? Glaubst du mir, wenn ich dir sage, dass ich da drinnen auf dich warte? Du kannst den Schlüssel auch wieder verstecken gehen, wenn du dich nicht getraust. Blupp ..., die nächste Seifenblase landet auf deinem Kopf. Sie sagt dir, was du jetzt tun sollst. Also, folge ihrem Rat sofort. Es ist deine Entscheidung.

Ruhe. (Längere Pause)

Du hast gut entschieden. Schau mal, die Türe öffnet sich wie von selbst und zwei der Engel, die dich begleitet haben, sind dort. Sie nehmen dich mit in den Zirkuswagen. Sieh, ich sitze da und warte auf dich. Hier ist es sehr gemütlich. Setze dich neben mich.

Ruhe.

Sieh mal, ganz da vorne ist eine große Kinoleinwand. Dort läuft gerade ein Film. Es ist ein Film über dich. Du kannst dich dort sehen. Kennst du das Schlaraffenland? Dort bist du jetzt in diesem Film. Im Schlaraffenland gibt es alles, was man sich nur wünschen kann. Aber man muss auch wissen, was man haben möchte. Schau dich in Ruhe dort um.

Ruhe.

Jetzt kommt ein Engel auf dich zu. Siehst du ihn? Er fragt dich, was du jetzt sofort mit ihm gemeinsam unternehmen möchtest, oder was jetzt gerade für dich wichtig ist.

Ruhe.

Und jetzt schau mal. Siehst du von oben die Seifenblase auf dich zufliegen? Blupp ..., jetzt landet sie auf deinem Kopf. Siehst du das? Und jetzt hast du sofort eine Idee. Und dann schau, was passiert, wenn du das machst, was du gedacht hast.

Ruhe.

Siehst du, so einfach ist das. Ich will dir Mut machen, deine tollen Ideen in die Tat umzusetzen. Wenn es soweit ist, sage immer diesen Satz:

Ich möchte alle meine guten Ideen sofort tun. Ich danke Gott und seinen Engeln, dass sie so viele Seifenblasen zu den Menschen schicken.

Und wenn du meine Hilfe brauchst, darfst du mich jederzeit in meinem Zirkuswagen besuchen. Wir üben dann wieder zusammen, bis du es alleine schaffst. Ich wohne hier und du darfst gerne wiederkommen. Jetzt musst du aber wieder nach Hause gehen. Sieh mal, die Engel warten schon auf dich. Sie fliegen mit dir davon.

Ruhe.

Fühle jetzt wieder deinen Körper und atme tief ein und aus.

Adonai – Bigenes, dein Freund.

Mantra für Kinder

☆

"Ich freue mich über meine guten Ideen, und Gott tut das auch."

☆

☆☆☆☆☆

ZAHSIRA – PRIESTERIN DES VERTRAUENS IN SCHUTZ UND FÜHRUNG

Themen:

- Ich fühle mich alleine gelassen.
- Ich fühle mich schutzlos.
- Mein Vertrauen in Gott und seine Hilfe wird immer weniger.
- Ich werde zu schnell mit neuen Situationen konfrontiert.
- Mir fehlt das Vertrauen in mich selbst.
- Ich habe Angst vor schweren Zeiten.
- Ich möchte Beweise für die Existenz der geistigen Ebene.

☆☆☆

Wie lange muss sich deine Seele noch deinem Tagesbewusstsein unterordnen, um sich ganz aufzugeben im Angesicht deiner unbegründeten Hilfe und Verzweiflung? Wie definierst du schwere Zeiten und schwierige Situationen? Was bedeutet für dich Schutz? Alle diese Begriffe sind relativ und mit Sicherheit von Kultur, Epoche und der Natur eines Menschen abhängig. Für dich kann eine Autofahrt im Schneesturm eine schwierige Situation sein, für einen anderen Menschen ist es der letzte Tropfen Wasser aus einer schmutzigen Wasserlache. Für dich kommen schwere Zeiten, wenn du deine Arbeit verlierst, für einen anderen Menschen kündigen sie sich durch den Tod des Familienvaters oder der Mutter von fünf Kindern an. Du fühlst dich alleine gelassen, wenn deine besten Freunde keine Zeit haben, um deinem enttäuschten Herzen Trost zu spenden. Eine junge Frau fühlt sich mit ihrem Neugeborenen alleine gelassen, wenn ihr Ehemann in den Krieg ziehen muss. Verstehst du den Unterschied? Dennoch kann ein enttäuschtes Herz in einem Menschen das Chaos hervorrufen. Niemand weiß, wie schwer eine Situation für einen anderen Menschen ist. Es gibt keinen Maßstab. Alles, was du wahrnimmst auf diese Weise, hat seine Berechtigung. Der Sturz von einer Leiter kann in dir die schlimmsten Ängste hervorrufen. Vielleicht wirst du dabei an etwas ganz Altes erinnert, und es bedeutet für dich höchste Lebensgefahr in deinem Unterbewusstsein. Ein anderer Mensch ist bereit, in ein brennendes Haus zu laufen, um vielleicht ein zurückgelassenes Tier zu retten. Das ist normal, denn er hat diese Situation noch niemals als Gefahr erlebt. Wichtig ist die Erkenntnis, dass du bei allem geschützt bist. Auch wenn du dich in größte Gefahr begeben musst, um eine schwierige Situation zu meistern, bist du geführt. Es gibt nicht eine einzige Sekunde in der Existenz des Universums, die nicht von höchster Ebene vorbereitet und überwacht würde. Das menschliche Gehirn ist nicht in der Lage, dieses Netzwerk von Entscheidungen, Gedanken, Taten und daraus resultierenden Folgen zu begreifen. Werde dir einfach bewusst, dass jede Bitte um Schutz und Führung dein Beweis für dein Vertrauen in IHN ist. Du weißt, du bist aus IHM entstanden. Deine Quelle ist das Licht, das dreifältige Licht. Deine Seele profitiert vom Bewusstsein der Monade. Was dich hindert, ist dein Verstand. Er alleine begleitet deinen physischen Körper und deine Emotionen in die Einsamkeit und in die Angst vor schweren Zeiten. Begreife, dass du ein Höheres Selbst dein eigen nennst, das sich jederzeit des Schutzes und der Führung bewusst ist. Es erhielt sogar von dir selbst den Auftrag, dich bestimmten Gefahren und Prüfungen auszusetzen, damit du deine Lernaufgaben erfüllen darfst. Soll es dich bewusst enttäuschen? Dein Höheres Selbst ist erfüllt vom Bewusstsein und vom Vertrauen in den väterlichen Schutz, der sich jedem einzelnen Kind SEINES LICHTS unbegrenzt verschenkt. Lass also dein Vertrauen wieder wachsen. So wirst du dir selbst die Existenz deiner eigenen Herkunft beweisen. Gibt es etwas Schöneres und Erfüllenderes? Doch sei gewiss, ich bin noch immer da, um dir den Weg zu ebnen. Aber selbst ich benötige dafür dein Vertrauen, wie schon vor langer, langer Zeit. ICH BIN – so wie DU.

EINSTIMMUNG (siehe Seite 15)
MEDITATION

Ich habe mich entschlossen, dich genau wie alle anderen Seelen einzuladen, mich an dem Ort zu besuchen, der zu atlantischen Zeiten weltlichen Besuchern vorenthalten war. Du wirst dich fragen, warum? Nun, ich weiß, dass damals vielen Menschen sogar das Vertrauen in meine Arbeit fehlte. Meine zurückgezogene Existenz und Arbeit übertraf ihre Vorstellungskraft. Wir wissen, dass ein Zweifel immer den nächsten begünstigt. So fehlte also auch das Vertrauen in den göttlichen Schutz und in die Führung. Deshalb soll es dir und allen anderen Wesen heute möglich sein, mich zu besuchen in meinem Tempel, damit wir dort gemeinsam den bis heute bestehenden Zweifel endgültig ausräumen können. Also bitte ich dich jetzt nach meinem Tempel Ausschau zu halten. Du findest ihn in einem Palmenhain, der sich direkt an einen weißen Sandstrand anschließt. Von oben wirst du nur den Strand und die Palmen erkennen können. Vertraue darauf, dass es der richtige Ort ist und finde dich ein an diesem traumhaften Strand mit seinem weißen, warmen Sand.

Ruhe.

Du bist da, mit einem Gefühl der Wärme und der Sicherheit. Das warme Wasser des Meeres umspült deine Füße. Hier kühlt das Wasser niemals ab. Neben dir spaziert eine Möwe sehr interessiert vorbei. Ihr aufmerksamer Blick stellt viele Fragen. "Was machst du hier? Hat dein Besuch einen Grund? Wir kennen dich nicht." Schau, sie spaziert auf den Palmenhain zu. Folge ihr einfach. Wenn du willst, kannst du ihr die Fragen in Gedanken beantworten. Sie kann dich verstehen, keine Sorge.

Ruhe.

Die Möwe sieht dich noch einmal an, breitet ihre Flügel aus und erhebt sich blitzschnell in die Luft. Während du ihr nachschaust, fällt dein Blick auf mich. Ich habe euch beide beobachtet. Ist dir bewusst, dass du gerade einem Tier vertraut hast? Es hat dich zu mir geführt. Dafür danke ich dir.

Lasse dich begrüßen. Als Zeichen der Freundschaft reiche ich dir einen Kranz aus blauen Veilchen. Folge mir in meinen Palmengarten.

Ruhe.

Im Schatten der riesigen Blätter gedeihen hier viele exotische Pflanzen. Auch viele Tiere fühlen sich hier zu Hause. Sorge dich nicht, wenn dir die eine oder andere Schlange begegnet. Du bist geschützt. Es sind wunderbare Tiere und wichtige Teile der Natur. Schau nicht auf den Boden. Komm, ich reiche dir die Hand. Siehst du, da vorne wartet mein Tempel auf uns. Er ist strahlend weiß und lichtdurchflutet, mit vielen Säulen.

Ruhe.

Trete ein in meinen Tempel des Gebetes. Der Fußboden besteht aus einer riesigen Fläche Lapislazuli. Das kühle Blau vereint in sich das Gold der Weisheit und der Geborgenheit im großen Ganzen. In der Mitte des Raumes steht ein niedriger Tisch aus weißem Marmor, umgeben von vielen dicken Sitzkissen aus blauem Samt mit goldener Stickerei. Suchen wir uns jeder ein Kissen aus und machen es uns gemütlich. Schließe deine Augen, ruhe dich aus und fühle dich wohl in meiner Gegenwart.

Ruhe.

Wenn du jetzt bereit bist, mit mir zu arbeiten, konzentriere dich und formuliere klar und deutlich dein Problem. Es ist wichtig, dass du es selbst korrekt formulierst. Wo und wann fehlt dir das Vertrauen in Schutz und Führung?

Ruhe.

Du weißt, dass auch Erzengel Michael in diesem Tempel zu Hause ist. Wir möchten dir gemeinsam helfen, dein Vertrauen wieder zurückzugewinnen. Lass uns zurückkehren an deinen göttlichen Ursprung, der dir einst das Vertrauen als Wegzehrung mitgab. Atme tief ein in dein Herzchakra. Dein Herz ist der Wohnort der dreifältigen Flamme. Visualisiere in deinem Herzen drei Kammern. Du siehst drei Türen, eine blaue, eine goldgelbe und eine rosafarbene. Öffne nun die blaue Tür und gehe hindurch. Ich begleite dich. Ein wohltuendes blaues Licht empfängt dich dort. Ruhe.

Fühle, wie dieses blaue Licht dein Herz erfüllt mit Kraft, Mut und grenzenlosem Vertrauen in den Vater der Schöpfung. Du badest in seinem Schutz. Nichts kann dir geschehen. So hast du dich gefühlt, als du noch in der Heimat warst, im Bewusstsein deines "ICH BIN."

Ruhe. (Längere Pause)

Du fühlst dich ganz leicht. Um deine Schultern legt sich etwas Federleichtes, das sich anfühlt wie eine freundschaftliche Umarmung. Es gibt dir Vertrauen. Langsam gewöhnen sich deine Augen an das ungewöhnliche Licht. Schau, du trägst einen königlichen blauen Umhang. Es ist der Mantel der positiven Macht, der Kraft und des Schutzes, der Mantel der Führer und Mutigen. Michael hat ihn dir umgelegt. Du hattest ihn vor langer, langer Zeit abgelegt. Aber er wurde gut gepflegt und für dich in Gottes Truhen aufbewahrt. Nimm ihn im Vertrauen wieder an. Er gehört nur dir.

Ruhe.

Ich werde dir nun Michaels Worte überbringen. Höre gut zu und bewahre sie in deinem Herzen. Ich beginne.

Ruhe.

Wir wollen nun gemeinsam die Kammer deines Herzens wieder verlassen. Schließe die Türe hinter dir und finde dich wieder in meinem Tempel. Schau, auf dem Tisch vor dir steht ein goldener Kelch. Es ist der Kelch des Vertrauens und der Weisheit. In allen Zeitaltern durften die aus diesem Kelch trinken, die sich des Schutzes und der Führung Gottes bewusst waren. Und viele, viele Menschen haben diesen Kelch gesucht. Sie wussten nicht mehr, wie er aussieht und wie sein Inhalt schmeckt. Du darfst ihn sehen und dich an seinem Inhalt laben, solange du Vertrauen hast, Vertrauen in dich selbst als Individuum und in Gott, deine Quelle des Vertrauens. Zögere nicht, nimm ihn in die Hand und tue das, was du für richtig hältst.

Ruhe.

Nun stelle ihn wieder zurück, schau noch ein wenig in dich hinein. Fühle dein Vertrauen in Schutz und Führung mit diesen Worten:

Dankbar nehme ich Michaels Geschenk an. Mein Herz weiß, dass ich geschützt und gut geführt bin. Ich danke meiner Quelle des absoluten Vertrauens. ICH BIN.

Ruhe.

Es wird jetzt Zeit für dich, mich zu verlassen. Komm, ich begleite dich zurück zum Strand. Schau, die Möwe ist wieder da. Sie spaziert mit uns bis zum Wasser.

Ruhe.

Ich wünsche dir, dass du nie wieder um dein Vertrauen bangen musst. Auch schwierige Zeiten haben ihren Sinn, das weißt du. Nichts kann dich trennen von Gott und seinem Schutz. So kehre zurück über die Meere und in deinen Körper. Wann immer du meine Hilfe brauchst, komme wieder in meinen Tempel im Palmengarten. Wir sind immer für dich da.

Adonai – Zahsira – deine Freundin.

Mantra

☆

"Vater aller Dinge, dein Vertrauen ist auch mein Vertrauen. Aus dir ist es geboren, und in dir wird es leben. Zeige mir den Weg der zwölf Tugenden."

☆

Text von Zahsira für Kinder

Ich heiße Zahsira, und Gott und Erzengel Michael haben mich gebeten, mit dir zu sprechen. Sie haben nämlich bemerkt, dass du manchmal das Gefühl hast, ganz alleine zu sein mit all deinen Fragen und Sorgen. Weißt du, auf der Erde gibt es manchmal Dinge, die von den Menschen gemacht werden, ohne dass sie darüber nachdenken, was andere dabei fühlen. Kinder haben dann oft Angst und fühlen sich unverstanden oder nicht beachtet.

Erwachsene streiten sich manchmal aus ganz verschiedenen Gründen. Die Kinder haben dann oft Angst, die Eltern würden sich trennen, und sie wären dann mit Vater oder Mutter ganz alleine.

Manchmal aber sind Kinder zu anderen Kindern böse und gemein, vielleicht in der Schule oder auf dem Heimweg. Dann haben Kinder Angst, weil niemand da ist, der sie beschützt.

Viele Kinder, aber auch Erwachsene, haben große Angst, wenn ein Gewitter kommt, wenn es blitzt und donnert. Vielleicht haben dich deine Eltern oder dein Lehrer schon einmal irgendwohin geschickt, um etwas zu erledigen, wovor du Angst hattest. Oder sollst du vielleicht so etwas tun? Du getraust dich nicht hin, weißt nicht genau, was du sagen sollst oder ob man dich dort leiden mag. Vielleicht sollst du bald die Schule wechseln, und du hast Angst, wie es in der neuen Schule sein wird. Du musst deine alten Kameraden und Freunde verlassen und dich ganz neu orientieren. Wie sind dort die Lehrer und die anderen Schüler? Sollst du vielleicht in ein Internat gehen und für längere Zeit von deiner Familie fortsein? Du machst dir bestimmt oft Gedanken, ob das eine gute oder nicht so gute Zeit werden wird.

Manchmal wünschst du dir sicher, du wärest schon erwachsen und hättest all das hinter dir, ich weiß. Aber du bist noch ein Kind, und du hast das Recht, genauso Sorgen zu haben wie die Erwachsenen. Gott, die Engel und auch ich sehen und wissen das ganz genau. Und ich möchte dir sagen, dass wir alle immer bei dir sind und dich beschützen.

Du weißt doch, dass jeder Mensch einen Schutzengel hat, der immer auf ihn aufpasst. Er ist nur für dich da, und wenn du ihn rufst, schickt Gott ihn sofort los, um mit dir überall hin zu gehen. Rufen darfst du immer, am Tag und in der Nacht, ganz gleich, wann du Hilfe brauchst. Du weißt ja, dass es ganz viele Engel gibt, die alle verschiedene Aufgaben haben.

Sicherlich hast du schon von Erzengel Michael gehört. Er ist ein ganz großer Schutzengel, der die anderen Schutzengel beaufsichtigt, damit sie alles richtig machen. Man kann ihn aber auch direkt um Hilfe bitten. Er trägt ein großes, leuchtendes Schwert, das aber niemals einem Menschen weh tut. Man nennt es auch Excalibur. Vielleicht kennst du das Schwert schon von der Geschichte über König Artus und seine Ritter. Es ist nur dafür gedacht, um Menschen zu beschützen. Michael trägt auch einen großen, blauen Mantel, der alle Kinder beschützt, die sich darin verstecken dürfen. Auch du passt da hinein. Gott hat ihm diesen Mantel genäht, damit man ihn überall erkennt als Helfer und Beschützer. Denkst du, du könntest ihm und mir glauben, wenn ich dir sage, dass du niemals alleine bist, wenn du ihn rufst?

Du musst natürlich auch auf deine Eltern und Lehrer hören, wenn sie dich bitten, in bestimmten Dingen vorsichtig zu sein, aber das weißt du ja. Mit Michael kannst du jederzeit sprechen, wenn du ihn brauchst. Aber auch ich bin für dich da, und wenn du willst, helfe ich dir immer dabei, wenn du ihn rufen willst. Dafür kannst du mich dann in meinem Tempel besuchen. So können wir auch manchmal schon vorarbeiten, wenn du weißt, dass morgen ein schwieriger Tag ist oder du etwas erledigen musst, das dir sehr schwer fällt. Weißt du, wie man das nennt, wenn du dann mutig und froh auf alles zugehst? Das nennt man Vertrauen. Soll ich dir helfen, Vertrauen zu haben ein wenig besser zu lernen? Es wird uns gelingen, ganz bestimmt!

EINSTIMMUNG (siehe Seite 17)
MEDITATION

Schau, auch dein ganz persönlicher Schutzengel ist mit dir auf die Reise gegangen. Kannst du ihn erkennen? Wie sieht er aus? Sagt er dir seinen Namen? Lass dir Zeit.

Ruhe.

Erzengel Michael hat ihn schon vorausgeschickt, denn er ist immer bei dir. Leider siehst du ihn oft gar nicht. Aber er ist darüber nicht traurig. Du kannst ihn gerne begrüßen und mit ihm sprechen.

Ruhe.

Jetzt nimmt er dich an der Hand und landet ganz langsam mit dir an einem wunderschönen, weißen Sandstrand. Hier in der Nähe wohne ich nämlich. Du hast doch Mut, zu mir zu kommen, oder? Kannst du den warmen Sand unter deinen Füßen fühlen? Ganz kleine Wellen des Meeres laufen bis zu deinen Zehen hin. Das Wasser ist ganz warm, merkst du es?

Ruhe.

Nun fasse wieder die Hand deines Schutzengels und folge ihm. Vor dir siehst du viele Palmen. Du weißt doch, wie sie aussehen. Es ist ein richtiger kleiner Wald. Ihr geht gemeinsam darauf zu. Du musst wissen, dass mein Tempel in diesem Wald steht. Du brauchst überhaupt keine Angst zu haben. Es kann dir nichts geschehen. Lauf einfach weiter.

Ruhe.

Ihr seid jetzt im Wald angekommen. Es wird schön kühl und schattig. Viele Tiere begegnen dir hier. Kannst du sie erkennen? Alle sind zahm und lassen sich sogar streicheln. Beobachte sie ruhig, während ihr weitergeht.

Ruhe.

Schau, da vorne siehst du meinen Tempel. Er hat viele runde, weiße Säulen. Dort warte ich auf dich. Siehst du mich? Ich winke dir zu. Komm nur herein mit deinem lieben Freund und sieh dich um.

Ruhe.

Der Boden ist blau mit viel Gold drin. Du kannst dich sogar darin sehen. Mitten im Zimmer steht ein kleiner Tisch, drumherum liegen viele dicke, blaue Kissen. Setze dich ruhig auf ein Kissen. Ich setze mich auch, und dein Schutzengel setzt sich neben dich. Du schließt deine Augen und ruhst dich aus.

Ruhe.

Wollen wir jetzt beide Erzengel Michael um Hilfe für dich bitten? Wir atmen gemeinsam ganz tief ein. Und jetzt sitzen wir alle gemeinsam in ganz viel blauem Licht. Siehst du, wie es leuchtet? Gott und Michael haben es für dich angezündet. Wir nennen es das "Licht des Vertrauens", dass immer jemand da ist, der dich beschützt. Bleibe ganz still sitzen in diesem blauen Licht.

Ruhe.

Jetzt möchte ich dich bitten, mit diesem blauen Licht zu sprechen. Es ist Michaels Licht. Du kannst es dir vorstellen wie ein Telefon, durch das du mit ihm sprechen kannst. Weißt du, er kann nicht direkt zu uns kommen, so wie dein Schutzengel, weil er in diesem Moment mit vielen anderen Kindern auf der Welt telefonieren muss. Das kann er gleichzeitig. Also erzähle dem Licht wie einem Telefon, wann oder wofür du Michaels Schutz brauchst. Was macht dir Sorgen, oder was steht dir bevor, was dir ein wenig Angst macht?

Ruhe. (Längere Pause)

Merkst du, wie du mutig und froh wirst? Schau jetzt genau in das blaue Licht. Siehst du den blauen Mantel? Laufe hinein und verstecke dich darin. Dort kann dir nichts geschehen. Dein Schutzengel ist mit dir gelaufen. Und sieh, er hält ein großes, leuchtendes Schwert in der Hand. Damit wird er dich immer beschützen. Michael hat es ihm für dich geschenkt, nur für dich alleine. Alle Schutzengel bekommen dieses Schwert Excalibur für ihre Kinder. Jetzt fühlst du das Vertrauen, über das wir gesprochen haben. Du kannst jetzt alles tun, wofür du viel Mut brauchst, und du hast keine Angst mehr.

Ruhe.

Wann immer du mich brauchst, um Michaels Mantel und Schwert zu sehen, komm zu mir. Aber du kannst auch versuchen, das blaue Licht direkt um Schutz zu bitten. Sage dann folgendes:

Ich habe ganz viel Vertrauen zu meinem Schutzengel und zu Erzengel Michael. Sie gehen mit mir überall hin und beschützen mich auf allen Wegen. Gott schickt sie immer zu mir.

Ruhe.

Jetzt musst du aber wieder nach Hause zurückfliegen. Ich hoffe, du hast gut von mir gelernt, was Vertrauen bedeutet. Nichts und niemand wird dir deinen Schutzengel und Michael wegnehmen. Dein Engel fliegt jetzt wieder mit dir zurück. Ihr fliegt über die Palmen und das Meer.

Ruhe.

Jetzt bist du wieder in deinem Körper. Atme tief ein und aus und öffne deine Augen.

Adonai – Zahsira, deine Freundin.

Mantra für Kinder

☆

"Michael ist mein Freund, Michael ist mein Beschützer, Michael schenkt mir ganz viel Vertrauen."

☆

☆☆☆☆☆

KIARA – PRIESTERIN DER ZIELSETZUNG

Themen:

- Ich bin ziellos.
- Ich verliere mein Ziel immer wieder aus den Augen.
- Ich könnte mein Ziel täglich neu formulieren.
- Andere Menschen beeinflussen ständig meine Zielsetzung.
- Ich sehe nicht mein höchstes Ziel – meine Lebensaufgabe.

☆☆☆

Mache dir bewusst, dass dein ursprüngliches Ziel schon länger existiert, als du zurückdenken kannst. Mag sein, dass es Zeitalter überdauert hat. Warum, wirst du nun fragen. Nun, vielleicht hast du schon viele Leben gebraucht, um ein und dasselbe Ziel anzusteuern, hast es jedoch nie erreicht. Aber es kann auch sein, dass du dir gerade für dieses jetzige Leben ein neues Ziel gesetzt hast. Dennoch verbindet es dich mit einem übergeordneten Ziel, nämlich dem Ziel aller Ziele, das vor langer, langer Zeit der Beweggrund für all deine Inkarnationen war. Ich will damit sagen, die Ausrichtung deines Zieles ist von Anfang an gewählt. Wenn du dir nun bewusst wirst, dass es für dich vor deiner Inkarnation auf der geistigen Ebene am allerwichtigsten war, dir ein neues Ziel zu setzen, verstehst du endlich den Sinn des Lebens. Deine gesamte Existenz wurde geprägt durch deine Zielsetzung, nun in dieses Leben zu schreiten, um dir deiner Lebensaufgabe bewusst zu werden. Diese Lebensaufgabe unterscheidet dich von allen anderen Wesen, auch von deinen Eltern und deinem gesamten Umfeld. Jeder Einfluss von außen, sei es auch im Sinne der Macht, kann dein Ziel demzufolge beeinträchtigen oder fördern. Es war für dich wichtig, ein neues Leben zu beginnen, um einen uralten Faden weiterzuspinnen. Nenne ihn ruhig den "roten" Faden. Aber er schlängelt sich durch ein dichtes Netz von Hindernissen, auch Karma genannt. Vielleicht warst du froh, endlich den Zeitpunkt deiner Verkörperung erreicht zu haben, als deine Eltern sich Gedanken machten, dein eben begonnenes Werk wieder zu zerstören, weil du ihnen ungelegen kamst. So musstest du dein Ziel schon sehr früh verteidigen, obwohl du es gar nicht nötig hattest. Das ist Macht, die beeinflusst, es ist Hilflosigkeit und Kampf.

Kann es sein, dass du schon sehr früh aus diesen Kämpfen heraus das Ziel von der Lebensaufgabe getrennt hast? Hieß das Ziel zunächst nur “Überleben?” Möglicherweise wurde das Ziel zu überleben beizeiten zur Lebensaufgabe gemacht. All das ist abhängig von Kulturen, Gegebenheiten in der Familie, Bildungsmöglichkeiten und Strukturen, in die ein Mensch hineinwächst. So lernt ein Mensch bereits sehr früh, die eigentliche Zielsetzung den Gegebenheiten unterzuordnen. Kannst du das verstehen? Dann wird der Weg wirklich zum Ziel. Aber so beschreitest du nur Wege. Du bist ständig unterwegs, um dich zu finden. Du wirst an dir selbst gehindert, und viele Wege führen nach Rom. Wenn du alle beschritten hast, bist du vielleicht weise, aber wie oft bist du dabei an deiner Lebensaufgabe vorbeigegangen, hast ihr zugelächelt, sie heimlich bewundert, an anderen beneidenswert erkannt und dir vorgenommen, sie als Ziel anzusteuern, wenn sich die nächste Gelegenheit bietet. Aber sie wird sich nicht bieten, wenn du sie nicht schaffst.

Nun wirst du vielleicht fragen, woran sich deine eigentliche Lebensaufgabe überhaupt erkennen lässt. Sie ist dein ursprünglichstes Ziel. Nur du selbst wirst sie erkennen dürfen. Also setze dir das Ziel, sie zu sichten und darauf zuzugehen. Dann wird der Weg wirklich zum Ziel. Hier liegt der wahre Schlüssel dieser alten Weisheit. Nur wenn du das Ziel klar definierst und bereit bist, durch alle Höhen und Tiefen zu gehen, allen Widerständen zu trotzen, wird dein Weg zum Ziel. Dann hast du gelernt, nicht nur gesellschaftsfähig und geschäftig zu sein, weil man es so von dir erwartet, sondern du bist dann bereit, unbequeme Wege zu gehen.

Es wird dir Freude machen, dir Ziele zu setzen, durch die du dich selbst herausforderst. Du wirst die Messlatte so ansetzen, dass es dir schwierig erscheint, damit zurechtzukommen. Deine eigene Disziplin wird dir die Hand reichen, um deiner Zielsetzung treu zu bleiben. So wird das Bild klarer und deine Kräfte treten ins Licht. Wie von selbst wird dir deine Lebensaufgabe bewusst, denn sie ist der Motor dieser Disziplin. Fordere meine Hilfe und auch die von Herkules. Wir sind jederzeit für dich da. Aber du weißt auch, dass wir dich konfrontieren müssen mit all deinen Blockaden und Ängsten. Doch du bist nur dir verpflichtet, deinem eigenen göttlichen Ursprung, der alles für dich bereit hält. Stelle dir immer wieder vor: das Ziel ist der Anfang. Dort, wo du einmal gestartet bist, wartet die Vollendung deiner einzigen Lebensaufgabe, der Aufstieg. Es ist wie ein Tropfen Wasser, der durch die Naturgewalten irgendwann Teil eines Eisberges wurde und nun durch die Schneeschmelze wieder in sein Element zurückkehrt. Das Licht ebnet ihm den Weg, es wärmt ihn und gibt ihm die Kraft, sich auf den Weg zu machen, aus einer harten Masse sich lösend, um in den Fluss der Urenergie zurückzukehren. Das ist sein Ziel und seine Lebensaufgabe. Du bist ein Tropfen im Meer des Lichts. Setze dein Ziel, und es wird dir zur Aufgabe.

EINSTIMMUNG (siehe Seite 17)
MEDITATION

Du weißt, ein Besuch bei mir in Atlantis bedeutet deinen Einstieg in eine konstruktive Betrachtung deines Selbst und deiner Ziele. Schon damals in Atlantis waren die Unterredungen mit mir geprägt von Gradlinigkeit. Sie waren kurz und bündig. Aber wenn wir uns trennten, wusstest du Bescheid. El Morya hat diese Form der Kommunikation mit seinen Schülern bis heute beibehalten. Es gehörte zu meinem Stil, jedes Ziel nur einmal mit dir zu besprechen, denn jede weitere Unterhaltung zerredet das frühere Ergebnis. So will ich dich wieder einmal einladen, mich in meinem Palast zu besuchen. Du kennst sowohl den Weg als auch den Platz. Also, halte genau Ausschau.

Ruhe.

Unter dir siehst du nun einen großen Park mit satten, grünen Wiesen, die mit rotem Mohn übersät sind. Lasse dich langsam dort nieder und ruhe dich aus. Ruhe.

Nun blicke dich um. Vor dir öffnet sich eine lange Allee, gesäumt von prächtigen Palmen. Ein kühler Wind streicht durch ihre voluminösen Blätter. Er begrüßt dich hier in meinem Reich. Nun gehe in deinem Tempo durch die Allee. Kein störendes Geräusch wird dir begegnen. Nur ein paar kunterbunte Vögel kannst du beobachten. Sie begleiten dich mit ihrer munteren Art.

Ruhe.

In einiger Entfernung kannst du jetzt etwas erkennen. Du näherst dich meinem Palast, der in einem Saphirblau leuchtet. Es ist ein achteckiges Gebäude, das eine königliche Ruhe verbreitet. Gehe ruhig darauf zu und steige die Stufen aus Indigolith hinauf.

Ruhe.

Kennst du noch den Fußboden, der aus einem Mosaik aus Saphir, Rubin und Smaragd besteht? Schon immer hast du ihn bewundert, wenn du auf ihm umhergegangen bist. So fühle wieder wie damals die wunderbare Energie der königlichen Edelsteine, wie sie deinen Körper durchströmt. Jetzt kennst du dich wieder aus. Die kühle Gelassenheit meiner Heimat lässt dich jetzt zielstrebig zu mir finden. Du weißt genau, wo du mich findest. Steuere dein Ziel an. Dabei durchquerst du geräumige Zimmer, die hell und in schimmernden Farben leuchten.

Ruhe.

Nun führt dich eine Tür nach draußen. Weißt du noch, dass ich meine Besucher immer in einem kleinen Pavillon empfing, der sich an einem mit Seerosen übersäten Teich befand? Dort hatten wir die schönste Ruhe, um uns zu konzentrieren. Dort warte ich wieder auf dich. Schau, mein Ara, der eine leuchtend blaue Brust hat, fliegt dir voraus. Du kennst dein Ziel, gehe voran.

Ruhe.

Trete ein in meinen kleinen Tempel der Zielsetzung. Erkennst du mich wieder? Komm herein, ich reiche dir die Hand in alter Freundschaft. Es spielt keine Rolle, wie immer deine Einstellung einst gewesen sein mag. Du alleine hast den Weg und die Zeitspanne bestimmt, bis wir uns wiedertrafen. Wie du siehst, hat sich hier nichts verändert, auch wenn das Zeitgeschehen seinen Lauf nahm. So freue ich mich, dass du wieder dort ansetzen möchtest, wo wir uns vor langer, langer Zeit den Dingen beugen mussten. Nimm Platz auf den dicken Kissen in kühlem Blau und erfrische dich am süßen Saft reifer blauer Trauben.

Ruhe.

Nun berichte mir in kurzen und klaren Worten, worin dein größtes Problem im Sinne der Zielsetzung besteht. Was hindert dich daran, dir ein Ziel zu setzen und es dann zu verfolgen? Ich höre dir zu, und gleichzeitig werde ich dir dein ureigenstes Ziel verbunden mit deiner Lebensaufgabe vor Augen führen.

Ruhe. (Längere Pause)

Schau, vor dir liegen kleine Zettel in der Größe einer Postkarte und ein Stift. Nimm jetzt einen Zettel, notiere in Gedanken alle deine Zweifel und Ängste, die vor deinem geistigen Auge auftauchen. Es ist wichtig, damit ich mit dir arbeiten kann. Du erinnerst dich, dass jedes noch so kleine Ziel deiner allumfassenden Zielsetzung entspringt. Also hat jedes Ziel die gleiche Blockade. Nimm dir Zeit, ich werde dich nicht unterbrechen.

Ruhe. (Längere Pause)

Ich habe das Gefühl, dass es gut für dich wäre, ein wenig in deine unbewusste, atlantische Vergangenheit zurückzugehen. Dort war dir noch vieles bewusst, so auch dein ursprüngliches Ziel, das du dir gesetzt hast, als du dich einst freiwillig von Gott getrennt hast. Stelle dir Atlantis nicht vor wie das Paradies auf Erden. Auch dort mussten die Wesen hart an sich arbeiten, wenn auch bewusster als heute. Alles war und ist Materie, Schwere und geprägt von großem Verantwortungsbewusstsein. Aber du hattest es damals noch.

Vorhin zeigte ich dir dein ureigenstes Ziel. Fühle dich jetzt hinein. Entdecke dein atlantisches Gemüt, die Selbstsicherheit, die Gelassenheit im Sinne deines Ursprunges. Schau, wie unbegrenzt du warst und noch immer bist.

Ruhe. (Längere Pause)

Nun nimm nochmals einen blauen Zettel und kehre alle deine vorhin notierten Blockaden, Zweifel und Ängste um ins Positive. Drücke es so aus, dass du Mut bekommst, die Dinge auch anzugehen und besser zu machen. Formuliere klare Ziele. Mögen sie noch so klein sein, siehe dahinter immer das große Ziel, das Ziel der Ziele. Nimm dir Zeit!

Ruhe.

Wenn du mich jetzt verlässt, befindest du dich wieder auf dem "heiligen Pfad" der echten Schöpferkraft. Ich sehe mich als Wegweiser, wie schon in alter Zeit. Du darfst jederzeit wiederkommen, wenn du das Gefühl hast, den Pfad wieder einmal aus den Augen zu verlieren. Meine Geduld und Liebe sind unbegrenzt. Du hast ein edles Ziel, vergiss das nie. Wann immer du das Gefühl hast, dein Ziel aus den Augen zu verlieren, sprich folgende Worte:

Ich kehre zurück auf den "heiligen Pfad" der echten Schöpferkraft. Meine Ziele sind klar erkennbar als Teile des großen Ziels.

Es ist ein göttliches Ziel, voller königlicher Würde und Herkunft. Ich wünsche dir eine vollkommene Sicht deiner echten Schöpferkraft.

Ruhe.

Du musst mich nun verlassen. Das Leben fordert deine Wachsamkeit zurück. Gehe in Ruhe wieder zurück durch meine Räume, so wie du gekommen bist. Präge dir alles genau ein, falls du mich wieder einmal besuchen möchtest. Dann wandele wieder durch die Palmenallee, bis du zu der grünen Wiese gelangst. Die bunten Vögel begleiten dich wieder.

Ruhe.

Du wirst wieder ganz leicht und trittst deine Heimreise an. Kehre zurück in deinen Körper und fühle alle deine Chakren, wie sie erfüllt sind von neuer Kraft. Jetzt ist der Weg das Ziel.

Adonai – Kiara, deine Freundin.

☆☆☆

Mantra

☆

"Vater aller Dinge, dein Ziel soll auch mein Ziel sein. Stärke immer wieder meine die Erinnerung an mein Ziel in der Getrenntheit von dir. Zeige mir den Weg der zwölf Tugenden."

☆

Text von Kiara für Kinder

Sei mir gegrüßt, mein liebes Kind,

wir wollen uns heute gemeinsam mit dem Wort "Ziel" beschäftigen. Du hast es bestimmt schon oft gehört. Vielleicht kennst du es aus dem Sport. Wenn du im Fernsehen die muskulösen und starken Sportler siehst, die Läufer oder die Radfahrer, dann siehst du bei dem Rennen ein Schild, auf dem das Wort "Ziel" steht. Dort müssen alle hin. Wer als erster ankommt, hat das Rennen gewonnen. Er bekommt einen Preis, wird geehrt und gelobt, weil er sich ganz toll angestrengt hat. Der Sportler hat dann etwas Großes erreicht. Es ist seine Aufgabe, in einem Rennen zu versuchen, sein Bestes zu geben und sich nach allen Kräften anzustrengen, damit er vielleicht als Sieger nach Hause gehen darf. Auch die, die das Rennen nicht gewonnen haben, waren sehr gut, denn auch sie haben sich ganz toll angestrengt. Aber du weißt auch, dass so ein Sportler ganz viel üben und trainieren muss. Vielleicht machst du auch schon einen Sport, der dir Freude macht. Dann weißt du, wie das ist. Man muss sich anstrengen, kräftig essen und sich immer wieder auf neue Sachen vorbereiten. Man setzt sich also ein Ziel, um etwas Schönes zu vollbringen. Wenn du zur Schule gehst und ein neues Schuljahr beginnt, dann ist es dein Ziel, diese Klasse im nächsten Schuljahr zu schaffen, um dann wieder in eine höhere Klasse gehen zu dürfen. Irgendwann einmal möchtest du ja erwachsen sein und einen Beruf erlernen, der dir viel Freude macht, damit du endlich auch so sein kannst wie die "Großen". Auch das ist ein großes Ziel.

Manchmal fällt es den Menschen aber schwer, sich ein solches Ziel vorzustellen. Sie sind traurig, weil sie das Ziel nicht finden. Das passiert manchmal auch den Kindern. Stell dir einmal vor, ein Junge in deinem Alter wünscht sich von ganzem Herzen einen Hund. Das ist jetzt sein größtes Ziel. Die Eltern aber wollen keinen Hund, weil er ihnen zu viel Arbeit macht. Sie trauen dem Jungen nicht zu, dass er sich um den Hund alleine kümmern kann. Dann erreicht dieser Junge nicht sein Ziel. Das macht ihn traurig, und er ist enttäuscht. Wenn er aber erwachsen ist und selbst bestimmen kann, wird er sich ganz bestimmt einen Hund nehmen. Dann hat er endlich sein Ziel erreicht. Vielleicht wird er dann sogar verstehen, weshalb die Eltern damals keinen Hund wollten. Nun stell dir einmal vor, dass alle Kinder, die noch bei Gott wohnen, sich irgendwann ihre Eltern aussuchen, die schon auf der Erde auf sie warten. Bis ihre Eltern aber alles für sie vorbereitet haben, damit sie auch da ankommen können, gehen sie schon bei Gott in die Schule, sonst wäre es da ja langweilig. Dort fällt ihnen das Lernen ganz leicht. Sie freuen sich auf die Schule, weil sie alles, was sie da lernen, später ihren Eltern, Geschwistern und Freunden zeigen können. Sie überlegen sich schon, ob sie auf der Erde in der Schule gerne Sport machen oder vielleicht lieber Mathematik lernen wollen. Gott und ihre Schutzengel zeigen ihnen dort schon ganz genau, was sie später einmal ganz toll können, so wie der Sportler, über den wir schon gesprochen haben. Das nennt man auch ein Ziel. Wenn die Kinder dann in ihren Familien wohnen, kommen ihre Schutzengel nachts immer wieder zu ihnen und erinnern sie an die Ziele, die sie sich bei Gott schon ausgesucht haben. Dann dürfen sie auf der Erde all das lernen und viel Lob ernten.

Und so haben es Gott und deine Schutzengel auch schon mit dir gemacht. Also, achte immer darauf, was dir viel Freude macht und was du gerne tust. Dort bist du ganz stark, und das waren als du noch bei Gott warst, deine Ziele. Sage es immer wieder deinen Eltern, damit sie von dir lernen dürfen, was du dir wünschst. Sie werden dir ganz bestimmt helfen, alles gut zu machen, um dein Ziel zu erreichen. Du kannst auch mich und den starken Herkules bitten, dir dabei zu helfen. Wir sprechen dann auch mit deinen Eltern. Also, was meinst du, sollen wir gemeinsam nach deinem Ziel suchen?

EINSTIMMUNG (siehe Seite 17)
MEDITATION

Die Engel begleiten dich immer noch. Meinst du, dass du den Weg zu mir alleine findest? Ich bin davon überzeugt. Aber die Engel werden dir auch dabei helfen.

Du musst wissen, dass ich früher in Atlantis in einem wunderschönen Königspalast gewohnt habe. Dort hast du mich damals, wie viele andere Kinder auch, oft besucht. Dann haben wir über deine Ziele gesprochen. Jetzt suche zuerst einmal den Weg. Lass dich von den Engeln führen.

Ruhe.

Wenn du jetzt nach unten schaust, siehst du einen großen Park. Die Wiesen sind voller bunter Blumen. Kannst du bestimmte Arten erkennen? Jetzt darfst du langsam landen. Setze dich mitten in die Wiese und ruhe dich aus.

Ruhe.

Langsam darfst du aufstehen. Sieh mal, vor dir ist ein langer Weg. Er führt dich zu mir. Am Rande des Weges stehen große Palmen mit riesigen Blättern. Das sieht aus wie ein grünes Dach. Hörst du, wie der Wind durch die Blätter streicht? Viele bunte Vögel fliegen umher. Sie wollen mit dir kommen. Folge ihnen und gehe auf dem Weg.

Ruhe.

Siehst du da vorne vor dir das große Schloss? Dort wohne ich und warte auf dich. Es leuchtet in einem wunderschönen Blau. Es ist dort ganz ruhig. Jetzt kommst du dort an. Du steigst ein paar Stufen hinauf und gehst hinein.

Ruhe.

Schau einmal auf den Boden. Siehst du die schönen Farben? Alles leuchtet in Blau, Rot und Grün. Hier warst du schon oft. Erkennst du einiges wieder? Gehe einfach umher, bis du eine Tür siehst, die nach draußen in einen Garten führt.

Ruhe.

Du siehst vor dir einen kleinen Teich mit vielen bunten Fischen. Dort steht ein kleines, weißes Häuschen. Wieder begleitet dich ein bunter Papagei zu diesem Häuschen. Komm ruhig herein. Ich bin dort in dem Häuschen.

Ruhe.

Ich freue mich über deinen Besuch. Es ist so lange her, seit du das letzte Mal hier warst. Aber es hat sich nichts verändert. Schau, auf dem Boden liegen dicke blaue Kissen. Du darfst dir eins aussuchen und dich darauf ausruhen. Vor dir auf einem kleinen Tisch gibt es viele Früchte. Suche dir einige aus und genieße sie.

Ruhe.

Jetzt erzähle mir einmal ganz in Ruhe, was du gerne machen würdest, oder was du dir so sehr wünschst und warum das alles nicht so gut funktioniert. Aber du musst mir sagen, was du möchtest. Beschreibe es ganz genau.

Ruhe. (Längere Pause)

Vor dir liegen ein blaues Schulheft und ein Stift auf dem Tisch. Auf die eine Seite schreibe jetzt in Gedanken, was dir so große Sorgen macht bei den Dingen, die du mir erzählt hast. Vielleicht hast du Angst oder bist traurig, dass du etwas falsch machen könntest. Beginne jetzt.

Ruhe.

Wollen wir gemeinsam überlegen, was du dir bei Gott und den Schutzengeln in der Schule ausgedacht hast, was du einmal machen möchtest? Ich finde das eine gute Idee. Dabei kann ich dir sagen, dass du dir viel vorgenommen hattest. Du warst in der Schule im Himmel sehr gut. Und alles, was du vorhin aufgeschrieben hast, wolltest du besonders gut machen.

Fangen wir also an.

Ruhe.

Sieh einmal auf die andere Seite deines Heftes. Dein Schutzengel hat es Gott gezeigt, und beide haben dort für dich Sachen aufgeschrieben oder auch gemalt. Alles, worüber du dich gesorgt hast, ist gar nicht mehr so schlimm, oder? Du darfst gerne noch etwas Gutes dazu schreiben oder malen. Ich weiß, dass du sehr klug bist.

Ruhe.

Jetzt weißt du, was Ziele sind. Alles, was auf der zweiten Seite deines Heftes steht, sind Ziele. Ob es viele oder wenige sind, das ist egal. Gott wird dir dabei helfen, sie zu erreichen. Und immer, wenn du mit dem, was du dir vorgenommen hast, nicht klar kommst, darfst du mich besuchen. Du kennst ja jetzt den Weg. Ich freue mich immer, wenn du kommst. So, und nun schauen wir noch ein wenig in den Teich. Stell ihn dir oft in Gedanken vor und sage:

Gott kennt alle meine Ziele. Er und mein Schutzengel werden mir helfen, sie zu erreichen.

Ruhe.

Jetzt musst du wieder nach Hause gehen. Nimm dein blaues Schulheft mit, damit du dich immer wieder erinnern kannst. Wenn du zu Hause ankommst, kannst du dir auch alles nochmals richtig aufschreiben, wenn du möchtest. Schau, die bunten Vögel sind wieder da. Sie wollen mit dir nach Hause fliegen. Du wirst ganz leicht und fliegst davon. Ich winke dir noch nach und werde immer kleiner.

Ruhe.

Du fühlst jetzt wieder deinen Körper und bist ganz schwer. Atme tief ein und öffne deine Augen.

Adonai – Kiara, deine Freundin.

Mantra für Kinder

☆

"Gott hat mir sehr viel beigebracht. All das will ich gerne tun."

☆

☆☆☆☆☆

ZWEITER, GOLDGELBER STRAHL

Zitat von Konfuzius – dem Lenker des goldgelben Strahls

"Der goldgelbe Strahl der Weisheit und Erleuchtung erhelle euer Scheitelchakra. Euer grundsätzliches Streben in der Materie sei nicht die Erleuchtung. "Wisse, dass du nichts weißt."

Wer sich öffnet für die allumfassende Weisheit der göttlichen Lehre, wird erfahren, wie viel es noch zu lernen gilt. Nur diese kindliche Neugier und Offenheit des Geistes sollen uns die Möglichkeit zur wertfreien und bereichernden Kommunikation geben. Der Geist ist bereit, das zu schaffen, was die Materie verweigert. Es ist vorhanden, doch unsichtbar und ungreifbar. Was also liegt näher als die Präzipitation. Lasst euch führen vom goldgelben Strahl der Weisheit in die grenzenlose Fülle der ewig wissenden Güte des Schaffens aus der Urmaterie. Die Illusion verliert ihre Wahrheit, denn nur das Wahre wird zur Realität. Lasst uns gemeinsam erkennen, welche Weisheit die euch mitgegebene war und ist. Wir wollen sie vervollkommnen, um alles zu erreichen, was immer war und dennoch wird. Der Zukunft Plan ist so alt wie euer Bewusstsein, genährt von einer Weisheit, deren Dimensionen euch nicht bewusst und niemals messbar. So werde die Erleuchtung die Zielgerade, die euch in geistige Dimensionen geleite. Nur dort wird das Ergebnis sichtbar."

Gott zum Gruße – Konfuzius

WONTAN – PRIESTER DER ASTROLOGIE

Themen:

- Wie entdecke ich meine astrologische und kosmische Ausrichtung?
- Es fällt mir schwer, das Wesen anderer Menschen bedingungslos zu akzeptieren.
- Ich möchte alles in meinem Umfeld positiv beeinflussen.
- Ich möchte jeden Menschen analysieren können.
- Jeder soll für mich ein offenes Buch sein.
- Alle müssen mich so akzeptieren, wie ich bin.
- Je mehr man das Umfeld bestimmen kann, um so leichter fällt das Leben.

☆☆☆

"Sei, wer du bist." Diesen Satz sagte Djwal Khul vor langer Zeit. Was er sagte, ist ein Spiegel der Schöpfung und in unser aller Sinn. Auch du bringst diese Ausrichtung mit. Solange du existierst, wolltest du sein, wer du bist. Über gewisse Zeitalter hin gelang dir dies wie allen anderen Wesen. Wenn dich jedoch Einflüsse verschiedener Art daran hindern, weiterhin der zu sein, der du bist, musst du lernen, andere Maßstäbe anzulegen. Um dies zu begreifen, solltest du gelegentlich deinen Verstand einsetzen, denn hier kann dich die Intuition nicht mehr ausschließlich begleiten. Manipulation, Wunschdenken und eine unergründliche Sehnsucht nach der Perfektion des Menschseins führten und führen zu einer Sichtweise des Wesens Mensch, die auf lange Sicht seinen Untergang mit begründet. Lerne also, den Gedanken loszulassen, alles Leben von vorneherein begreifen zu müssen. Dein begrenztes Denken in diesem Körper wird es dir nie erlauben, solange du es nicht transformierst. Betrachte dieses nicht als Strafe der Schöpfung. Ihr alle habt es gemeinsam erzeugt. Wo immer eine optimal geschaffene Struktur missbraucht wird, verwandelt sie sich zum Bumerang und schlägt eine tiefe Kerbe in die Schatztruhe des Geistes. Dort verweilt sie als unbewusste Erinnerung und ruft sowohl Bedauern als auch Hilflosigkeit hervor. Wie hilfreich wäre es doch in heutiger Zeit, die Natur des Wesens und deinen mitgebrachten Plan und den anderer Wesen einsehen zu können. Sage mir, was glaubst du, würde geschehen?

So, wie ihr euch bemüht, auf physischer Ebene euren Willen im Sinne der Schöpfung umzusetzen, so würdet ihr wieder dem gleichen Missbrauch verfallen. Es ist die Demut, die euch fehlt, und auch die Akzeptanz des Andersseins. Es ist die bedingungslose Liebe, die sich hier definiert als Ausdruck des Vertrauens in die göttliche Schöpfung und die unbegreifbare Intelligenz des Geistes. Astrologie ist Berechnung, so glaubt ihr mit eurem Geist. Sie lehnt sich an Fakten, Daten, das Wesen der Gestirne, und gelegentlich lässt sie der Phantasie mehr oder weniger Raum. Das ist menschliche Astrologie und Wissenschaft.

Die geistige Astrologie, die wir in Atlantis beherrschten, wuchs auf dem Nährboden des Respekts des freien Willens. Wenn du dir nun vorstellen kannst, mit den heute verfügbaren Mitteln der Astrologie so zu leben, dass du dir und allen anderen Wesen eine unendliche Weite der Entwicklung gestattest, gehst du großen Prüfungen entgegen. So lernst du nämlich, den von mir erwähnten geplanten Verlauf richtig einzuschätzen. Du weißt, dass du nichts weißt. Du magst ahnen und gut erprobte Eckpfeiler setzen, jedoch ziehst du keinen Zaun, der möglicherweise sehr schnell zum Stacheldraht mutiert. An ihm verletzt sich jeder, der ihn von innen oder außen überwinden will und muss. Wenn du ihn dann noch mit der künstlich geschaffenen Energie der Elektrizität versorgst, wird er zum Schock und zur Vernichtung beitragen. Ich will damit sagen, du bist jederzeit in der Lage, die existierenden Fakten mit deiner Intelligenz zu manipulieren, oder sagen wir: zu bereichern. Vermute keinen Zynismus. Es ist mir ernst, mehr denn je. Wenn ein uraltes, verschleiertes Wissen wieder auferstehen soll, liegt aus karmischen Gesichtspunkten die gleiche Gefahr auf der Hand, so wie damals. Was würde es dir dann nützen, eine Vorausschau der Dinge zu betreiben, um alles besser zu verstehen und es dann wieder im Sinne der Intoleranz zu nutzen? Mehr denn je sind heute die karmischen Gesichtspunkte und die sich abzeichnenden Wechselfälle des Lebens zu berücksichtigen. Was würde sich dann in dir regen, wenn du gleichzeitig deinen Anteil am Geschehen erkennen dürftest? Wärest du bereit, all das zu akzeptieren und mit vollem Bewusstsein zu fördern? Hättest du Angst, dein Gesicht zu verlieren und dich der karmischen Auseinandersetzung zu stellen? Würdest du jede Seele dann so akzeptieren, wie du es für dich beanspruchst? Könntest du über Begrenzungen und Fehler der anderen hinwegsehen, ohne sie zu verurteilen und dich zu distanzieren? Wärest du bereit, ihnen bei der Regeneration zu helfen und gleichzeitig selbst dabei zu wachsen? Kannst du Karma als essentielle Literatur einer Seele schätzen und dankbar begrüßen? Wie viele Fragen soll ich noch stellen? Wenn du sie alle mit Ja beantworten kannst, bist du bereit, von uns auf deine Integrität neu geprüft zu werden. Wir werden dann sehen, ob die rechte Seele dem rechten Ruf gefolgt ist. Du hast dann begriffen, dass die zur Inkarnation bereit stehende Seele den größten Respekt und Dank verdient und dass niemand darauf Einfluss zu nehmen hat. Kommunikation ist das Schlüsselwort, ob im Geist oder in der Materie. Wenn du bereit bist, sie mit aller Konsequenz zu üben, wird sich jede Seele für dich öffnen, gleich ob sie sich der Materie erst nähert, oder sie bereits ihre Existenz dort angetreten hat. Nähern wir uns also einer neuen Form der Astrologie, wohl wissend, dass es viele Phasen und Abstufungen geben wird. Der Schleier der Unwissenheit wird sich langsam lüften. Du bestimmst sein Gewebe. Wachse und erkenne. “Sei, wer du bist.” ICH BIN dein Lehrer, von ganzem Herzen.

☆☆☆

EINSTIMMUNG (siehe Seite 15)
MEDITATION

Du hast dich entschlossen, mich im meinem Tempel der Astrologie zu besuchen. Gerne wolltest du wieder einmal abtauchen in dieses uralte Wissen der zwölf Tierkreiszeichen, dem sich die Erde stündlich neu unterwirft. Nichts kann der Mensch veranlassen, um diesen Kreislauf mit seinem Willen zu unterbrechen. Wenigstens das hat er begriffen. Nun gut.

Weißt du noch, wie meine Tempelanlage aussieht? Sie hat sich nicht verändert. Es ist ein imposantes Bauwerk auf dem Gipfel eines Berges, damit man von dort aus die Sterne gut beobachten kann. Also, schwinge dich ein in diese Atmosphäre und finde deinen Platz der Ankunft.

Ruhe.

Von oben kannst du nun den Ort erkennen, den du besuchen möchtest. Meine Tempelanlage gleicht einem Rad, das aus zwölf kleinen Tempeln besteht. Wir nannten sie auch das "Rad der Ewigkeit". Die Mauern der Tempel erstrahlen in einem Sonnengelb, und die Dächer glänzen golden in der Sonne. Ein vergoldetes Tor, auf dem das entsprechende Tierkreiszeichen zu finden ist, führt in jeden Tempel hinein. Der Innenhof, der sich durch den Kreis bildet, zeigt einen Ort mit Orangen- und Zitronenbäumen, deren Früchte einen angenehmen Duft verbreiten, der zur Konzentration einlädt. In der Mitte befindet sich eine kreisrunde Fläche aus Ametrin. Wiederum in der Mitte dieser Fläche hat eine riesige Kristallkugel ihren Platz, mit einem Durchmesser von fünf Metern. Schau dir alles in Ruhe an, und dann komme vor der Tempelanlage an.

Ruhe.

Suche dir nun den Tempel aus, dessen Tor das Sternzeichen trägt, in dem du im heutigen Leben geboren bist. Gehe darauf zu, und während du die Stufen aus Kristall hinaufsteigst, schaue in die Stufen hinein. Wenn du das Bedürfnis hast, bleibe einen Augenblick stehen und beobachte, was du siehst. So, wie du deine Füße aufsetzt, bildet sich unter ihnen eine goldgelb strahlende Sonne. Gehe hinauf und erfühle impulsiv die Symbolik, die daraus für dich entsteht.

Ruhe. (Längere Pause)

Nun betrete den Tempel. Ich warte dort auf dich. Das Tor öffnet sich von selbst. Trete ein und sieh dich um. Auf der gegenüberliegenden Seite öffnet sich der Tempel zum Garten hin. Die Sonne strahlt herein. Eine angenehme Wärme empfängt dich. Lass dich begrüßen an diesem Ort des alten und neuen Wissens. Hier im Inneren des Tempels mischen sich die Farben Gelb und Gold. Es ist die Harmonie des Geistes, die sich den Weg bahnt zur Erleuchtung. Nimm mit mir Platz auf den dicken, gelben Kissen auf dem Boden. Hier, ich reiche dir eine Tasse Tee, angereichert mit dem Saft frischer Zitronen aus meinem Garten. Erinnert dich der Geschmack an alte Zeiten?

Ruhe.

Nun, was führt dich zu mir? Ich gehe einmal davon aus, dass es die Neugier um dich selbst ist, die dich zu diesem Besuch bewegte. Daraus mag sich vieles andere ergeben. Wie schon zu atlantischer Zeit ist es auch heute wichtig, sich selbst im klaren Licht der Schöpfung zu erkennen. Ich will dir helfen, zunächst deine Ausrichtung zu damaliger Zeit ein wenig zu beleuchten. Wir sprechen von der Zeit, die von der Manipulation geprägt war. Schließe also deine Augen und atme tief und ruhig ein und aus.

Ruhe.

Vor deinem geistigen Auge öffnet sich ein Lichtkanal. Er erstrahlt in einem unvergleichlichen Sonnengelb. Seine Wärme zieht dich ganz hinein. Gehe ruhig hinein, es kann dir nichts geschehen. Bleibe in der Mitte stehen. Du fühlst dich wohl und geborgen in diesem Licht der Schöpfung.

Ruhe.

Du bist jetzt ein Teil dieses Lichtes. Und nun stell dir vor, du bist auf dem Weg in deine Inkarnation in Atlantis. Du kannst von diesem Ort aus mit mir und deinen zukünftigen Eltern kommunizieren. Was ist deine Mission? Wie können wir uns alle auf dich vorbereiten? Was wünschst du dir von deiner Mutter? Bist du ein Nachzügler von einem anderen Planeten, oder was ist dein Ziel hier bei uns? Drücke dich gewählt und bedacht aus. Ich werde alles für dich festhalten.

Ruhe. (Längere Pause)

Schau dir jetzt deine Mutter genau an. Wie reagiert sie auf deine Worte? Ist sie enttäuscht oder erfreut? Du kannst ihre Gedanken lesen. Kannst du dich darauf einstellen und alles akzeptieren? Versuche es, ich will dir dabei helfen.

Ruhe.

Nun kehre wieder zurück aus dem Lichtkanal. Du bist wieder bei mir in meinem Tempel. Dort kamst du später dann auch zur Welt. Erinnerst du dich? Wenn nicht, so ist das nicht tragisch. Es ist ja so lange her. Aber die Sache war damit noch nicht zu Ende. Komm, wir gehen hinaus in den Garten. Er ist zwar gepflegt, aber trotzdem wachsen die Bäume so, wie sie es für gut halten. Lass uns in die Mitte gehen, wo die große Kristallkugel liegt.

Ruhe.

Steige auf die Bodenplatte aus Ametrin. Sie symbolisiert die transformierende Weisheit. Obwohl sie aus Edelstein besteht, gibt sie deinen Füßen das Gefühl von Samt. Wir stellen uns jetzt vor die Kugel. Sie ist glasklar. Ich halte jetzt deine Hand und stütze dich. Schau in die Kugel hinein. Konzentriere dich.

Ruhe.

Du weißt, was du dir im Lichtkanal gewünscht hast. Jetzt darfst du erkennen, wie man tatsächlich mit deinen Wünschen umgegangen ist. Hat man sie respektiert, oder hat man dich manipuliert? Brachtest du Karma mit, dessen Erkenntnis man krampfhaft verweigerte? Fühle dich hinein in deine Existenz. Ruhe.

Erkennst du nun das Gesetz von Ursache und Wirkung? Kannst du meine Position nachempfinden, in der ich mich damals befand? Das, was du bei dir gesehen hast, geschah vielen Seelen. Ich hoffe, du hast erkannt, wie wichtig der Respekt vor einer Seele ist. Ich meine hier die Seele, die sich zur Inkarnation entschließt, und auch die Seele, die im irdischen Kreislauf gefangen ist und nach seinen Regeln verfahren muss. Ruhe.

Komm, wir gehen nun zurück in den Tempel. Es ist genug. Bevor ich mich von dir verabschiede, will ich dir Mut zusprechen. So sage dir immer wieder:

Ich akzeptiere mich und alle anderen Wesen so, wie wir geschaffen sind. Ich weiß nun, wie viel Verantwortung die menschliche Existenz voraussetzt.

Der Schleier der Unwissenheit ist oftmals ein großer Schutz. Er zerreißt immer dann, wenn die Seele ihre Prüfungen bestanden hat. Ich sorge mit dafür, dass wir diese Stunde dann erkennen. So bist auch du geschützt, nicht zuletzt vor der Manipulation durch andere.

Ruhe.

Kehre nun zurück in deine Heimat und in deinen Körper. Ich bin immer für dich da, wenn dein Fortschritt sich beweist. Sei, wer du bist.

Adonai – Wontan, dein Freund.

Mantra

☆

"Vater aller Dinge, führe mich in das Licht meiner wahren Existenz. Lass mich sein, der ich bin. Zeige mir den Weg der zwölf Tugenden."

☆

Text von Wontan für Kinder

Mein Name ist Wontan, und wie ist deiner?

Du hast einen schönen Namen. Ich hoffe, er gefällt auch dir. Du musst wissen, dass deine Eltern sich viele Gedanken gemacht haben, welchen Namen sie dir geben sollten, als du geboren wurdest. Sie hatten ein genaue Vorstellung von dir und deinen Aufgaben. So wählten sie den Namen, von dem sie glaubten, dass er am besten zu dir passt.

Du hast sicherlich schon viel von den Sternzeichen gehört. Jeder Mensch wird an einem bestimmten Tag geboren. Und dieser Tag in einem bestimmten Monat gehört zu einem Sternzeichen. Dann erstellen die Menschen Horoskope. Das sind Berechnungen, mit denen sie vorhersagen wollen, was einem Menschen zu einer bestimmten Zeit geschehen kann. Das nennt man Astrologie.

Die Sternzeichen haben bestimmte Merkmale bei den Menschen. Danach versucht man dann, sie einzuordnen. Ist dir das auch schon passiert, dass man dich gefragt hat, welches Sternzeichen du hast? Wenn du es dann preisgegeben hast, hat sofort jemand gesagt, aha, dann bist du so oder so. Vielleicht hat dich das ein wenig geärgert, denn du möchtest nicht so gerne von allen Menschen vorherbestimmt werden. Du bist so, wie du dich fühlst, oder?

Stell dir einmal vor, es gab in Atlantis Menschen so wie mich, die konnten sich mit einem Baby unterhalten, bevor es auf der Welt war. Das Baby konnte uns ganz genau sagen, wann es auf die Welt kommt und was es werden will. Wir hörten ihm genau zu, und dann konnten seine Eltern alles genau für seine Geburt und Ankunft vorbereiten. Wie findest du diese Idee? Stelle dir vor, du bekommst ein Geschwisterchen, und ihr, du und deine Eltern, könntet vorher mit ihm sprechen. Dann wüsstest du doch ganz genau, wie du dich darauf vorbereiten könntest. In Atlantis war das noch möglich.

Heute ist das schwierig, aber viele Menschen wünschen sich das wieder. Du und deine Eltern vielleicht auch. Die Menschen haben damals in Atlantis diese Möglichkeit verschenkt, weil sie die Botschaften der Kinder nicht richtig verstanden und genutzt haben. Manchmal haben die Kinder nämlich nicht so schöne Sachen gesagt. Sie wollten vielleicht Dinge tun, die ihren Eltern nicht gefielen. Dann haben die Eltern versucht, die Dinge gegen den Willen ihrer Kinder zu verändern. Das ergab viele Probleme. Weißt du, auch heute wissen Kinder ganz genau, weshalb sie in eine bestimmte Familie geboren werden und sich ihre Eltern aussuchen. Aber meistens wissen das die Eltern vorher nicht, weil sie nicht mit ihrem Ungeborenen sprechen können. Dann müssen sie abwarten, bis das Baby da ist und größer wird. So haben es deine Eltern wahrscheinlich auch gemacht. Sie kennen dann dein Sternzeichen und versuchen, mit dir und deinen Geschwistern klarzukommen. Das ist aber oft nicht so einfach, weil du von Gott einen ganz bestimmten Auftrag für dieses Leben bekommen hast. Außerdem hast du ja schon öfter gelebt. Die Erfahrungen, die du da gesammelt hast, möchtest du heute wieder verwenden. Obendrein hast du dir viele Wünsche mitgenommen, die du dir gerne erfüllen möchtest. Dabei helfen dir ganz viele Engel, auch der Familienengel, und deshalb ist es nicht immer einfach, einen kleinen oder großen Menschen zu verstehen.

Jeder Mensch auf der Erde hat seine Besonderheiten. Man nennt das auch Charakter.

Jetzt wirst du mich sicherlich fragen, was du dir vorgenommen hast, bevor du zu deiner Familie gegangen bist. Wenn du willst, schauen wir es uns gemeinsam an, und im Lauf der Zeit kannst du mich immer wieder besuchen, und wir schauen dann immer wieder, wie es mit deinem Lebensweg weitergeht.

EINSTIMMUNG (siehe Seite 17)
MEDITATION

Du bist ganz leicht. Schau einmal neben dich. Dort siehst du einen Engel, der ein großes, goldenes Buch in der Hand hält. Er sagt dir seinen Namen. Dieser Engel war damals dein Familienengel, als du noch bei Gott gewohnt hast. Er hat dich auf dein jetziges Leben vorbereitet. Erkennst du ihn wieder? Das ist gut. Dann lade ihn ein, dich zu begleiten, wenn wir beide uns treffen. Ihr seid mir willkommen. Langsam musst du dich auf die Landung in Atlantis vorbereiten. Ich wohne in einem Tempel, der auf dem Gipfel eines Berges steht. Halte von oben Ausschau.

Ruhe.

Jetzt kannst du den Berg genau erkennen. Dein Engel führt dich hin. Du siehst von oben zwölf kleine, runde Tempel, die im Kreis angeordnet sind. Es sieht aus wie ein großes Rad. Die Tempel leuchten so gelb wie die Sonne und sie haben goldene Dächer. Jetzt bist du ganz nahe und kannst in die Mitte des Kreises sehen. Du siehst einen großen Garten. In dem Garten stehen viele Orangen- und Zitronenbäume. Die Früchte kannst du schon jetzt riechen. Inmitten der Bäume ist ein Boden aus Edelsteinen. Er glänzt in Violett mit Sonnengelb. Den Stein nennt man Ametrin. Auf diesem Boden liegt in der Mitte eine riesige, durchsichtige Kristallkugel. Sie ist viel größer als du selbst. Dein Engel hilft dir jetzt, damit du ganz langsam vor den Tempeln auf einer Wiese landen kannst.

Ruhe. (Längere Pause)

Schau dir jetzt einmal die kleinen Tempel an. Sie alle haben ein goldenes Tor, und auf jedem Tor ist ein Sternzeichen abgebildet. Weißt du, wie dein Sternzeichen aussieht? Wenn ja, suche den Tempel, auf dessen Tor du dein Sternzeichen findest. Wenn du dein Sternzeichen noch nicht so gut kennst, suche dir einfach einen Tempel aus, der dir am besten gefällt und gehe darauf zu. Das Tor öffnet sich von selbst und du darfst eintreten. Ich warte dort auf dich. Dein Engel begleitet dich.

Ruhe.

Schau dich in Ruhe um. Kannst du mich erkennen? Komm, ich nehme dich an der Hand. Du brauchst keine Angst zu haben. Sieh mal, auf der anderen Seite des Raumes führt eine große Tür zum Garten, den du von oben gesehen hast. Erinnerst du dich an die Orangen- und Zitronenbäume? Die Sonne scheint. Hier strahlt alles in den Farben Gelb und Gold. Mit diesen Farben kann man sich sehr gut konzentrieren, weißt du. Schau mal, auf dem Boden liegen dicke, gelbe Kissen. Lass dich auf einem Kissen deiner Wahl nieder. Dein Engel und ich setzen uns mit dir hin. Vor dir steht ein Glas mit frischem Orangensaft. Trinke ihn ganz genüsslich.

Ruhe.

Du weißt, weshalb ich dich hierher eingeladen habe. Du wolltest gerne wissen, weshalb du in deine Familie geboren werden wolltest. Es war dein Wunsch, dein Sternzeichen und seine Bedeutung besser zu verstehen. Also, schließe deine Augen und atme ganz tief und ruhig ein und aus.

Ruhe.

Stelle dir jetzt vor, du sitzt in einem ganz hellen Licht. Alles um dich herum ist wunderbar warm. Du fühlst dich wohl und sicher. Es ist das Licht Gottes. Sieh, dein Familienengel ist mit dir in das Licht ge-

gangen. Er hält das große, goldene Buch wieder in den Händen. Es ist dein Lebensbuch. Schau mal, vorne drauf steht dein Name. In diesem Buch steht alles über dich –, wie oft du schon gelebt hast, in welchen Ländern und zu welcher Zeit. Man kann dort lesen, ob du einmal ein Künstler warst, vielleicht ein König, oder auch ein Bettler. Man sieht sogar, was du gedacht und gesagt hast in all deinen Leben. Sieh es dir genau an.

Ruhe.

Jetzt schlägt dein Engel das Buch langsam auf. Wenn du jetzt in das Buch schaust, kannst du auf der linken Seite ganz oben deinen heutigen Namen und deinen Geburtstag lesen. Kannst du das erkennen? Eine solche Seite hattest du immer in all deinen Leben, auch als du in Atlantis gelebt hast. Ich glaube, es ist für dich angenehmer, wenn dein Engel dir alles weitere vorliest. Konzentriere dich genau auf seine Worte.

Ruhe.

Er erzählt dir nun einiges über deine Eltern und Geschwister, auch warum sie sich manchmal so verhalten. Du erkennst vieles wieder.

Ruhe.

Jetzt will der Engel wissen, ob du dich noch gut an deine Pläne erinnerst. Er fragt dich, ob du noch weißt, welche Freude du deinen Eltern und Geschwistern machen wolltest, was du ganz besonders gut machen wolltest. Wenn du ihm die Antwort gibst, schaut er im Buch nach und unterstreicht das, was du erkannt hast.

Ruhe.

Jetzt fragt er dich, was du alles lernen wolltest. Er möchte auch wissen, ob du Tiere magst, und vor allem welche. Nun sieht er, dass du gerne viele Bücher lesen wolltest. Sag ihm, was dich interessiert.

Ruhe.

Jetzt kommen deine Freunde und Schulkameraden dran. Mit wem wolltest du dich besonders gut verstehen? Wolltest du gerne zur Schule gehen? Kannst du ihm schon sagen, was du einmal werden willst?

Ruhe.

Weißt du, in dem Buch kann der Engel auch deine Sorgen und Ängste nachlesen. Erzähle sie ihm ruhig, damit er sie auch unterstreichen kann.

Ruhe.

Du siehst, es war alles schon vorgesehen. Genauso sind auch die Lösungen und guten Dinge dort geschrieben. Bitte ihn einfach, dir zu versprechen, dass es für alles eine Lösung gibt, und dass er und Gott dir bei allem helfen werden.

Ruhe.

Jetzt schau dir deine Mama an. Du erinnerst dich: Du bist noch bei Gott. Sie wartet auf dich, dass du in ihren Bauch kletterst und dann später geboren wirst. Siehst du, wie sie sich auf dich freut? Sie winkt dir zu. Kannst du verstehen, was sie dir sagen will? Sie sagt dir, dass sie dich so willkommen heißen will, wie du bist. Aber denke immer daran, dass sie nicht weiß, was du alles in dein Buch geschrieben hast. Auch wenn du nicht immer einer Meinung mit ihr bist, wird sie froh sein, dass du ihr Kind bist. Wenn es Ärger gibt, wird sie dir helfen, mit allem fertig zu werden. Und jetzt schau genau hin. Sie sagt das alles auch zu deinem Papa und deinen Geschwistern. Alle nicken und sind einverstanden. Sie freuen sich auf dich und deine Ankunft.

Ruhe.

Jetzt geht dein Engel mit dir gemeinsam wieder aus dem Licht heraus. Du bist wieder hier bei mir in meinem Tempel. Sieh dich um. Komm, wir gehen hinaus in den schönen Garten. Weißt du noch, in der Mitte ist der violett-gelbe Edelsteinboden mit der großen Kristallkugel? Komm, gehen wir.

Ruhe.

Steige jetzt auf den Edelsteinboden und stelle dich vor die Kugel. Der Boden ist warm und weich. Ich halte deine eine Hand, und dein Engel deine andere. Es kann dir nichts passieren. Jetzt schau in die Kugel hinein.

Ruhe.

In der Kugel siehst du deine jetzige Familie, so wie ihr jetzt lebt. Was fällt dir auf? Was entspricht nicht ganz deinen Wünschen im gol-

denen Buch? Verstehst du jetzt, dass sich alle deine Familienmitglieder nicht immer so verhalten können, wie du es gerne hättest. Sie wissen einfach nicht so genau, was du alles tun wolltest. Sei ihnen also nicht böse. Komm jetzt, wir gehen zurück in meinen Tempel.

Ruhe.

Du musst jetzt langsam wieder nach Hause gehen. Sie warten dort alle auf dich. Wenn sie wieder mal nicht so sind, wie du es gerne hättest, denke immer an diesen Satz:

Ich bin so, wie ich bin. Auch alle anderen Menschen sind so, wie sie sind. Gott und unsere Familienengel helfen uns dabei.

Jetzt musst du aber wirklich zurückgehen. Ich danke dir für deinen Besuch. Dein Engel wird dich begleiten. Du bist sehr intelligent. Ich danke dir, dass du so gut mitgearbeitet hast. Besuche mich jederzeit wieder, dann lesen wir noch ein wenig weiter in deinem Buch. Flieg davon mit deinem Engel.

Ruhe.

Dein Körper wird wieder schwer. Du atmest tief und öffnest deine Augen.

Adonai – Wontan, dein Freund.

Mantra für Kinder

☆

"Gott hat mir meinen Auftrag erteilt. Ich bin wie ich bin."

☆

☆☆☆☆☆

SELESTES – PRIESTER DER ALTEN KÜNSTE

Themen:

- Ich möchte mich ganz der Kunst widmen.
- Ich möchte an mein altes Potenzial gelangen.
- Ich wünsche mir die atlantische Harmonie zurück.
- Ich möchte meine Kunst wieder zur Lebensaufgabe machen.
- Mein derzeitiges Tun macht mir keine Freude und es erfüllt mich nicht mehr.

☆☆☆

Es ist mir eine Freude, zu spüren und zu sehen, wie du beginnst, deine Erinnerung an uralte Zeiten neu zu beleben. Alleine dein Wunsch zieht große Kreise. Du beginnst auch hier eine ganz neue Präzipitation. Immer dort, wo eine Seele wieder der Kreativität begegnen möchte, ist der Weg von Erfolg gekrönt. Das ist abzusehen, denn deine Phantasie kann nur das produzieren, was du kennst. Gleichzeitig weißt du auch, dass man Kreativität im Sinne der Intelligenz und altes Potenzial nicht erlernen kann. All das ist vorhanden und wartet nur auf deinen Impuls, um sich selbst mit neuem Leben zu erfüllen. Nichts lässt sich so leicht gebären wie kreatives Schaffen. Die Geburtswehen sind oft der Schmerz der kalten Materie und des Unverständnisses des Umfeldes. Eure Welt hat nichts mehr zu tun mit dem atlantischen Empfinden für die Großartigkeit der menschlichen Kreativität. Selbst wenn ihr meint, kreativ zu sein, dann handelt ihr in der Regel aus erlernten Techniken heraus. Es kann nicht sein, was nicht sein darf. Immer gibt es einen, der sich anmaßt, das göttlich Kreative erfunden zu haben. Alle anderen haben nur das Recht auf Lob, wenn sie seine Technik erlernt haben und selbst dann nur mittelmäßige Ergebnisse abliefern. Der Atlanter wusste noch, dass die Kreativität und die Kunst der göttlichen Intelligenz und Weisheit entspringen.

So geht es mir nicht so sehr um die Ausführung, sondern um die

Wiedererlangung des alten Wissens. Du bist längst nicht so begrenzt, wie du glaubst. Halte dich nicht mit Zweifeln auf, die dir doch kein menschliches Wesen nehmen kann. Wenn du also den Wunsch verspürst, einzutauchen in eine alte Kunst und in dein Wissen, mache dir klar, dass jeder Künstler einmal so gedacht und gefühlt haben muss. Also ist jeder den gleichen Weg gegangen. Die Öffnung für diesen Weg ist der erste Schritt zum Erfolg. Wenn du dir nun vorstellen kannst, dass das gesamte kreative Wissen sich in einem göttlich gepflegten Zentrum befindet, zu dem jeder Zutritt hat, bist du schon ein großes Stück weiter. Dort wird sozusagen auch die Nutzung des Wissens in Gang gesetzt. Siehe dich also wie eine Blume, zum Beispiel eine Sonnenblume. Du weißt, dass sie zunächst ein kleines Samenkorn ist, das man in die Erde gibt, um es zu kultivieren. Das erste geht vielleicht nie auf, weil es sich anders entscheidet. Das nächste wächst zwar heran, aber es bleibt verkümmert und fristet sein begrenztes, kurzes Leben. Das dritte Samenkorn jedoch strebt zur Sonne, zum Licht. Obwohl der Pflanzenstängel oftmals sehr groß ist, bleibt die Knospe doch sehr lange geschlossen. Man meint, sie würde auf etwas ganz Besonderes warten, um sich zu öffnen.

Das ist richtig. Sie wartet auf die Sonne, auf ihre Erleuchtung. Dann entschließt sie sich, in ihrem strahlenden Gelb zu leuchten und jeden Garten oder jede Wohnstatt mit ihrer Anwesenheit in die Lebensfreude zu schicken.

Wenige Blumen geleiten den Menschen so in die Kreativität wie die Sonnenblume. Wenn sie sich zeigt, ist der Sommer nahe. Das Leben pulsiert und die Frische hält Einzug. Folge ihr in dieser offenen Lebensart. Der Sommer deines Lebens hält viel Neues für dich bereit. Es ist die kreative Kraft des ewig Währenden und vor langer Zeit Begründeten. Schon oft warst du eine Sonnenblume, die ihren Samen nach ihrer Blütezeit neu verstreute. Dieser Samen enthält das Programm, so wie ein Erbgut, das du dir selbst mitgegeben hast. Gott hat die Weisheit nie aufgegeben und vergessen. Konfuzius erfreut sich stets der Sonnenblume. Sie begleitet seine Energie auf allen Wegen.

Wir haben festgestellt, dass die Menschen gerade zur Zeit der

Wende ins Neue Zeitalter der Sonnenblume wieder mehr Aufmerksamkeit schenkten. Das kommt nicht von ungefähr. Sie ist das Symbol der Weisheit, der Freude und der lichten Energie. Sie spendet das wertvolle Öl, das euren Solarplexus so gut ernährt. Du bist wie eine Sonnenblume, denke daran. Sie kultiviert sich selbst, weil sie weiß, dass sie immer wieder gebraucht wird.

Ich lade dich ein. Lasse dich wieder belehren und lehre. Es gibt so viele alte Künste, so vertraut und doch so fern und fremd. Beschreibe sie als Traum, Sehnsucht oder Leitbild. Finde deinen eigenen Weg zurück in dein ursprünglichstes Samenkorn. Verwandele dich in diese Energie, die beseelt ist von der Urkraft der Schöpfung im Sinne der Weisheit. Du wirst erleben, wie sich dein Solarplexus regeneriert und öffnet wie die Sonnenblume im warmen Sommerwind. Auch dein Halschakra wird sich dieser Schwingung anpassen und zum Ausdruck drängen. Dann bist du mit Riesenschritten zu dir selbst zurückgekehrt. Suche nicht im Außen, sondern recherchiere in dir selbst. Nur dort ist deine Quelle der Schöpfung. So wie du davon profitierst, wirst du einen Virus verteilen, der eine erstaunlich positive Ansteckungskraft entwickelt. Dein Beispiel wird andere zu Schülern machen. Ich wiederhole Wontans Worte: “Sei, wer du bist.”

Lasse dich von mir begleiten, wenn es dein Wunsch ist. Ich dränge mich nicht auf. Mein Zentrum öffnet immer seine Pforten für dich. Wollen wir gemeinsam eine Reise dorthin machen? Keine Sorge, du kannst jederzeit umkehren, wenn es dir nicht gefällt. Niemand wird dich in eine Verpflichtung nehmen. Das ist nicht die Art der Kreativen.

EINSTIMMUNG (siehe Seite 15)
MEDITATION

Es macht mir große Freude, dass du dich entschließen konntest, mich zu besuchen. Ich will dir die Zeit und die Muße schenken, dein Herz wieder für dein großes Wissen zu öffnen. Du hast ein Recht darauf, denn allzu lange hast du dich von dir selbst abgetrennt. Also nähere dich in Ruhe meinem Domizil.

Ruhe.

Du schwingst dich ein in unsere wohltuende, atlantische Energie. Hier fühlt man immer den Sommer. Es gibt keinen Wechsel der Zeiten. Auch die Blumen blühen hier immerfort. Vielleicht macht es dich in deinem heutigen Leben oft traurig, wenn der Herbst kommt und die Blumen ihre Leuchtkraft verlieren. Das liegt daran, dass du die Erinnerung an Atlantis in dir trägst. Alles hat sich für euch verändert. Unser ätherisches Ideal aber ist geblieben. Halte also Ausschau nach einem großen Sonnenblumenfeld. Es ist nicht mehr weit.

Ruhe.

Kannst du mich erkennen? Ich sitze am Rand des Feldes auf dem Boden und winke dir zu. Komme in Ruhe an und lasse dich bei mir nieder.

Ruhe.

Lass dich begrüßen mit dem Gruß der Atlanter, den gekreuzten Armen auf der Brust. Du kannst dir nicht vorstellen, wie sehr ich mich freue, dich nach so langer Zeit wieder willkommen zu heißen. Ich sehe, du musst dich erst wieder an die Ruhe und Gelassenheit hier gewöhnen. Es macht nichts, wenn du vor lauter Sonnenblumen nichts anderes erkennen kannst. Es war mir wichtig, dass du dich bei deiner Ankunft nur auf die Sonnenblumen konzentrierst. So nimmst du ihre Energie besonders gut auf. Erhebe dich mit mir und begleite mich am Rand des Feldes entlang.

Ruhe.

Siehst du da vorne die große Sonnenuhr? Golden glänzt sie im Licht der strahlenden Sonne. Sie lädt dich ein, diesen Ort zu besu-

chen. Wir gehen langsam darauf zu. Genieße die Leuchtkraft der Sonnenblumen. Wir betreten gemeinsam mein Zentrum der alten Künste. Es ist ein Tempel, der aus vielen zitronengelben Säulen gebaut ist. Komm mit ins Innere. Wir wandern unter der Sonnenuhr hindurch, alles ist offen und lichtdurchflutet. Obwohl die Sonne hier zu Hause ist, empfindest du es nicht als heiß, sondern als wohltuend warm. Diese Wärme beflügelt den Geist und die Lebensfreude.

Ruhe.

Du hörst Gemurmel, kein lautes Gerede oder Lachen. Es ist aber auch nicht ernst, sondern gelassen, interessiert und voller Freude. Sieh dich um. Überall auf den Bänken, den kleinen Veranden, an den verspielten Springbrunnen, am Schachspiel auf dem Boden oder in den kleinen Pavillons, die mit gelben Kletterrosen umrankt sind, triffst du auf kleine Gruppen von Menschen, die sich angeregt austauschen. Die Gesichter sind erhellt von strahlender Erkenntnis. Du siehst förmlich, wie die Neugier einer gelassenen Sicherheit Platz macht. Sie sind wieder zu Hause in ihrem alten Glanz. Schau, alle, auch du, tragen ein goldgelbes Gewand, das weit und luftig fällt. Wie fühlst du dich darin? Nichts engt dich ein. Du bist frei und wohlig warm durchströmt. Genieße deine Eindrücke. Ich lasse dich einen Moment alleine. Niemand wird dich stören, befragen oder wegdrängen.

Ruhe. (Längere Pause)

Darf ich dir ein erfrischendes Getränk reichen, das den Geist beflügelt? Es ist eine alte atlantische Rezeptur, ein Tee aus grünen Blättern, vermischt mit frischen Limonen, Ananas und allerlei Kräutern. Genieße den Geschmack. Er ist dir bekannt. Du wirst fühlen, wie sich dein Solarplexus öffnet wie eine Sonnenblume, die lange brauchte, um ihre Knospe zu verschwenden.

Ruhe.

Nun wird es Zeit, dass du deine Erfahrungen sammelst. Ich will nur dein Begleiter sein. Hier musst du selbst deinen Weg wählen. Schau dir die Gruppen von Menschen an, die sich so angeregt unterhalten. Jede Gruppe hat sich einem großen, weisen Lehrer angeschlossen. Es sind viele verschiedene Künstler, die hier unter meiner

Obhut ihre Dienste anbieten. Mit unendlicher Geduld beschreiben sie ihre persönliche Arbeitsweise und honorieren die Werke ihrer Schüler. Du findest alles vor, was du dir denken kannst. Manche üben sich in Tänzen, andere bemalen Glas oder stellen Schmuck her. Wandmaler üben sich ein in die Technik, die uralt ist. Du siehst Kleidung aus Seide in den strahlendesten Farben entstehen. Eine Gruppe übt sich im Gesang, andere bedienen Instrumente. Jede einzelne Gruppe ist nur mit sich beschäftigt. Alle sind aufgeweckt und lassen sich gegenseitig teilhaben an ihren Erfahrungen. An einem kleinen Teich voller Seerosen sitzen die Schriftsteller und Dichter. Wenn du achtsam bist, hörst du überall im Hintergrund leise Töne. Es sind feine Glocken, die sich dir im leisen Wind nähern. Höre ruhig genauer hin.

Ruhe.

Nun bitte ich dich, suche dir die Gruppe aus, die dich am meisten interessiert. Keine Sorge, ich verliere dich nicht aus den Augen. Es sind noch andere Besucher hier, die ich auch betreue. Gehe nun zu der Gruppe und schau, wie sie dich aufnehmen. Stelle dich dem Lehrer vor und sage ihm, was dich herführt.

Ruhe.

Siehst du, wie sie dich liebevoll in ihrer Mitte aufnehmen? Du hast noch gefehlt. Sie haben auf dich gewartet. Der Lehrer weiß, wie wichtig du bist, damit du dich hier einbringen kannst. Mit neuem Mut und einer großen Freude im Herzen wirst du dann diesen Ort wieder verlassen können. Aber erst einmal fühle dich hier wohl und lasse dich inspirieren. Wenn du etwas beizutragen hast, zögere nicht. Sie werden es dankbar annehmen. Ich lasse dich zunächst mit ihnen alleine.

Ruhe. (Längere Pause)

Ich wünsche dir, dass dein Aufenthalt hier erfrischend und interessant war. Du sollst viel Motivation und Erkenntnis mit auf die Heimreise nehmen. Wie du erkannt hast, ist es gar nicht so schwer, sich wieder einer alten Kunst zu öffnen, die dein Herz schon immer erfreute. So darfst du jederzeit hierher zurückkehren, um Kraft und Mut zu tanken, damit du in deinem heutigen Leben all die wunderbaren Dinge wieder tun kannst, die du früher beherrscht hast. Alle kreativen Seelen be-

schreiten diesen Weg. Immer, wenn du zweifeln solltest, sage dir diese Worte:

Ich bin ein Wesen der Schöpfung. Die göttliche Schöpfung ist in mir, und ich gebe die Kraft dieser Schöpfung in alles hinein, was mein Herz erfreut. ICH BIN.

Ruhe.

Es wird nun Zeit, dass du zurückkehrst in deine Heimat. Verabschiede dich in Ruhe von deinen neu gewonnenen Freunden. Sie werden sich hier gerne wieder mit dir treffen Komm, ich begleite dich hinaus zu unserem Sonnenblumenfeld.

Ruhe.

Ich verabschiede mich von dir mit dem gewohnten Gruß der Atlanter. Du bist mir jederzeit willkommen, ob am Tage oder in der Nacht. Ich will dir die Hand reichen bei deiner Verwandlung von der Raupe zum Schmetterling. So kehre zurück in deinen Körper. Schwebe über das Sonnenblumenfeld davon und trete den Heimweg an.

Adonai – Selestes, dein Freund der Künste.

Mantra

☆

"Vater aller Dinge, deine Schöpfung ist auch meine Schöpfung. Mache mich zum Werkzeug deiner kreativen Weg. Zeige mir den Weg der zwölf Tugenden."

☆

Text von Selestes für Kinder

Ich grüße dich, mein Kind. Soll ich dir einmal etwas verraten? Ich habe schon so viel von dir gehört. Du wirst mich jetzt fragen, von wem, das weiß ich. Ob du es glaubst oder nicht, aber ich kann mit vielen Menschen reden, die dich so gut kennen. Deine Eltern erzählen mir von dir, deine Lehrer und viele andere Menschen auch noch. Deshalb weiß ich so gut über die tollen Sachen Bescheid, die du schon geschaffen hast oder die du gerne machen würdest.

Du musst einfach wissen, dass man alle schönen und künstlerischen Dinge auf der Welt Kreativität nennt. Die Menschen brauchen diese schönen Dinge, um sich an ihrem Leben zu erfreuen. Auch du hast schon viele solche Dinge erschaffen. Ich habe dich dabei genau beobachtet. Das tue ich bei vielen Kindern, ob sie nun malen, basteln, Theater spielen, Geschichten erzählen, etwas bauen oder vielleicht Musik machen. Alles ist Kunst, und diese Kunst ist sehr viel wert. Du musst dir nur vorstellen, dass jedes Kind von ganz vielen Engeln der Künste begleitet werden, wenn es so etwas tut. Sie sind sehr schön und lachen viel, weil sie sich immer in der Freude befinden. Auch viele Elfen, Feen und Zwerge sind um euch herum, wenn ihr Sachen macht, die euch den Alltag vergessen lassen. Du weißt doch, wie es ist, wenn du etwas tust, was dir in diesem Moment ganz viel Spaß macht. Dann vergisst du die Zeit. Du hast keinen Hunger und wirst gar nicht müde. Irgendwann kommt dann deine Mutter und sagt, dass es Zeit ist, ins Bett zu gehen. Oft hast du dann keine Lust, denn du bist ja nicht müde. Deine Kreativität, wie wir es nennen, gibt dir so viel Kraft, dass du eine ganze Nacht lang, ohne zu schlafen, so weitermachen könntest. Trotzdem musst du dich dann ausruhen. Doch am nächsten Tag kannst du ja wieder neu beginnen.

Wenn du aber nachts schläfst, gehst du in unsere Schule der alten Künste, die dich gar nicht so müde werden lässt wie deine tägliche, normale Schule. Das liegt daran, dass dein Körper schläft. Was sich dann löst, ist dein Geist, und der geht in die geistige Schule. Deshalb heißt sie ja auch so. Dort sind all die Engel, Feen und Zwerge, die Gott dir zur Seite gestellt hat, damit sie dich gut begleiten können. Auch ich bin dort zu finden. Wir warten dort auf dich, und wenn du ankommst, halten wir schon viele Ideen für dich bereit. Wir wissen nämlich ganz genau, was du früher in anderen Leben schon künstlerisch so konntest. All das zeigen wir dir dann in unserem Reich, indem wir dich überall hinführen. Dann darfst du dir wünschen, was du gerne wieder machen würdest. Du siehst, du kannst alles schon ganz lange, was du gerne tust. Wir müssen nur sehen, dass du wieder die Gelegenheit bekommst, alles in deinem heutigen Leben erneut zu tun. Das kannst du wunderbar spüren, wenn du eine große Freude empfindest bei deinen künstlerischen Versuchen. Dann bitte deine Eltern und Lehrer ruhig darum, so etwas verstärkt tun zu dürfen.

Weißt du, manchmal sehen sie deine tollen Talente gar nicht so schnell, oder sie meinen, du würdest die Dinge nicht ernst nehmen. Oft sagen sie ja auch, das ist alles zu teuer. Wir wissen nicht, ob du dann dabei bleibst. Es gibt immer eine Lösung. Sie müssen auch langsam lernen, dass Kreativität nicht immer gleich ist. Sie muss sich wandeln, und das ist das Recht eines jeden Menschen. Wenn du dann bereit bist, einen Kompromiss zu schließen und nicht direkt die teuersten Materialien verlangst, werden sie sicherlich nicht immer Nein sagen. Dann kannst du selbst herausfinden, ob es dich wirklich so interessiert, um später viel mehr zu machen. Alles muss wachsen, so wie eine Blume. Zunächst gibt es nur ein kleines Korn, das man aber pflegen und begießen muss. Erst viel später sieht man die schönen Blüten. Dann braucht die Blume einen größeren Topf oder vielleicht einen Platz in einem Blumenbeet. Sie wird viel mehr beachtet und entfaltet sich. So bist auch du. Jedes kreative Körnchen in dir wollen wir pflegen und beachten, damit daraus wunderschöne künstlerische Blüten werden. Die Engel, Feen, Elfen und Zwerge helfen dir dabei. Auch ich bin dafür da. Wenn du also willst, lade ich dich ein, einmal zu sehen, was du im Schlaf bei uns alles so lernst. Hast du Lust dazu? Dann wollen wir gemeinsam auf die Reise gehen.

EINSTIMMUNG **(siehe Seite 17)**

MEDITATION

Du bist ganz leicht und schwebst in einer angenehmen Wärme. Schau, jetzt kommt ein Engel zu dir und reicht dir seine Hand. Er trägt genau wie du ein wunderschönes gelbes Gewand. Es ist ganz leicht und seidig. Kannst du es fühlen? Der Engel begleitet dich nun langsam in die Tiefe. Unter dir taucht ein riesiges Feld mit schönen, gelben Sonnenblumen auf. Schau mal, dort sitze ich auf dem Boden und winke dir zu.

Ruhe.

Du kommst langsam bei mir an. Dein Engel setzt dich ganz sanft auf dem Boden neben mir ab. Wir bedanken uns bei ihm. Er heißt Johannes und möchte dir gemeinsam mit mir unsere Schule zeigen. Sieh mal, gleich kommen ganz viele Zwerge und Elfen herbeigelaufen, die sich sehr freuen, dass du wieder einmal da bist. Auch einige Tiere kommen mit ihnen. Kannst du sie sehen? Alle sind fröhlich und schauen dich erwartungsvoll an.

Ruhe.

Komm, wir stehen auf, ich reiche dir meine Hand. Johannes nimmt dich an der anderen Hand und wir gehen ein Stück durch das Sonnenblumenfeld. Die anderen kommen alle mit, keine Sorge. Sie lassen dich nicht aus den Augen, wo du doch schon mal da bist.

Ruhe.

Sieh mal da vorne. Dort fliegen viele bunte Drachen im leisen Wind. Sie tanzen lustig in der Sonne. Die sind alle von Kindern gebastelt worden, die schon hier sind. Unsere Schule hier sieht nicht aus wie die Schule, in die du sonst gehst. Sie ist viel schöner, denn man kann draußen lernen und spielen. Unsere Schule ist gebaut wie ein Tempel mit vielen, gelben Säulen. Jetzt gehen wir alle gemeinsam hinein. Viele Kinder sind hier schon mit ihren Engeln und anderen Begleitern angekommen. Siehst du sie? Sie winken dir herzlich zu. Einige kennst du vielleicht sehr gut. Es können Freunde, Geschwister und Schulkameraden von dir sein. Sieh dich in Ruhe um.

Ruhe. (Längere Pause)

Ist es nicht interessant, was es hier alles so gibt? Viele Kinder haben sich heute für das Basteln entschieden. Deshalb auch die vielen Drachen. Sie sitzen auf dem Boden oder an langen Tischen und befassen sich mit allerlei Materialien. Manche bemalen schon ihre fertigen Sachen.

Schau, da ist ein kleiner Bach. Er fließt mitten durch die Tempelanlage. Dort haben ein paar Kinder kleine Boote gebaut, die sie gerade ausprobieren. Die kleinen Wasserelfen und Gnome amüsieren sich köstlich mit ihnen.

Einige Kinder haben heute darum gebeten, dass wir ihnen Ge-

schichten aus alter Zeit vorlesen. Sie sitzen da hinten um den Engel Jonathan herum. Er liest ihnen aus Tausend und einer Nacht vor. Rechts neben dir ist die kleine Tamara mit ihren Freundinnen zu sehen. Sie sind noch nicht lange da. Es sind zehn Mädchen, die im richtigen Leben in eine Ballettschule gehen. Sie wollten lernen, wie sie früher in einem anderen Leben in Ägypten getanzt haben. Viele zarte Feen führen sie in die Tänze ein.

Da vorne hat sich der kleine Benedikt mit seinem Engel Hagen zurückgezogen. Die beiden wollen alleine sein. Hagen zeigt ihm wieder das Klavierspielen. Er muss noch viel üben. Eine andere Gruppe von Kindern hat sich um den Engel Samira versammelt. Sie sind alle schon ganz schmutzig. Samira zeigt ihnen gerade, wie man wunderschöne Gefäße aus Ton fertigt. Ich sehe deinen interessierten Blick. Bitte Johannes doch einfach, mit dir zu einer Gruppe von Kindern zu gehen, die dich interessiert. Oder sage ihm, was er vielleicht mit dir alleine ausprobieren soll. Er wird dir jeden Wunsch erfüllen. Du bist unser Gast. Er hört dir genau zu und reicht dir erst einmal einen köstlichen Saft, der nach süßer Ananas schmeckt.

Ruhe.

Also, gehe nun mit Johannes ans Werk. Habe keine Angst, ich bleibe hier, denn ich muss ja sehen, ob alle gut versorgt sind. Ich behalte euch im Blick. Siehst du, die anderen freuen sich, dass du gekommen bist. Fühle dich ganz zu Hause und getraue dich ruhig, das zu tun, was dir Freude macht. Johannes ist bei dir. Du kannst auch einfach irgendwo zusehen, wenn dir etwas gut gefällt.

Ruhe. (Längere Pause)

Du hast alles sehr gut gemacht. Ich bin sehr stolz auf dich, dass du so viel Interesse an Kunst und Kreativität zeigst. Das wird auch deine Eltern freuen. So hoffe ich, dass du wieder einmal etwas gefunden hast, das dein Interesse besonders geweckt hat. Deshalb darfst du immer wieder hierher zurückkommen, um dir Anregungen und neue Ideen zu holen. Unsere Schule macht keine Ferien, weil wir uns ja gar nicht so anstrengen wie in der Schule auf der Erde. Das wäre doch eine gute Idee, wenn du in deinen Schulferien auf der Erde ganz oft hierher kämst, um mit uns zu spielen und kreativ zu sein. Dann kannst du am Tag vieles nachmachen und ausprobieren. Deine Eltern, Geschwister und Freunde werden sehr neugierig sein. Wer weiß, vielleicht wollen sie dich ja einmal hierher begleiten. Das wäre doch eine tolle Idee. Dann kannst du ihnen schon viel zeigen und erklären. Auch sie haben einen Engel, der sie abholt und mit ihnen in unsere Schule geht. Johannes möchte dir noch ein paar Worte mit auf den Weg geben:

Ich habe von meinem Engel wunderschöne Dinge gelernt. All das möchte ich den Menschen zeigen. Ich bin ein Künstler.

Ruhe.

Jetzt musst du aber wieder zurückkehren, damit du alles in Ruhe nachmachen kannst. Deine Schulstunde bei uns ist beendet. Hörst du die leisen Glocken? Sie verabschieden dich und Johannes. Er wird dich wieder zurückbegleiten in deinen Körper. Langsam hebt er dich auf seine Arme und fliegt mit dir über das Sonnenblumenfeld zurück. Ich winke dir noch einmal zu.

Ruhe.

Du wirst wieder ganz schwer und fühlst deinen Körper. Dann atmest du ganz tief ein und aus und öffnest deine Augen.

Adonai – Selestes, dein lieber Freund.

Mantra für Kinder

☆

"Gott sei Dank für all die schönen Dinge auf der Erde. Ich will sie schützen und erhalten."

☆

☆☆☆☆☆

LIGATHA – PRIESTERIN FÜR YOGA, TAI CHI, QI GONG, AUTOGENES TRAINING u. a.

Themen:

- Ich möchte mich in Ruhe auf meinen Körper konzentrieren.
- Ich habe Angst, meinen Körper zu überfordern.
- Es passt nicht zu mir, dem allgemeinen Ideal zu entsprechen.
- Ich möchte Körper, Geist und Seele in Einklang bringen.
- Wenn ich in Gruppen von Menschen den Ausgleich suche, möchte ich keinen Konkurrenzkampf erleben.
- Es soll mir gut gehen, wenn ich mich körperlich betätige.
- Ich sehne mich nach Ruhe und möchte mich trotzdem nicht vernachlässigen.

☆☆☆

Ich sehe, wie sehr du bemüht bist, deine Körper in Einklang zu bringen. Hast du die Techniken gelernt, darüber gelesen, oder folgst du dabei den Idealen anderer? Es ist gleich, wessen Quelle dein Ansinnen entspringt, nur du alleine kannst den Antrieb schaffen. Erinnere dich zurück an deine Kindheit. Da gab es Momente, in denen du dich voller Hingabe gewissen Übungen widmen konntest. Andere waren dir lästig und unangenehm. In diesem Alter warst du noch empfänglich für deine eigenen Antennen. Du fühltest den Bedarf deiner einzelnen Körper und konntest dich jederzeit darauf einstellen. Dabei warst du vielleicht noch gar nicht in der Lage, dich nach Tages- und Uhrzeiten zu richten. Lerne, dahin zurückzukehren. Fühle Körper, Geist und Seele in dem ihnen eigenen Rhythmus. Bedenke, dass sich alles in dir nach deiner Uhr bewegt, erneuert und auch stirbt. Jede deiner Zellen weiß, wann sie sich zu regenerieren hat. Jedes deiner Organe kennt seinen Rhythmus. Du magst glauben, dass du alles beeinflussen kannst, sei es durch deine Ruhephasen, deine Nahrungsaufnahme oder deine Bewegung. Dennoch ist alles in dir auf sich selbst angewiesen. Es ist ein eigenes Universum, das sich selbst reguliert. Du bist die Hülle, die feste Materie, die dieses einzigartige Bauwerk zusammenhält und mit Sauerstoff versorgt. Dein Gehirn ist die Schaltzentrale all dieser Abläufe. Dein Verstand jedoch wird niemals begreifen, dass alles in dir seine Funktion am besten kennt, wenn du ihm nicht wieder die Gelegenheit gibst, sich zu besinnen. Am besten kannst du es vielleicht verstehen, wenn ich dir zu bedenken gebe, dass dein Herz jederzeit entscheiden kann, seine Arbeit einzustellen, obwohl dein Verstand dies niemals akzeptieren wird, es sei denn, du willst deiner Existenz bewusst ein Ende setzen. Genau wie deine verschiedenen Körper hat auch dein Geist seine eigene Daseinsberechtigung. Deine Seele weiß ebenso, was zu geschehen und welche Dinge sie zu bearbeiten hat. Also versuche doch einmal, dich auf alle Überraschungen einzulassen, die deine Existenz bereit hält. Das bedeutet, dass dein Ego aufhören sollte, alle Bereiche deines Daseins zu steuern und Regeln, die von Menschen aufgestellt sind, zu unterwerfen.

Wir sprechen nicht davon, dass du dich vom normalen Leben entfernen sollst. Es geht hier um dein Wohlbefinden, das sich niemals einer Uhr, einem idealen Erscheinungsbild oder dem Lebensstil einer bestimmten Epoche unterordnen kann. Es trägt ein uraltes Muster in sich, das immer wieder verändert, geschliffen und in sich verkehrt wurde. Es kommt der Moment, wo du lernen musst, die lange antrainierten Fehlhaltungen zu korrigieren. Zurück zum Ursprung heißt auch, dich wiederzufinden im Einklang mit dem Ursprung. Stell dir ein Tier vor, das seit Urzeiten an seinen Winterschlaf gewöhnt ist. Wenn du dieses Tier an einen Ort aussiedelst, an dem kein Winter herrscht, was denkst du, wird geschehen? Es verliert seinen Rhythmus, aber alle seine Organe werden sich weiterhin verhalten wie vorher. Sie sind geschaffen für den Winterschlaf. Also wird es in dieser Zeit längst nicht so leistungsfähig sein.

Nun kannst du es bewusst zu trainieren versuchen, es aufladen mit zusätzlichen Vitaminen und künstlich wach halten. Was wird das Ergebnis sein? Das Tier wird aggressiv, bösartig und krank. Alles weitere ist dir bekannt. Alles, was sich in dir befindet, hat also seine optimalen Zeiten sowohl für die Leistung, als auch für die Ruhe und die Regeneration. Diesen optimalen Rhythmus muss jedes Lebewesen wieder für sich finden.

So ist es wichtig, dass du darauf bedacht bist, in allen Bereichen eine ausgewogene Betätigung zu finden. Es ist also gleich, was du tust, ob du nun eine Arbeit verrichtest, ruhst oder den Ausgleich betreibst, dein Rhythmus sollte sich dir anpassen. Nichts wird wirklichen Erfolg bringen, wenn du es in Hektik, Unlust oder Aggression erledigst. Sei bereit zur Regeneration.

Wenn du die Wärme brauchst, dann suche diesen Lebensraum. Ist das Wasser dein Element, mache es zu deinem Gefährten. Bist du ein Wesen der Nacht, hat es keinen Sinn, etwas zu tun, das dich morgens mit den Vögeln zum Erwachen zwingt. Aber suche in allem die Ruhe und Gelassenheit. Höre auf, die Menschen für ihre Lebenslust und Freundlichkeit zu bewundern, die in sonnigen Ländern leben. Auch für dich gibt es dort einen Platz. Beneide keinen Künstler, der seine Werke in der Nacht schafft. Sie hat auch für dich genug Zeit.

Nun wirst du mir antworten: Das geht nicht, denn ich habe zu viele tägliche Verpflichtungen. Hast du es schon einmal versucht? Du wirst sehen, dass sich alles ändern kann. Und schaue niemals nach den harttrainierten und stählernen Körper derer, die ihren physischen Körper mit aller Gewalt unterjochen. Alles in ihnen verhärtet sich, auch der Geist und das Herz, sei gewiss. Beteilige dich ruhig am Training deines Körpers. Du wirst dir selbst beweisen, dass es auch in der Ruhe geht. Der Atem ist wichtig und die Freude an der langsamen Bewegung, die dich jede Zelle des Körpers wahrnehmen lässt. Jeder Muskel wird dir vertraut und spricht mit dir. Dein Herz zeigt sich dir verbunden. Es liebt es, nicht zu rasen. Dafür ist es nicht ausgerichtet.

Auch der Tanz bietet dir ein schönes Feld, dich zu regenerieren. Die Klänge veranlassen dich zu harmonischen und selbst gewählten Bewegungen, die deiner Stimmung entsprechen. Bekenne dich wieder zu dir selbst. Wer immer dich zunächst belächelt, wird deine Veränderung sehr schnell erkennen und darüber nachdenken. Werde wieder zu einer vornehmen und in dir selbst ruhenden Erscheinung. Wenn du willst, wollen wir uns gemeinsam anschauen, wie du dich einmal fühltest in dieser Form. Komm mit mir zurück zum Ursprung.

EINSTIMMUNG (siehe Seite 15)
MEDITATION

Du fühlst dich frei und leicht in deinem Körper. Die Belastungen des Alltages liegen weit hinter dir. Zum ersten Male seit langem kannst du so tief und sorglos atmen. Genieße diesen Frieden in dir. Werde ganz still.

Ruhe.

Höre auf dein Herz. Nimm es wahr mit jedem wertvollen Schlag. Danke ihm für seine unermüdliche Arbeit. Hast du das jemals getan in diesem Leben? Versuche, dich mit all deinen Organen und Gliedmaßen zu sehen. Sprich mit ihnen und lobe sie für ihre einzigartige Energie, die sie so selbstlos verschwenden. Vergiss nicht deine Füße, die dich unermüdlich durch die Welt tragen. Wenn sie ihren Dienst versagen sollten, dann vergib ihnen, denn sie folgen nur deinem derzeitigen Thema der Epoche. Ich gebe dir dafür Zeit.

Ruhe. (Längere Pause)

Jetzt bist du gut vorbereitet für unsere Begegnung. Ich weiß es zu schätzen, dass du dich zu mir auf den Weg gemacht hast. Hörst du die leisen Klänge? Versuche, sie einzuordnen. Woran erinnern sie dich?

Ruhe.

Es ist meine Melodie, die dir den Weg zu mir zeigt. Die Sonne wärmt dich. Du bewegst dich langsam über das Meer auf eine kleine Insel zu, die unmittelbar vor der Küste liegt. Sie ist sehr klein. Ein Palmenhain ist sichtbar, und inmitten dieses Hains liegt mein Tempel. Du kannst ihn nun von oben erkennen. Er ist ganz aus Bernstein geschaffen. Du weißt, Bernstein kann in ganz vielen Facetten glänzen. So sieht mein Tempel auch aus. Er ist sehr geräumig und beherbergt viele verschiedene Schulungsräume. Schau, ich stehe in meinem zitronengelben Gewand auf der Schwelle und winke dir zu.

Ruhe.

Komm in Ruhe an und lasse dich nieder. Wie fühlst du dich in meiner Energie? Es mag sein, dass dir die Ruhe zunächst unheimlich erscheint. Nur das Rauschen der Blätter und des Meeres ist zu hören. Aber ist es nicht harmonisch? Siehst du, du hast dich schon an die leisen Klänge gewöhnt. Sie sind immer noch vorhanden. Ich sehe, du bist schon in der Ruhe. Komm, ich nehme dich an der Hand und wir gehen in meinen Tempel.

Ruhe.

Nimm deine Füße wahr, wie sie auf dem wunderbaren glatten Bernsteinboden einherschreiten. Betrachte die phantastischen Muster dieses wunderbaren Naturwunders. Siehst du die Einschlüsse, die der Bernstein in sich birgt? Schau, die Räume sind alle von der Sonne durchflutet.

Wir gehen zunächst in den Innenhofbereich. Dort wartet eine reiche Vegetation auf uns. Schau dich dort in Ruhe um. Es gibt dort mehrere Springbrunnen aus verschiedenen Edelsteinen und viele exotische Pflanzen. Aus Stein gehauene Bänke laden zum Verweilen ein. Gehe ruhig umher und suche dir ein lauschiges Plätzchen.

Ruhe.

Darf ich mich zu dir setzen? Wir sind doch alte Freunde, oder? Schau einmal nach deinem Gewand. Es hat eine sonnengelbe Farbe angenommen. Weit und luftig fällt es bis zum Boden. Von deinem Sitzplatz aus kannst du in alle meine Schulungsräume blicken. Siehst du die vielen Menschen, die dort in absoluter Ruhe miteinander umgehen?

Ruhe.

Nun möchte ich dich bitten, mir zu sagen, weshalb du zu mir gekommen bist. Was möchtest du gerne lernen und in dein Leben neu integrieren im Sinne des Einklangs von Körper, Geist und Seele? Hast du dir schon etwas ausgesucht? Du musst es gezielt formulieren.

Ruhe. (Längere Pause)

Jetzt möchte ich dich einladen, mit mir in den Schulungsraum zu kommen, in dem das geübt wird, was du mir gerade vorgetragen hast. Komm, wir gehen an allen Räumen vorbei. Dann suche dir den Raum aus, der dich am meisten anspricht. Ich gehe dann mit dir hinein.

Ruhe.

Wunderbar, du hast dir genau das Richtige ausgesucht. Sieh mal, hier sind schon einige andere Schüler am Werk. Die Energie des Tempels konfrontiert sie wieder mit ihrer alten Kunst des Lebens. Mische dich in Ruhe unter sie. Niemand wird dich beurteilen oder neugierig beobachten. Du bist nun einer von ihnen. Es gibt hier keine Lehrer. Meine ureigene Energie wird für dich das Schwingungsfeld aufrecht erhalten, damit du wieder zu dir selbst findest. Ich werde dich nicht belehren. Du bist dein eigener Lehrer. Das, was du hier erfährst, wird dich im alltäglichen Leben dazu befähigen, den Weg sicher zu gehen, wenn du auch wieder etwas erlernen möchtest. Du bekommst von mir die Kraft und den Elan dazu. Also gehe.

Ruhe. (Längere Pause)

Ich bewundere dich für deine Ausdauer. Es hat mir große Freude gemacht, dich zu beobachten. Man sieht, du weißt, wo du zu Hause bist. Wann immer du es für angebracht hältst, komm zurück in meine Schule. Auch die anderen erwarten dich gerne zurück. Bringe ruhig jemanden mit, wenn du es für gut findest. Wenn du dich an mich erinnern willst, denke an meine Worte:

Ich bin voller Ruhe und Frieden. Mein Körper, mein Geist und meine Seele suchen den gemeinsamen Rhythmus. Wir sind eins und jede Bewegung ist eine einzige Bewegung. Ich bin aktives Sein.

Es wird Zeit, Abschied zu nehmen. Du weißt, gute Freunde lassen los. Ich schenke dir eine Sonnenblume. Behalte sie in deinem Herzen. Sie soll dich erheitern und dir mit gutem Beispiel vorangehen, wenn sie sich sanft im Sommerwind bewegt. Kehre heim und bewohne wieder deinen wertvollen und friedlichen Körper. Vergiss nie, ihm zu danken für seine unbezahlbaren Dienste, damit sich dein Bewusstsein entwickeln kann.

Ich danke dir für deinen unvergesslichen Besuch.

Adonai – Ligatha, deine Freundin.

Mantra

☆

"Vater aller Dinge, erhalte mir die Gabe, Körper, Geist und Seele in Einklang zu bringen. Lass mich sein, wie ich bin. Zeige mir den Weg der zwölf Tugenden."

☆

Text von Ligatha für Kinder

Ich bin Ligatha, und deinen Namen kenne ich. Mag sein, dass du dich in diesem Moment nicht an mich erinnerst. Trotzdem kennen wir uns sehr gut. Wir lernten uns vor langer, langer Zeit kennen, als Atlantis noch existierte. Deine Eltern, vielleicht auch die Lehrer, haben dir sicherlich schon davon erzählt. Vielleicht gehörst du zu den Kindern, die von klein auf mit Sport und sonstigen Freizeitvergnügen durch die Eltern, Geschwister oder Freunde in Kontakt kamen. Auch in der Schule ist die sportliche Betätigung wichtig, damit die Kinder einen körperlichen Ausgleich zum vielen Sitzen haben. Manchmal kommt es aber vor, dass man gerade dann, wenn diese Dinge auf dem Plan stehen, überhaupt keine Lust dazu hat. Man würde lieber etwas anderes tun. Es kann auch gut sein, dass du einmal einen Sport begonnen hast, den auch deine Eltern treiben, oder den sie für dich sehr gut fanden. Eigentlich würdest du aber lieber etwas ganz anderes tun. Für eine gewisse Zeit war es gut, aber heute hast du andere Interessen. Im Fernsehen, auch in vielen Zeitschriften, sind Menschen zu sehen, die sehr gut trainierte Körper haben. Die anderen Menschen meinen dann, sie müssten genauso aussehen.

Aber du weißt in der Zwischenzeit auch, dass nicht alle Menschen gleich sind. So können auch nicht alle den gleichen Sport treiben und gleich erfolgreich sein. Zu allem gehört Freude und vor allem Interesse. Du weißt, dass jeder Mensch aus Körper, Geist und Seele besteht. Nur wenn alle diese Bereiche im Frieden miteinander sind, geht es einem Menschen gut und er kann viel leisten. Leistung jedoch muss nicht immer durch harten Sport oder andere herausragende Dinge sichtbar gemacht werden.

Es gibt viele Künstler und erfolgreiche Menschen, die ihre Leistung ganz in der Ruhe erbringen. Vielleicht wird es dir einmal ähnlich ergehen. So scheue dich nicht, auch deine Interessen, wenn sie sich verändern, bei deinen Eltern oder Lehrern anzumelden. Dein kleiner Körper hat genau wie die großen Körper der Erwachsenen oder die Körper der Tiere und Pflanzen seinen eigenen Rhythmus.

Du hast in dir viele Organe, Zellen, aber auch Gefühle und einen Verstand. Alle diese Bereiche deines Körpers bewegen sich nach einem eigenen Fahrplan. Dieser Fahrplan unterscheidet sich von dem eines jeden anderen Wesens. Niemand kann also für dich denken, fühlen oder handeln. Viele Interessen, die du hast und die sich noch entwickeln werden, erinnern dich an frühere Leben, in denen du all das schon einmal gemacht hast. Wenn es Zeit für dich ist in diesem Leben, wirst du viel Freude daran haben, diese Dinge wieder einmal auszuprobieren. Dafür solltest du dir dann viel Ruhe und Zeit nehmen.

Das kann etwas ganz Neues sein, und dafür musst du dann vielleicht etwas anderes aufgeben. Das ist aber nicht schlimm, denn alles verändert sich im Leben. Es gibt so viele schöne Dinge, die du jetzt noch gar nicht kennen kannst. Je eher du lernst, alles in Ruhe zu betrachten und auch einmal ohne Angst und Hektik auszuprobieren, wirst du für dich das Richtige entdecken.

Du sollst immer wissen, dass deine Eltern und Lehrer nur das Beste für dich wollten. So haben sie dich geführt und dir viele wichtige Dinge gezeigt. Aber immer kommt einmal die Zeit, wo man für sich selbst entscheiden muss. So quäle dich niemals mit Leistungen und Dingen, die dir absolut keine Freude mehr bereiten. Besprich es mit allen Beteiligten und suche gemeinsam mit ihnen einen neuen Weg.

Lernen und zur Schule gehen musst du natürlich. Um dort jedoch gut zu sein, sollte dir deine Freizeit und alles, was du dort tust, viel Freude bereiten. So kannst du dich am besten selbst erforschen. Du lernst, dich zu verändern und aus allem zu schöpfen, was sich dir bietet. Dann kannst du später deinen eigenen Kindern ganz stolz berichten, was du schon alles erfahren und gelernt hast. Sport und körperliche Betätigung, aber auch die geistige Betätigung muss nicht quälen, weh tun oder langweilig sein. Vielleicht kennst du schon Dinge wie Yoga, Tai Chi, Autogenes Training, Qi Gong oder andere. Wenn nicht, lass dir von deinen Eltern und Lehrern darüber berichten. Es gibt auch spezielle Lehrer, die dir darüber viel erzählen können. Ich bin überzeugt, dass dir das eine oder andere gut gefallen könnte. Wenn du möchtest, gehen wir beide gemeinsam nach Atlantis. Dann kann ich dir zeigen, ob du dort schon etwas Ähnliches geübt hast. Vielleicht bekommst du dann Lust, heute wieder damit anzufangen. Also, ich lade dich ein zu einem Besuch bei mir.

EINSTIMMUNG (siehe Seite 17)

MEDITATION

Wie ein Vogel fühlst du dich in der Luft. Alles um dich herum ist leicht. Du fühlst keine Belastungen, die du sonst mit dir trägst. Die Schule und alle Verpflichtungen sind weit weg von dir. Hast du schon bemerkt, dass du einen wunderschönen, gelben Anzug trägst? Fühle ihn auf deinem Körper. Er liegt zwar eng an deinem Körper wie eine zweite Haut, aber trotzdem ist er weich und luftig. Nichts behindert dich. Wie ein Fallschirmspringer schwebst du durch die Luft. Aber du brauchst keinen Fallschirm zum Landen. Ein großer, bunter Vogel kommt jetzt zu dir und lädt dich ein, zwischen seinen großen Flügeln auf ihm Platz zu nehmen. Fühle seine weichen Federn. Ihr fliegt über das Meer.

Ruhe.

Langsam sinkt der Vogel mit dir zu Boden. Ihr hört leise Klänge. Kommen sie dir bekannt vor?

Ruhe.

Schau nach unten. Ihr nähert euch einer kleinen Insel. Sie liegt vor der Küste. Mitten auf der Insel siehst du eine Gruppe von Palmen. Dort liegen meine Schulen für die Erwachsenen und die Kinder. Schau, ich stehe zwischen den Palmen und winke euch zu. Ich trage ein zitronengelbes Gewand.

Ruhe.

Der Vogel schwebt jetzt über den Palmen. Wie ich mich freue, dass du mich besuchst. Er landet ganz sanft auf dem Boden. Steige in Ruhe herunter und fühle den warmen Sand unter deinen Füßen. Dann komm zu mir, wenn dir danach ist.

Ruhe.

Hörst du, wie die Blätter und das Meer rauschen? Auch die Klänge sind noch da. Du kennst dich hier aus. Komm, wir gehen gemeinsam in die Schule für die Kinder.

Ruhe.

Dein gelber Anzug ist sehr schön. Wie fühlst du dich darin? In diesem Anzug kannst du alles tun, ohne dass dich etwas behindert, weißt du? Alle Kinder, die hier sind, tragen solche Anzüge.

Nun, ich hoffe, deine Eltern oder auch einer deiner Lehrer haben dir ein wenig über das berichtet, was man hier bei mir wieder erlernen kann. Aber vielleicht bist du ja schon einige Zeit dabei, selbst so etwas zu tun. Ich will gar nicht so neugierig sein.

Wir nähern uns jetzt langsam der Schule. Sieh mal da vorne. Da steht ein wunderschönes Gebäude, das ganz aus Glas gebaut ist. Es besteht aus zwei Etagen. Alles, auch die Treppen, ist aus Glas. Und es hat kein Dach, siehst du? Nach oben ist das Gebäude offen, damit die Sonne überall hinstrahlen kann. In der Mitte des Gebäudes kannst du eine Wendeltreppe erkennen, die nach oben führt. Überall im Haus sind Pflanzen und bunte Vögel zu sehen. Auch Schmetterlinge in allen möglichen Farben flattern lustig herum. Komm, wir gehen hinein. Schau dich in Ruhe um.

Ruhe. (Längere Pause)

Ist es nicht schön, das Gezwitscher der Vögel zu hören? Dazu die ganz leisen Klänge.

Wir stehen jetzt in der Mitte des Gebäudes. Sieh dich mal um. Du kannst ja durch die Wände in alle Klassenzimmer sehen. Ist das nicht phantastisch? In allen Zimmern sind Kinder in ihren gelben Anzügen mit bestimmten Übungen beschäftigt. Ein Lehrer bringt ihnen alles in Ruhe bei.

Ruhe.

Schau, da sind auch Kinder, die sich jetzt ein wenig ausruhen möchten. Sie dürfen sich hinlegen und schlafen. Andere kommen gerade an, genau wie du. Sie suchen sich ein Zimmer aus, gehen hinein und beteiligen sich an dem, was dort gerade geschieht. Sie alle sind fröhlich und guter Dinge. Wie findest du das?

Ruhe.

Weißt du, die Kinder, die hierher kommen, besuchen uns gerne. Es geht ihnen dann gut, und sie machen gerne die Übungen mit, damit sie später alles zu Hause nachmachen können. Möchtest du einmal teilnehmen in einem der Klassenzimmer? Das wäre gut, denn dafür bist du ja gekommen. Ich will dich aber zu nichts drängen. Gehe in Ruhe an allen Zimmern vorbei. Schau durch das Glas und beobachte, was dort vor sich geht. Niemand wird dich beachten, da alle sehr konzentriert arbeiten. Also, geh los. Ich folge dir.

Ruhe. (Längere Pause)

So, und nun entscheide dich für ein Klassenzimmer. Was hat dir am besten gefallen? Also, gehe hinein. Du brauchst nur deine Hand auszustrecken, und dann kannst du wie durch einen Vorhang gehen. Ich werde hier draußen auf dich warten. Geh einfach zu den anderen Kindern. Der Lehrer wird dich erkennen. Jetzt geh.

Ruhe.

Siehst du, er nickt dir zu. Schau, jetzt konzentriert er sich ganz auf dich. Mache einfach alles nach, was er dir vormacht. Vielleicht sind es ganz neue Übungen für dich. Aber du darfst dich auch nur hinsetzen und zuschauen. Was dir lieber ist.

Ruhe. (Längere Pause)

Du wirst jetzt ganz ruhig und fühlst deinen Körper, wie er leicht und beschwingt ist. Alle in diesem Raum bewegen sich im gleichen Takt. Wie fühlst du dich? Ich sehe, es geht dir gut. Ist es nicht schön, einmal das tun zu können, was dir so richtig Freude macht? Siehe, dein Lehrer lächelt dir zu. Er ist stolz auf dich. Sicherlich wird er sich freuen, wenn du ihn immer mal wieder besuchst. Wann immer du dich an diese Schule erinnern willst, denke an diese Worte:

Hier fühle ich mich wohl. Ich bin so gut wie die anderen in dieser Schule. Ich kann kommen und gehen, wann immer ich will.

Deine Schulstunde ist nun zu Ende. Schau, nun kommen andere Kinder, die dich ablösen. Es ist genug für heute. Du hast viel geleistet und gelernt. Ein wunderschöner, gelber Schmetterling begleitet dich zu mir. Es ist ein Zitronenfalter. Vielleicht willst du ihn ja nachmalen, wenn du wieder zu Hause bist.

Ruhe.

Komm, wir gehen wieder hinaus. Draußen wartet der große bunte Vogel auf dich. Er heißt übrigens "Bunter Adler". Siehst du, er breitet schon seine Flügel aus. Nimm wieder Platz zwischen seinen Flügeln.

Ruhe.

Ich danke dir für deinen Besuch. Du darfst jederzeit wiederkommen. Langsam erhebt sich der Vogel mit dir in die Luft. Ich winke dir noch zu. Jetzt trägst du wieder deine normalen Kleider, siehst du? Kehre zurück in deine Heimat und erinnere dich gerne an das, was du gelernt hast.

Ruhe.

Atme tief ein und aus und öffne deine Augen.

Adonai – Ligatha, deine Freundin.

Mantra für **Kinder**

☆

"Ich freue mich über die Gesundheit meines Körpers. Gott sei Dank für alles, was ich tun darf."

☆

☆☆☆☆☆

NOKATE – PRIESTERIN DER PHILOSOPHIE

Themen:

- Ich sehne mich nach einem guten, geistigen Austausch.
- Die geistigen Werte sind mir wieder wichtig.
- Ich suche das Göttliche in jedem Ausdruck und in jedem Wesen.
- Ich möchte das Menschsein im Sinne des Universums begreifen.
- Mir ist geistiges Wachstum sehr wichtig, auch im Rahmen meiner Familie.
- Ich möchte alle teilhaben lassen an der Fülle des alten Wissens.

☆☆☆

Der Geist der Sonne beflügele das Herz des Menschen. Das Herz beflügele den Geist, und der Geist beflügele die Seele. So wirst du frei im Geiste, und deine Seele erlangt die Macht, deinem Menschsein einen ungeahnten Weitblick zu schenken. Alles ist ein Geschenk, so wie dein Leben. Das hat manches Wesen im Laufe seiner Daseinsformen verlernt. Indem du dich wie alle anderen in die endlose Kette der Inkarnationen eingereiht hast, sahest du dich vielleicht nicht mehr als Geschenk, sondern als Materie gewordene Hülle, die sich dem Rad der Zeiten unterordnen musste.

Du magst sagen, das kann ich nicht verstehen, mein Bewusstsein hat sich doch so weit entwickelt.

Was ist denn dein Bewusstsein? Es ist die Qualität deiner Schwingungsfelder, der Ausdruck deiner niederen Körper. Das ist keine Bewertung, es ist die Realität des Irdischen. Die niederen Körper sind das Ergebnis des einst verschenkten sensitiven Wesens. Sie befinden sich auf dem Weg zurück zum Ursprung. Erst wenn du wieder erkannt hast, dass du in allem ein Geschenk bist, lernst du dich schätzen mit all deinen Sinnen und Gefühlen. Dann fällt das göttliche Licht in all deine Handlungen, Gedanken und Gefühle. Du wirst dadurch kein Engel auf Erden, doch hat dein Weitblick dann die Gabe zu erkennen, was Aufstieg wirklich heißt. In all deinem Tun wirst du dich ständig im Geist der Sonne wiederfinden. Das war das Geheimnis der Atlanter, so einfach – und doch über Zeitalter so begehrt.

Jede Form der Weisheit hat ihr Zuhause im Geist der Sonne. Die zentrale Sonne sendet ihr Licht aus, durchdringt die Dunkelheit und gebärt das unzählige Geschehen in allem, was ist. Das unzählige Geschehen wird zur Vollendung, wenn es das Licht durchdringt und zum Ursprung zurückkehrt. Dann hat es alle Facetten des Lichts passiert.

Auch du bist eines der unzähligen Geschehen. Als du dir dessen noch voll bewusst warst, konntest du freizügig darüber denken. Doch das Denken stört den Frieden, wenn es die Polarität des Lichtes sucht. Der Wandel in der Polarität ist eine Gratwanderung. Die Gratwanderung erblickt die Versuchung, wägt noch ab und differenziert. Das Differenzieren gebärt die Komplikation, da das Licht sich dort nur noch latent bewegt, indem es versucht, den Schatten zu erhellen. Der Schatten wird immer interessanter, da er doch immer noch das Licht verspricht. Das Licht ist noch vorhanden, doch ist es nicht mehr materiell. Die Materie ist in der Dunkelheit, die das Licht erahnt und herbeisehnt. Das Sehnen beschert das Wirken. Das Wirken erhält den freien Willen. Der freie Wille ist das prüfende Geschenk des zentralen Lichts. Er fördert die Polarität im Denken, Handeln und Fühlen. Die Polarität ist die größte Prüfung des zentralen Lichtes. Sie erkennt sich im gesamten Universum und erhält die Macht über die allumfassende Existenz. Die allumfassende Existenz erhält das Geschenk des zentralen Lichtes, die Polarität zu überwinden.

Du bist ein Punkt in der allumfassenden Existenz. Dieser Punkt hat das Licht am Ende des Tunnels geschaut. Der Tunnel liegt im Schatten. Der Schatten liegt in der Dunkelheit. Die zentrale Sonne wirft das Licht in die Dunkelheit und gebärt das Geschehen. Bestimme das Geschehen. Lerne, dass die Polarität eine Fiktion ist, die Maske, die das zentrale Licht trägt, um dich der letzten göttlichen Examination zu unterziehen. So wissen wir, dass auch der Schatten göttlich ist und von SEINER Liebe gespeist. Er prüft sich selbst und muss den Tunnel durchqueren. Dort begegnen ihm alle zwölf Tugenden des zentralen Lichtes. Es wird ihn schmerzen, sie zuzulassen. Jedoch nur wo Schmerz ist, kann das Wohlbefinden wachsen.

Nehmen wir gemeinsam den Schatten an der Hand und führen ihn die zwölf Stufen hinauf ins Licht. Nur du hast diese starke Hand, du als Lichtpunkt des unzähligen Geschehens und rückflutender Monaden. Schwimme also mit im Strom der Heimkehr. Du wirst niemals untergehen. WIR werden dich halten.

EINSTIMMUNG (siehe Seite 15)

MEDITATION

Dein Wunsch war es, mich zu besuchen, um dein geistiges Wachstum zu fördern. Aber sei gewiss, dein Wachstum fördert sich von selbst, indem du dich auf den Weg der Erkenntnis begibst. Doch gerne will ich dir beistehen, wenn du das zentrale Licht einlädst, dir den Weg durch den Tunnel zu weisen. Es ist dir so vertraut und doch so fremd. Dein physisches Auge mag es nicht mehr sehen, aber ich vernehme, dass dein geistiges Auge bereit ist, sich zu öffnen.

Ruhe.

Diese Reise zu mir legt nur dein Geist zurück, nicht dein Empfinden. Alle deine Bilder lösen sich vor deinem dritten Auge auf und verschmelzen in einem opalisierenden Licht. Du bist nun frei von Raum und Zeit. Nichts wird deinen Geist ablenken. Ich öffne für dich deine Quelle des Wissens und bringe sie zum sprudeln.

Ruhe.

Du weißt, dass die Atlanter einen ständigen Zugang zu meinem Schulungszentrum hatten. Sie kamen nicht physisch zu mir. Das wäre viel zu umständlich gewesen. Viele hundert Studenten mussten wir betreuen, und das ohne Zeitbegrenzung und ohne örtliche Gebundenheit. Nur so ist der Geist bereit, sich ständig zu bilden, wenn er das Bedürfnis danach hat. Deshalb will ich dich wieder damit vertraut ma-

chen. Wir werden dafür ausschließlich dein Drittes Auge benutzen. So atme tief in alle deine Chakren und lasse die Energie fließen.

Ruhe.

Dein Scheitelchakra ist bereit, sich für die goldgelbe Flamme der Weisheit zu öffnen. Sie nährt den Strahl der Erleuchtung, indem sie den Sohn als Symbol der göttlichen Weisheit aussendet. In dieser goldgelben Energie werden wir uns nun begegnen. Komm, ich reiche dir die Hand. Alles um dich herum ist wärmend, federleicht und voller intelligenter Lebensfreude. Du fühlst, wie sich dein Mentalkörper ausdehnt, als wäre nur noch er vorhanden. Es ist jetzt keine Zeit für Physisches und Emotionales. Dein Mentalbereich wird zur kristallklaren Quelle deiner Intelligenz, die durch nichts getrübt wird.

Ruhe.

In diesem rein intelligenten Zustand bist du nun in der Lage, alles zu begreifen, was in diesem Moment für dein geistiges Wachstum wichtig ist. Du wirst erkennen, wo dein größter Irrtum liegen mag, wo du Gefahr läufst, von außen beeinflusst zu werden und wie weit du dich schon entwickelt hast. Die zwölf göttlichen Aspekte werden dir dabei helfen, deinen Mentalkörper so weit zu öffnen, dass er die differenzierende Vernunft erlangt, sie wohlwollend jederzeit aus deinem Kausalkörper in sämtliche Bereiche deines Seins zu integrieren.

Ruhe.

Du hast nicht vergessen, dass dich dein Schatten begleitet auf dieser Reise, denn er ist beseelt von dem Wunsch, den Tunnel zu durchqueren. Also, gehen wir gemeinsam mit ihm in den Tunnel des geistigen Wohlbefindens. Du bist ganz leicht, und auch dein Schatten kennt keine Schwere. Siehst du dieses weiße Licht ganz am Ende des Tunnels? Das ist das zentrale Licht, das dich nun auffordert, das Geschehen zu bestimmen. Siehe dich in Ruhe um. Der gesamte Tunnel ist weit und einladend. Er erstrahlt in allen zwölf Farben der göttlichen Aspekte.

Ruhe. (Längere Pause)

Du siehst, alles, was du dir noch so dunkel und trennend vorstellen magst, birgt in sich das alles nährende Licht. Ich lasse dich jetzt los und bitte dich, in diesen wunderschönen Farben zu baden. Verweile in dem Strahl, der dir in diesem Moment am wohltuendsten erscheint. Bitte ihn aus ganzem Herzen, dir mitzuteilen, was es für dich zu beachten gilt im Sinne seiner Weisheit. Lasse dir Zeit.

Ruhe. (Längere Pause)

Und nun wandele zu dem Strahl, der dich am wenigsten einladend berührt. Lasse dich in ihm nieder und bitte deinen Schatten, den Strahl um Rat zu fragen. Betrachte dich als dritte Person und höre genau hin, was die beiden zu besprechen haben.

Ruhe. (Längere Pause)

Biete deinem Schatten an, ihm jederzeit behilflich zu sein, den Rat des Strahls zu befolgen. Siehst du, wie er dir dankbar zulächelt? Er ist erleichtert, dass ihr beide einen guten Weg entdeckt habt. Lange hat er darauf gewartet. Schau, er verneigt sich in Ehrfurcht vor deiner Demut.

Ruhe.

Gehe jetzt mit deinem Schatten gemeinsam in einen Strahl, von dem du denkst, dass er euch beiden gut tut. Lasse dir dafür Zeit.

Ruhe.

Stellt euch nebeneinander. Ich komme zu euch. Nun nehme ich euer beider Hände und vereine euch wieder zu einem göttlichen Wesen. Du hast es geschafft, mit deiner göttlichen Intelligenz die Polarität in deiner allumfassenden Existenz zu verstehen. Du hast das Geschehen bestimmt und den Schmerz des Schattens neutralisiert. Jetzt siehst du dich wieder in einem großen Spiegel, den ich dir hinhalte. Du bist umgeben von der dreifältigen Flamme, dem Willen, der Weisheit und der aktiven Intelligenz. Deine Quelle sprudelt, und du weißt, wohin du jederzeit zurückkehren kannst, gerne in Begleitung deines Schattens, um das Wissen und die Weisheit zu deinem Ratgeber werden zu lassen.

Ruhe.

Nun bist du wieder ganz in dir verankert. Du hast erlebt, dass auch dein Schatten am göttlichen Licht teilhaben darf. Ich darf dich also bitten, wieder in deine Realität zurückzukehren. Du weißt, alles wird dann der irdischen Prüfung unterzogen. Ich habe mich gefreut, deinen Weg begleitet zu haben. Komme zurück, wann immer du es für sinnvoll hältst. Denke immer daran:

Mit allen meinen Anteilen bin ich ein Wesen des göttlichen Lichts. Auch der Schatten verdient es, SEINE Liebe zu empfangen. Nur so werde ich heil und weise.

Ruhe.

Du tauchst nun wieder ein in das opalisierende Licht. Langsam spürst du wieder deinen Körper. Verankere dich ganz fest im Boden. Schlage deine Wurzeln diesmal besonders tief in die Erde. Atme tief und ruhig. Habe Dank für dein Sein.

Adonai – Nokate – deine Freundin.

Mantra

☆

"Vater aller Dinge, schenke mir die Weisheit, die im Licht das Dunkel durchdringt. Der Schatten sei mir dienlich. Zeige mir den Weg der zwölf Tugenden."

☆

Text von Nokate für Kinder

Nun, mein Kind, obwohl du vielleicht noch nicht so denken und handeln kannst wie die Erwachsenen, schätze ich dich als wertvolles Wesen auf dieser Erde. Auch du entsprichst deinem Wachstum. Du denkst, fühlst und handelst.

Ich möchte gerne mit dir über die Philosophie des Geistes sprechen. Keine Angst, es ist nicht so schwer, wie du glaubst. Schau, auch in der Schule wirst du immer wieder mit neuem Wissen konfrontiert. Zunächst glaubst du, manches wäre schwer, aber dann fällt es dir ganz leicht, die neuen Dinge zu verstehen.

Weißt du, alles, was du lernst, ist im Grunde genommen nicht neu für dich. Es mag sein, dass du es in diesem Leben zum ersten Male hörst, aber dennoch ist es dir nicht unbekannt. Du weißt ja, dass alles Wissen uralt ist. Auch deine Eltern oder Lehrer haben es irgendwo gehört und gelesen, um es dir dann weiterzugeben. Die Weisheit, die

die Menschen dafür brauchen, hat mit dem Geist zu tun. Der Geist, von dem wir jetzt sprechen, ist kein Schlossgeist, der dir Angst machen könnte. Nein, dieser Geist ist etwas, das mit dem Verstand und der Intelligenz der Menschen zu tun hat. Du weißt, dass Gott sehr klug und weise ist. Er ist über alles informiert, was die Menschen, die Tiere, kurz: alle Lebewesen, so tun, denken und fühlen. Deshalb hat er ja auch so viel Liebe und Güte und kann verstehen und verzeihen.

Sein Wissen und seine Weisheit möchte er aber immer wieder den Wesen auf der Erde und auf anderen Planeten mitteilen. Deshalb macht er die Menschen ja auch so intelligent. Aber wie kann er jetzt mit Kindern, Erwachsenen, Tieren oder auch den Pflanzen sprechen? Das ist gar nicht so schwer. Er spricht dann mit eurem Geist. Das heißt, der Geist ist das Verbindungskabel zwischen deinem Gehirn (oder deinem Verstand) und dem Gehirn (oder dem Verstand) von Gott, dem Gehirn der Engel, dem Aufgestiegenen Meister oder auch zum Beispiel von mir und allen Atlantern.

Wenn du zum Beispiel betest, dann kannst du dein Gebet sprechen oder auch denken. Manchmal bittest du Gott um etwas. Du hast vielleicht einen großen Wunsch, den er dir erfüllen soll. Auch die Engel helfen dir dabei. Wenn du dann mit den Engeln oder Gott sprichst, transportiert dein Geist alle deine Anliegen zu dieser entsprechenden Adresse. Dort bekommt er die Antworten, den Trost oder das Versprechen, dass dir geholfen wird. Dein Geist kehrt dann zurück und überbringt deinem Gehirn (oder Verstand) die Botschaft. Diese Botschaft verstehst du dann ganz genau, wenn sich die Dinge in deinem Leben zeigen.

Manchmal träumen die Menschen auch die Lösung ihrer Probleme. Dann kommt der Geist im Traum zu ihnen und spricht mit ihnen.

Ich möchte gerne, dass du weißt, wie wichtig du auf der Erde bist. Du bist ein großes Geschenk für deine Eltern, deine Geschwister, deine Freunde, und auch für all die Menschen, die du in deinem bunten Leben noch kennen lernen wirst. Gott und alle seine Helfer bewachen dich auf diesem langen Weg. Das taten sie immer, ganz gleich, wann du schon einmal gelebt hast.

Philosophie heißt, sich mit dem Sinn des Lebens und mit dem Sinn aller Planeten und Wesen im Universum zu beschäftigen. Alle sind eine Familie, und Gott ist für alle gleich zuständig. Niemand im ganzen Universum hat mehr Weisheit als er. Deshalb hat er auch so viel Verständnis dafür, wenn ein Lebewesen irgendwo im Universum, auch auf der Erde, einen Fehler macht. Er wird dich niemals bestrafen, wenn du einmal etwas falsch machst. Im Gegenteil, er wartet geduldig, bis du alles von selbst wieder gut machst.

Du weißt, jeder Mensch wird auch einmal böse, wenn man ihn ärgert. Man ist nicht immer gut gelaunt. Oft geht es einem Menschen körperlich nicht gut. Dann möchte er seine Ruhe, genau wie ein Tier, das sich dann zurückzieht. Lässt man ihn nicht gehen, schimpft er.

Wenn du traurig bist, hast du vielleicht keine Lust, mit anderen zu spielen. Sie sind dann enttäuscht, weil du sie im Stich lässt. All das nennt man "die Schattenseiten" eines Menschen.

Das kennst du auch von der Sonne. Wenn ein Baum draußen einen Schatten wirft, ist es dort nicht so warm und gemütlich wie in der Sonne. Er verdunkelt ein wenig das strahlende Licht. Eine Schattenseite kann auch vorkommen, wenn ein Kind sehr neidisch ist. Andere Kinder stören den Unterricht in der Schule, weil sie sich langweilen. Manche suchen Streit, weil sie zu Hause keine Liebe bekommen. Dann müssen sie ihren Ärger loswerden. All das sind Schatten.

Aber auch dafür hat Gott Verständnis. Er sendet ganz viel Liebe und Energie aus, um das alles zu heilen. Dabei helfen wir ihm, auch die Meister und die ganze Engelschar, angeführt von den Erzengeln. Wir arbeiten dafür auf den Lichtstrahlen, wie du ja weißt. Diese Lichtstrahlen sind wie Strahlen der Sonne. Sie wollen den Schatten heilen und wieder in strahlende Sonne verwandeln. Wenn du willst, nehme ich dich einmal mit auf eine Reise zu diesen Strahlen. Dann kannst du dir anschauen, wie weise die Liebe Gottes mit dem Leben der Menschen umgeht. Wollen wir uns auf den Weg machen?

EINSTIMMUNG (siehe Seite 17)
MEDITATION

Ich habe dir vorhin erzählt, was dein Geist ist. Du weißt, er kann hin- und herfliegen zwischen deinem Verstand und Gott. Magst du ihn dir vorstellen wie einen kleinen Engel, der ganz neugierig darauf ist, was ihm Gott alles für dich mitteilt? Hin und her bewegt er sich wie ein emsiger Postbote, der nie müde wird. Sieh mal die vielen Engel um dich herum. Aber direkt neben dir ist dieser ganz kleine Engel, dein Geistengel, der dir freundlich zuwinkt. Du kennst ihn gut. Und weißt du was? Er heißt genau wie du. Er ähnelt dir auch im Aussehen, kannst du das sehen? Lass ihn herankommen und betrachte ihn genau.

Ruhe.

Jetzt ist er direkt auf deiner Höhe. Ihr schwebt zusammen und haltet euch an den Händen. Du musst dich überhaupt nicht anstrengen. Sieh mal, in seiner anderen Hand leuchtet eine goldgelbe Kugel aus Licht. Ist sie nicht schön? Diese Kugel wird jetzt immer größer und größer.

Ruhe.

Jetzt ist die Kugel so groß, dass ihr beide gemeinsam hineinpasst. Die Kugel schwebt einfach so in der Luft. Dein Geistengel nimmt dich nun ganz liebevoll in den Arm. Dann schwebt er mit dir zusammen in die Kugel. Es öffnet sich eine kleine Tür und ihr könnt hineinschlüpfen.

Ruhe.

In der Kugel ist es wunderbar warm, und du bist ganz leicht. Vielleicht hast du schon einmal gesehen, wie die Astronauten in ihrem Raumschiff schweben. Sie freuen sich, winken in die Kamera. Es geht ihnen gut. Genauso fühlst du dich in deiner Kugel. Es ist deine Geistkugel. Sie gehört dir und deinem Geistengel ganz alleine. Wir beide können uns aber gut unterhalten, denn ich kann in die Kugel hineinsehen. Lass dir ein wenig Zeit, dich in deiner Kugel wohl zu fühlen.

Ruhe. (Längere Pause)

Jetzt bist du ganz ruhig und wirst durch nichts gestört. Dein Geistengel hält deine Hand ganz fest. Er sagt aber nichts, denn auch er ist gespannt, was wir beide miteinander unternehmen werden. Wir drei wissen, dass du sehr klug bist, sonst wärest du nicht zu mir gekommen. Meine Schule des Geistes ist ja sehr weit weg. Es kommen nur Kinder zu mir, die ganz viel wissen wollen. Das heißt, dein Verstand möchte ganz viel lernen. Er möchte Gottes Schule besuchen. Seine Schule nennen wir auch die Schule der Lichtstrahlen. Wir, die Atlanter, die Meister und alle Engel helfen ihm dort. Ich habe die Aufgabe, alle, die da hinkommen, mit dem Sinn des Lebens vertraut zu machen. Das ist sehr interessant.

Ruhe.

Alle Lichtstrahlen sind nun bereit, dich einzuladen. Sie möchten mit dir sprechen und freuen sich auf deinen Besuch. Für Kinder haben wir hier einen ganz besonderen Schulungsraum eingerichtet. Komm, wir gehen hinein.

Ruhe.

Der ganze Raum strahlt in den zwölf Farben. Kannst du das sehen? Und in jedem Strahl wartet eine wunderschöne Fee auf dich. Jede ist in der Farbe des Strahls gekleidet, in Blau, Gelb, Rosa, Weiß, Grün, Rot, Violett, Aquamarin, Magenta, Gold, Pfirsich und Opal. Jetzt möchte ich dich bitten, dir einen Strahl und die Fee auszusuchen, wo du dich am wohlsten fühlst. Gehe hin und setze dich in den Strahl und zu der Fee.

Ruhe.

Nun sprich in Gedanken mit der Fee. Sie wird dir sagen, was für dich wichtig ist und was du sehr gut machst. Sie lobt dich für deine tollen Leistungen. Lass dir Zeit.

Ruhe. (Längere Pause)

Nun gehe zu dem Strahl und zu der Fee, wo du eigentlich nicht so gerne hingegangen wärst. Weißt du noch, was ich dir über die Schattenseite erzählt habe? Sie zeigt das, was für dich im Moment nicht so gut läuft und wo du nicht ganz zufrieden bist, oder wo du von anderen schon mal kritisiert wirst. Erzähle ihr davon und höre genau zu, welchen Rat sie dir gibt.

Ruhe. (Längere Pause)

Die Fee wird dich jetzt zu einem anderen Strahl und seiner Fee begleiten. Suche dir den Strahl aus, von dem du denkst, dass du dort mit deiner Schattenseite willkommen bist. Lasse dir dafür Zeit. Geht jetzt gemeinsam los.

Ruhe.

Schau mal, wie diese Fee sich freut, dich zu sehen. Sie zeigt dir, dass auch das, was du manchmal nicht so gut machst, geliebt wird. Sie findet dich trotzdem in Ordnung und sagt dir ein paar Worte, wie du dich vielleicht verbessern kannst. Sie tröstet dich, wenn du traurig bist. Wir alle würden uns freuen, wenn du das annehmen könntest.

Ruhe.

Du weißt nun, dass jeder Mensch gelegentlich etwas falsch macht, ob Kinder oder Erwachsene, und dass Gott und seine Strahlen alles verstehen. Deshalb darfst du immer wieder hierher zurückkommen. Und denke immer an die Worte:

Gott, alle Meister, Atlanter und Engel haben mich lieb, weil sie wissen, dass ich genau spüre, wenn ich etwas nicht so gut mache. Sie helfen mir, wieder alles gut zu machen, wenn ich sie darum bitte.

Ruhe.

Jetzt gehst du wieder zurück in die Kugel aus goldgelbem Licht. Du ruhst dich aus und denkst noch einmal über alles ein wenig nach.

Ruhe.

Dein Geistengel begleitet dich jetzt hinaus durch die kleine Tür, und die Kugel ist wieder in seiner Hand. Sie wird wieder kleiner und kleiner, bis sie ganz verschwunden ist.

Ruhe.

Du weißt jetzt, wie du immer wieder zu mir kommen kannst. Und nun fliegst du wieder zurück nach Hause, über die Meere und Länder.

Ruhe.

Dein Geistengel verabschiedet sich von dir und winkt dir zu. Keine Angst, er wartet jederzeit auf dich, um als Postbote zu dienen. Rufe ihn, er heißt ja so wie du. Sofort wird er sich auf den Weg machen.

Du wirst schwerer und fühlst deinen Körper wieder. Atme tief und ruhig und öffne deine Augen.

Adonai – Nokate – deine Freundin.

Mantra für Kinder

☆

"Gott und alle seine Helfer lieben mich so, wie ich bin. Ich bin ein Kind der Liebe."

☆

☆☆☆☆☆

HANNANE – PRIESTERIN DER LEHRER/ERZIEHER

Themen:

- Ich möchte das Wissen aufnehmen, das mich interessiert und mir Spaß macht.
- Ich habe Mühe, zu lernen und zu behalten.
- Ich kann mich nicht auf das Lernen konzentrieren.
- Es fällt mir schwer, anderen Menschen Wissen auf einprägsame Art und Weise zu vermitteln.
- Ich bin an so vielem interessiert und weiß nicht, wo ich beginnen soll.
- Ich fühle mich zu alt zum Lernen.
- Oft fühle ich mich zum Lernen gezwungen.
- Ich muss Dinge lernen, die mich nicht interessieren, nur weil es so sein muss.
- Oft fühle ich mich durch Wissen, Schule und Lehrer manipuliert.
- Man sagt oft, ich wäre faul, weil ich zu langsam lerne.

☆☆☆

Ich verneige mich vor dir und deinem Bewusstsein, das sich so viele Gedanken um seine Intelligenz macht. Zunächst einmal sollte dir klar werden, wie wichtig dir dein geistiger Fortschritt und dein mentales Training sind. Das ist erkennbar, auch wenn du manches Fehlergebnis zu bedauern scheinst. Wir wollen gemeinsam lernen, alles positiv zu sehen, denn nur dann ist eine gute Präzipitation möglich. Auch das Lernen und die Wissensaufnahme ist eine Präzipitation. Du hast dir lange vor deinem irdischen Denkprozess auf der feinstofflichen Ebene das Ziel gesetzt, im Rahmen deiner sich entwickelnden Intelligenz und der Kapazität deines Gehirns große Fortschritte zu machen. Für alle Menschen ist es somit von elementarer Wichtigkeit, zu erkennen, dass jede Intelligenz individuell ist. Das war schon in Atlantis so. Auf anderen Planeten konnte und kann man noch immer entdecken, dass es auch in diesem Bereich eine enorme Gleichschaltung gibt. Wie in vielen Bereichen hat auch diese fatale und unbewusste Rückerinnerung Fuß gefasst und trägt seit langer Zeit ihre Früchte.

Erkennt die mangelnde Logik, dass alle in das gleiche System zu pressen sind. Das ist eine äußerst krankhafte und respektlose Haltung gegenüber eurer Individualität. Vielen, die heutige Schulsysteme mit entwickelt haben und sie befürworten, werden meine Worte als Beleidigung erscheinen. Dort liegt ihr Auftrag im Sinne der Transformation.

Du erkennst in deinem Unterbewusstsein den Bedarf, ein altes Muster zu klären. Wende dich der goldgelben Flamme der Weisheit zu. Sie hat den Auftrag, Unwissenheit, Skepsis, mangelndes Verständnis und wohl erkannte, geistige Müdigkeit in Energie zu verwandeln. Daraus resultiert dann eine nährende Asche, das Gold deines Verstandes. Wir sprechen hier bewusst von der Materie, nicht von deinem Geist, denn dieser erkennt ja mit dir gemeinsam den Mangel. Es ist dein Mentalkörper, der in sich auch den karmischen Ursprung der Degeneration gespeichert hat. Wie sagt der Mensch? "Das Schicksal setzt den Hobel an und hobelt alle gleich."

Lange Zeit galt diese Form des mentalen Schicksals, bis ein Zeitalter der Transformation seine Schatten vorauswarf. Schon vor einiger Zeit inkarnierten Seelen, die sich dieser Aufgabe voll bewusst waren und sind. Auch eure "neuen" Kinder wissen um diese Tatsache. Du trägst mit in dir den göttlichen Auftrag der notwendigen Klärung des mentalen Netzes. Ich gab euch schon viele Anleitungen und Ratschläge, habe also keinen Bedarf der Wiederholung. So mag sich der Auftrag seinen Platz in der Realität erobern. Durch deine formulierten Themen hast du ihm Platz gemacht. So dringt er ein in die irdische Zielsetzung.

Es wird dir bewusst, dass du dir vor langer, langer Zeit dieses Ziel im Geistigen gesetzt hast. Immer wieder hast du den Versuch gestartet, dich mental zurück zum Ursprung zu entwickeln. So viele Kammern deines Gehirns stehen noch leer. Trotzdem gibt es ganz viele, die angefüllt sind mit einem reichen Vorrat an wunderbarem Wissen.

Die leerstehenden Kammern rufen nach Aktivität. Es ist Zeit für die Ernte. Das goldene Korn will gelagert sein, bevor die Natur das Scheunentor zum Schließen zwingt.

Sieh dich nicht als kleinen Bauern, der mühsam sein Korn sät, kultiviert, schneidet und in den Speicher schleppt. Betrachte dich als Gutsherr, über Generationen hin in diese Fülle geboren. Er weiß sein Gut zu lenken, indem er denen Arbeit gibt, die sich noch auf dem Wege der Entwicklung befinden. Er selbst muss weiter denken, das Wirken vieler Beteiligten, und seinen Verstand zum Wohle aller einsetzen. Erkennt er einen, der sich beweist als guter Mitdenker, wird er ihn fördern und neu betrachten. Dann beginnt er zu delegieren und nimmt sich Zeit für neue Ziele und Gedanken. Jeder hat sein Wachstum erfahren, ganz auf seine Weise. So wird ein jeder frei, auch vom Zwang der Materie und von der Illusion von Raum und Zeit. Auch du darfst das lernen. Deine Existenz und dein Verstand sind nicht nur ein Werkzeug des hellen Tages. In jeder Sekunde deines Daseins bist du eingestellt auf bestimmte Schwingungen, die dein Mentalkörper wahrnimmt. So hat auch jede Tageszeit ihr Potenzial. Nimm dir also nicht selbst die Chance, noch unbetretene Kammern zu öffnen. Blicke hinein und entdecke dein unverstaubtes und vollkommen reines Gedankengut, all deine Talente und vor allem deine Fähigkeit, klar und strukturiert zu unterscheiden, wo du dich sehr lange angepasst und selbst begrenzt hast.

Neben diesem Gedankengut ist dort gleichzeitig deine Neugier zu finden. Weißt du, sie hat einen Logenplatz in deinen Kornkammern. Sie schaut von oben herab, hat es sich auf dem Heuboden ganz bequem gemacht. Man hat sie ja nie hervorgelockt, aber auch nicht vertrieben. Sie konnte sich gut ernähren von all den Vorräten. Niemand ist gekommen und hat ihr erzählt, dass es draußen den Wandel der Zeiten gibt. Sie weiß ja noch gar nicht, dass die Nacht so produktiv sein kann wie der Tag. Sie hat sich erfolgreich dem Müßiggang verschrieben. Doch war das ein intelligenter Schachzug deines Verstandes. Nachdem sie so lange ruhte, müssen ihre Fähigkeit der Konzentration und ihr Wunderwitz ungebremst sein. Du siehst, auch die Ruhe vor dem Sturm hat ihre Geduld und Vorbereitungszeit. Der Sturm deines Verstandes wird niemals Staub aufwirbeln, weil es ihn dort nicht gibt. Was mag er wohl aufwirbeln? Die Zellen und gleichzeitig die Antennen, die sich biegen werden vor Energie und Tatendrang, um sich mit den Zellen zu verbinden für den reaktivierten Austausch und den Speichervorgang. Dein Korn wird gut gemischt, auf dass es eine neue Rezeptur deiner Intelligenz geben möge. Diese Rezeptur ist äußerst vielversprechend, denn sie nährt auf eine neue Art und Weise. Weniger ist oft mehr. Deine mentale Nahrung wird gezielter, aufbauender und kann dich somit länger aktiv und vor allem weise werden lassen.

So möchte ich dir helfen, deinen Weg der Intelligenz und des Lernens wieder zu finden. Du wirst deine Essenz begreifen als dein Wachstum. Dann bist du original und vor allem nicht kopierbar. Dein mentaler Bereich ist unverwechselbar und gespeist vom Verstandesreichtum vieler Zeitalter. In jeder Sekunde deiner Existenzen dachtest du anders als alle deine Mitstreiter. Du lerntest anderes als sie. Selbst gleich Gehörtes wurde zum differenzierten Ergebnis und hat sich so eingeprägt. Ich zeige dir DEINEN Weg der Weisheit, des Lehrens und des Lernens. Mögest du deine Erkenntnis einfließen lassen in alle Bereiche deines Denkens und Seins. Nimmst du meine Einladung an?

EINSTIMMUNG (siehe Seite 15)
MEDITATION

Ich grüße dich auf deiner Reise zu dir selbst. Beachte, dass wir bei allen Schritten, die wir unternehmen, deinen Verstand als wichtigen Partner einzubinden haben. Er ist der Motor deines Gehirns im Sinne deiner Intelligenz.

Du nimmst ganz klar wahr, wo du dich befindest. Unter dir verwandelt sich das schäumende Meer in einen weißen Sandstrand, und du begibst dich weiter in das Landesinnere von Atlantis. Du brauchst keine Helfer, um mich zu finden.

Ruhe.

Vor dir öffnet sich eine weite, fruchtbare Ebene mit einer Farben-

pracht, die für dich ungewohnt ist. Exotische Pflanzen und Gewächse empfangen dich mit ihrer Leuchtkraft. Es fällt dir auf, dass strahlend gelbe Pflanzen dominieren. Du kommst nun langsam an und lässt dich auf einer bemoosten Fläche nieder. Ruhe dich aus und schau dich um.

Ruhe.

Nun erhebe dich, drehe dich nach links und gehe auf dem kleinen Fußpfad mitten durch die Farbenvielfalt. Bereits nach kurzer Zeit lichtet sich die Pflanzenwelt und du stehst vor einem gläsernen Gebäude, das sich über zwölf Etagen erstreckt, die terrassenförmig angelegt sind.

Ruhe.

Von außen kannst du nun alles in Ruhe betrachten. Du siehst viele menschliche Wesen, die genau wie du hierher gekommen sind, um einzutauchen in unsere Lehrmethoden. In jeder Etage meiner Universität befassen wir uns mit Wissen, das jeweils einem Strahl gewidmet ist. Dann ist jede Etage wiederum in viele Vorlesungsräume aufgegliedert. Auch siehst du dort die Räume für das körperliche Wohlergehen, die Meditationen, Massagen, Nahrungsaufnahme und was wir alles so haben. Gewinne also deinen Eindruck und lege ihn ab in deinem Gehirn.

Ruhe. (Längere Pause)

Du steigst nun einige Stufen hinauf. Auch sie sind aus Glas. Unter ihnen kannst du schillernde Wasserfälle und exotische Pflanzen und Fische beobachten. Du kommst oben an und hast mich noch gar nicht gesehen. Ich heiße dich willkommen und umarme dich.

Ruhe.

Komm, lass uns eintreten in mein Reich. Du wirst dich gleich wohl fühlen, ich weiß es. Möchtest du dich zunächst einmal erfrischen? Aber ja, zögere nicht. Hier kann das Vergnügen der Arbeit gerne vorausgehen. Siehe dort den mächtigen Springbrunnen. Gehen wir hin. Nimm den bereitstehenden Kelch aus Gold und fülle ihn mit Wasser. Lass es dir schmecken. Du wirst einen wunderbar leichten Limonengeschmack feststellen. Er erfrischt Körper, Geist und Seele.

Ruhe.

Nun, bist du bereit, dich zu orientieren? Stell den Kelch zurück und folge mir. Wir gehen gemeinsam auf ein Tor zu, das im goldgelben Licht erstrahlt. Wenn wir nun in dem Tor stehen, hast du Gelegenheit, die goldgelbe Flamme der Weisheit in dein Scheitelchakra einzuladen. Tue es auf deine Art und Weise. Ich werde es dir nicht vorschreiben. Gib gleichzeitig deinem Gehirn die Anweisung, sich zu öffnen für die Strahlung dieser weisen Energie. Es ist dies deine erste Handlung, an die du dich schnell erinnern wirst. Beginne.

Ruhe. (Längere Pause)

Dein Gehirn ist nun in der Lage, sich anzupassen an diese hohe Energie. Bitte nun alle Kammern deines Gehirns, sich einzustellen auf die Eindrücke, die sie erhalten. Gleichzeitig kannst du dann wahrnehmen, wie sich die Antennen in deinen Gehörgängen aufrichten und in eine spürbare Spannung gehen.

Ruhe.

Wenn du bereit bist, treten wir wieder auf der anderen Seite aus dem Tor heraus. Du hast nun Eintritt erlangt in die unbegrenzte Weisheitsschule von Atlantis. Ich werde dich in den Vorlesungssälen nur noch mental begleiten, und zwar rein in Gedankenform. Du wirst mich dort nicht mehr sehen oder physisch hören. Du weißt, mit welchem Ziel und Aufgabengebiet du zu mir kamst. Ordne es nun spontan einem bestimmten Strahl zu. Nimm dir Zeit.

Ruhe.

Nun gehe ganz in Ruhe in das Stockwerk, das dem Strahl zugeordnet ist. Obwohl alles aus Glas ist, findest du doch die Farbe überall wieder. Schau dich dort um und nimm für dich in Anspruch, was dir gut tut. Du darfst den Lehrern zuhören, Fragen stellen, diskutieren oder selbst dein Wissen zum Besten geben. Wenn dir danach ist, verlasse den Klassenraum und wende dich der Erholung zu. Aber sei immer konzentriert, gleich was du tust. Wechsele nicht die Etage, das wäre zu viel. Sei genügsam, weniger ist mehr. Also, worauf wartest du? Ich werde dich beobachten und dir nötige Hinweise über Impulse schicken. Nur Mut, du bist hier erwartet und willkommen.

Ruhe. (Lange Pause mit leiser Musik im Hintergrund, die zum Konzentrieren geeignet ist. Die Teilnehmer im Vorfeld schon zum Notieren auffordern.)

Ich sehe, es geht dir sehr gut. Du bist überhaupt nicht müde. Aber dennoch wird es Zeit für dich, uns zu verlassen. In der Materie wärest du schon längst nicht mehr fähig, dich zu konzentrieren. Das Wissen wurde dir in sehr komprimierter Form vermittelt. Bedanke dich bei allen Lehrern und verlasse deine Etage. Kehre zu mir an das Tor zurück.

Ruhe.

Ich habe hier auf dich gewartet. Jetzt kannst du mich wieder wahrnehmen. Ich bin stolz auf dich. Du warst perfekt.

Wir gehen nun wieder gemeinsam durch das Tor. Wir bleiben wieder in dem Tor stehen. Übergib deinem Verstand den Schlüssel zu deinen Kammern und sprich die Worte:

Der göttliche Aspekt der Weisheit möge dieses Wissen für mich hüten. Er möge es mir schenken in seiner unversiegbaren Fülle in jedem Moment der Notwendigkeit. Ich bin weise.

Ruhe.

Treten wir wieder auf der anderen Seite aus dem Tor hinaus. Fülle noch einmal deinen Kelch mit dem Wasser aus dem Springbrunnen. Es schmeckt nun nach frischer Minze, die dein Halschakra und deine Atmungsorgane reinigt und dir die absolute Klarheit bringt. Du atmest frei und fühlst die Kraft des gelehrten Ausdrucks in dir hochsteigen.

Ruhe.

Ich hoffe, du hast deinen Aufenthalt hier genossen und erwägst, wieder hierher zu kommen. Wir sind dir jederzeit zu Diensten. Ich muss dich nun entlassen. Gehe zurück und steige die Stufen aus Glas hinunter. Wandele wieder den Fußweg zurück und starte deine Heimreise über die Meere. Ich werde dich niemals vergessen und freue mich auf ein Wiedersehen.

Ruhe.

Finde dein Körpergefühl wieder und atme tief und fest ein und aus. Fühle deine Wurzeln in der Erde. Du bist wieder in dir.

Adonai – Hannane – deine Freundin.

Mantra

☆

"Vater aller Dinge, erfülle alle meine Sinne mit der goldgelben Flamme der Weisheit. Lasse mich sein, der/die ich war und bin. Zeige mir den Weg der zwölf Tugenden."

☆

Text von Hannane für Kinder

Nun, mein Kind, ich bin Hannane, eine Lehrerin der atlantischen Schule. Wie sieht es bei dir aus? Gehst du gerne zur Schule, oder wärest du manchmal froh, sie endgültig verlassen zu können? Weißt du, ich kann dich gelegentlich verstehen. Das heißt nicht, dass ich dich dabei unterstützen möchte, die Schule zu schwänzen oder einfach nicht mehr hinzugehen. Das wäre nicht normal. Nein, es geht darum, Verständnis für deine Meinung über die Schule zu haben.

Aber sicherlich gibt es doch auch Fächer, die dir Spaß machen. Und doch muss alles gelernt werden. Ja, das ist euere Kultur. Sie ist seit Jahrtausenden so gewachsen. Alle müssen das Gleiche lernen, und dann wird man sehen, wer der oder die Beste ist. Dann gibt es gute Zeugnisse und Belohnungen, und wer es niemals lernt, wird im Leben immer hintenanstehen.

Viele Kinder sind darüber sehr traurig und fühlen sich überfordert. Geht es dir manchmal auch so? Nun pass auf. Das Wissen und die Weisheit der Menschen ist uralt. Lass uns beidem eine Farbe zuordnen. Diese Farbe ist goldgelb, und sie heilt alles, was den Menschen von seiner Weisheit trennt. Manche zweifeln immer. Andere können Dinge einfach nicht begreifen oder sie sind des Lernens müde. Du kannst dir diese Farbe wie eine Flamme vorstellen, die jedoch nichts Böses will, sondern die heilt.

Jeder Mensch hat einen sogenannten Mentalkörper. Dort denkt der Mensch und versteht, was man ihm sagt, oder was er zum Beispiel liest. Man sagt auch "Verstand" dazu. Dein Gedächtnis und auch deine Erinnerung sind ein Teil davon.

Wenn nun ein Mensch geboren wird, hat er in seinem Mentalkörper ganz viele Erinnerungen, auch an frühere Leben, gespeichert. Diese Erinnerungen braucht er, um dieses heutige Leben gut zu gestalten. Und so weiß auch dein Mentalkörper zum Beispiel, dass du in früheren Leben, vielleicht in Atlantis, ganz anders gelernt hast. Im Vergleich zu heute war das viel leichter und lustiger. Und deshalb will er auch dein spezieller Freund sein und dich dazu bringen, zu versuchen wieder so zu lernen wie damals.

Jetzt stell dir einmal vor, in deinem Gehirn dürftest du auf die Schatzsuche gehen, und alles, was du dort finden würdest, wäre einmalig und würde dich zu einem reichen König oder einer Königin machen. Wäre es nicht toll, sofort mit der Suche zu beginnen? Das ist natürlich symbolisch gedacht, aber dennoch bist du reich und klug. Stell dir also vor, es gäbe in deinem Gehirn ganz viele Schatztruhen. In vielen liegen Goldmünzen versteckt, die alle dir gehören. Diese Münzen stehen für deinen Wert und deine Intelligenz. Du weißt, wenn du dich anstrengst, viel Interessantes lernst und einmal eine tolle Arbeit machst, kannst du auch sehr reich werden. Dann gibt es aber auch Truhen in deinem Gehirn, die noch leer sind. Du hast dir für dieses Leben vorgenommen, sie zu füllen. So wird es für dich sehr wichtig, gemeinsam mit deinen Eltern und Lehrern zu überlegen, was dir wirklich Freude macht zu lernen. Wenn du einen bestimmten Beruf als Traum hast, dann sprich mit ihnen darüber und bitte sie, dir dahin zu helfen. Es sind Zeichen deiner Talente. Verfolge sie und werde niemals müde darin.

Du solltest auch ruhig neugierig sein, damit du vieles ausprobieren kannst. Gehe gemeinsam mit anderen zu den Lehrern und macht gute Vorschläge, wie man den Unterricht schöner und interessanter gestalten kann. Wann immer es geht, beteilige dich und kritisiere auch. Aber bleibe immer höflich und denke in Ruhe nach, bevor du sprichst. Dabei bitte immer die goldgelbe Flamme der Weisheit, dich zu unterrichten. So wirst du intelligent, und die Erwachsenen werden dich erstaunt ansehen und nach deiner Meinung fragen. Du bist wichtig, denn du warst und bist anders als alle anderen. Auch ihnen geht es so. Jeder von euch, auch deine Eltern und Lehrer, hören alles anders und stellen sich die Dinge anders vor. Man nennt das Individualität. Sie bringt auch die Fantasie hervor und den Mut, etwas zu verändern. So habe also ruhig den Mut, intensiv auf das zuzugehen, was dir beim Lernen Freude macht. So wirst du viel mehr und besser lernen können, und das, was dir nicht so gut gefällt, wirst du auch lernen, aber es fällt dir nicht mehr so schwer. Möchtest du mit mir auf die Reise gehen und mich in meiner Schule in Atlantis besuchen? Ich zeige dir einen Weg, wie du dich selbst gut einschätzen kannst.

EINSTIMMUNG (siehe Seite 17)
MEDITATION

Sieh dich jetzt einmal genau um. Kannst du die vielen anderen Kinder erkennen, die alle gemeinsam mit dir nach Atlantis reisen? Sie haben sich genau wie du auf diesen Weg gemacht. Die Engel verteilen sich jetzt, und jeder von ihnen nimmt ein Kind an der Hand. Auch du bekommst einen Engel zugewiesen. Schau, er nimmt deine Hand und hält dich ganz fest. Sein Name ist Seraphim. (Wenn es mehrere Kinder sind, kann der Engel die ganze Gruppe führen!) *Freunde dich in Ruhe mit ihm an.*

Ruhe.

Langsam nähert ihr euch der Erde, und wie kleine Fallschirmspringer lauft ihr, wenn ihr gelandet seid, ein Stück. Dann setzt euch hin, um auszuruhen.

Ruhe.

Jetzt steht ihr langsam wieder auf und geht ein Stück gemeinsam spazieren. Riechst du die wunderschönen Blumen um dich herum? Schau mal, da ist ein ganzes Feld mit gelben Stiefmütterchen. Und jetzt geht ihr durch einen Garten, der voll gelber Rosen ist. Im Hintergrund kannst du viele Zitronenbäume erkennen.

Ruhe.

Jetzt endet der Weg und ihr steht vor einem wunderschönen Park. Hier ist die Schule für die Kinder. Die Erwachsenen gehen in ein Haus, aber ihr dürft im Freien lernen. Ist das nicht toll?

Die Sonne scheint und es ist wunderbar warm. Ich möchte dich und alle anderen Kinder mit ihren Engeln herzlich begrüßen. Erkennst du mich wieder?

Ich weiß, hier ist alles zuerst einmal neu für dich und anders. Und hier dürfen euch sogar Tiere beim Lernen begleiten. Weißt du was? Wünsche dir für deinen Besuch hier doch ein Tier, das dich begleitet. Habe keine Angst, du darfst frei wählen. Also, beginne.

Ruhe.

Nun seid ihr komplett. Seraphim, dein Tier und du. Vor dir siehst du nun viele große Terrassen. Der Fußboden, aber auch die Sitzkissen auf dem Boden und alles, was du dort sonst noch siehst, ist in der Farbe einer der zwölf Strahlen gehalten. Ich sage dir noch einmal die Farben: Blau, Gelb, Rosa, Weiß, Grün, Rot, Violett, Aquamarin, Magenta, Gold, Pfirsich und Opal. Schau dir alles genau an. Auch die anderen Kinder stehen da und betrachten alles. Kannst du sehen, was auf den Terrassen geschieht? Dort sind schon viele Kinder, die es sich auf den Sitzkissen bequem gemacht haben. Ihre Tiere und die Engel sind bei ihnen. Mitten unter ihnen sitzt ein Lehrer oder eine Lehrerin. Die Lehrer erzählen den Kindern etwas. Es wird viel gelacht, aber alle hören gespannt zu. Weißt du, alle Kinder haben sich hier die Terrasse ausgesucht, die ihnen am besten gefallen hat. Dort sind sie zunächst hingegangen. Auch du darfst nun mit deinem Tier und Seraphim dahin gehen, wo du dich hingezogen fühlst. Geh einfach los, und dann sucht euch ein großes Kissen aus, auf dem ihr gemeinsam Platz nehmt.

Ruhe. (Längere Pause)

Wunderbar, du hast eine gute Wahl getroffen. Jetzt kommt eine Fee zu dir. Sie trägt einen kleinen, goldenen Kelch vor sich her und reicht ihn dir mit einem Lächeln. Trinke ruhig etwas aus dem Kelch. Es schmeckt herrlich und prickelnd nach frischen Zitronen, aber nicht sauer. Genieße den Geschmack.

Ruhe.

Und nun höre hin, was der Lehrer in eurer Mitte erzählt. Es ist etwas, das dich schon seit einiger Zeit beschäftigt. Vielleicht auch etwas, das dir in deiner Schule auf der Erde nicht so leicht fällt? Höre einfach zu, was er euch sagt. Du wirst es nicht vergessen. Du darfst auch Fragen stellen oder dich melden, wenn du etwas zu sagen hast. Ich lasse dich jetzt in Ruhe.

Ruhe. (Lange Pause mit leiser Musik im Hintergrund, die die Konzentration erleichtert.)

Bist du müde oder hungrig? Möchtest du ein wenig spielen oder dich sportlich betätigen? Wenn ja, dann steh auf und geh mit deinem Tier und Seraphim dahin, wo du das findest, was du suchst. Der Park ist so groß, dass wir euch alles anbieten können.

Ruhe. (Längere Pause)

Nun, mein Kind, es ist genug für heute. Sieh mal, auch die anderen Kinder haben sich ein wenig erholt. Ihr alle habt viel gelernt, auch wenn dir die Zeit sehr kurz vorkam. Die kleine Fee kommt wieder bei dir vorbei und reicht dir noch einmal den goldenen Kelch. Trinke ruhig. Der Geschmack ist diesmal Pfefferminze, die dich so richtig erfrischt.

Ruhe.

Ich bin stolz auf euch. Du darfst, wie alle anderen auch, jederzeit hierher kommen, wenn du unsere Schule besuchen möchtest. Wir sind immer für dich da. Hier haben wir keine Ferien, denn wir werden hier nicht müde.

Zum Abschluss wollen wir noch eine kleine Übung machen. Ich habe dir ja von den Schatztruhen in deinem Gehirn erzählt, die noch leer sind. Alles, was du heute hier gelernt hast, wollen wir jetzt dort gemeinsam verstecken. Lege einfach alles in eine Truhe, die geöffnet ist, und mach langsam den Deckel zu mit den Worten:

Alles, was ich heute gelernt habe, wird mein Engel Seraphim für mich hüten. Wann immer ich das Wissen brauche, wird er meine Schatztruhe für mich öffnen. Ich habe viel dazugelernt.

Ruhe.

Und jetzt muss ich mich von dir verabschieden. Auch dein Tier sagt dir auf Wiedersehen und freut sich schon, wenn du wieder kommst. Es wird hier immer auf dich warten. Vielleicht hast du ihm schon einen Namen gegeben. Wenn nicht, dann tue es jetzt.

Ruhe.

Und nun verlasse mit Seraphim unseren Park. Komm wieder, wann immer du möchtest. Ihr geht wieder vorbei an den gelben Rosen und den Stiefmütterchen. Dann hebt dich Seraphim auf seine Arme und trägt dich wieder zurück nach Hause. Alle anderen Kinder begleiten dich mit ihren Engeln auf deiner Reise.

Ruhe.

Langsam kommst du wieder in deinen Körper zurück. Du wirst schwer und atmest ganz tief ein und aus. Du bist wieder daheim.

Adonai – Hannane – deine Freundin.

Mantra für Kinder

☆

"Ich bedanke mich für all das Wissen und die Weisheit in der Schule Gottes."

☆

☆☆☆☆☆

MENEDES – PRIESTER DES SCHUTZES DER UMWELT

Themen:

- Ich habe Angst um die Natur.
- Ich wünsche mir eine unberührte Natur zurück.
- Mensch, Tier, Pflanze und Mineral sollen wieder im Einklang sein.
- Die ursprüngliche Reinheit soll wieder geschaffen werden.
- Wie können wir die Erde retten?
- Ich vermisse den Frieden in der Natur.
- Was kann der Einzelne tun, um der Natur zu helfen?

☆☆☆

Es ist mit keinem Reichtum der Erde aufzuwiegen, dass gerade du dir Gedanken um die Natur machst. Deine Ängste und Zweifel bereichern den Willen der Menschheit zur Umkehr. Du musst erfahren, dass diese Gedanken ihren Niederschlag im morphogenetischen Netz suchen. Dort setzen sie viele Wirkungen frei. Alleine dieser Beitrag deiner selbst ist von unschätzbarem Wert. Er erzeugt ein Wachstum und trägt damit zum kollektiven Wunsch der Regeneration bei.

Es ist wichtig, dass du lernst, dich als Teil dieser von dir so ängstlich betrachteten Natur zu erkennen. Alles, auch du, besteht aus Zellen. Wird also ein Gift freigesetzt, leiden sämtliche Zellen der Existenz, wann immer dies auch festgestellt wird. So ist deine Angst um die Natur gleichzeitig die Angst um dich selbst. Alles ist ein Spiegel. Das, wovor du Angst hast, bist immer du selbst. Du magst nun sagen, das ist eine Symbolik, aber so wird es nicht gesehen. Wenn du Angst davor hast, dass die Natur zerstört wird, dann weißt du, dass man dir selbst die Grundlage zum Leben entzieht. Also wirst du selbst zerstört. So ist dein Wunsch, eine gesunde Natur vorzufinden, dein eigener Überlebenswille. Nur wenn sie gesund erscheint, wirst auch du dich gesund fühlen. So trage dieses Wissen immer und überall in die Welt.

Wie ich schon sagte, wenn sich die Theorie bestätigt, ist es zu spät. So ist es mit allem in der menschlichen Existenz. Eure Ängste und Zweifel mahnen euch zur Umkehr in die positive Richtung, auch wenn es schwer erscheint. Sei gewiss, wir sehen jeden Gedanken und Willen. So wird ein solches Werk niemals ohne Lohn bleiben.

Alles besteht aus Energie, das heißt, aus Energiekörpern. Nicht nur der Mensch hat eine Aura, das ist dir bekannt. Also wird auch alles, was ist, auf Gedanken, Emotionen und Handlungen reagieren. Alles, was ist, schwimmt auf einer einzigen Welle des Erkennens. Gib zwei verschiedenen Menschen den Kern einer Sonnenblume in die Hand und bitte sie, diese Kerne in ihrem Wachstum zu begleiten. Der eine Mensch sieht die Sonnenblume als langes, staksiges Gebilde, das man irgendwann in die Nahrungskette einreiht, indem man es vollkommen zerstört. Er überlegt, wie sie wohl seinen Garten verschandeln mag, wenn sie ihre ausgewachsene Höhe erreicht hat. Der andere Mensch freut sich über diese Blume der Sonne. Liebevoll hegt und pflegt er den Kern und schaut täglich nach, wie weit das Wachstum fortgeschritten ist. Er spricht vielleicht mit ihr und heißt sie in seinem Garten willkommen. Im Geiste tut es ihm schon weh, wenn er daran denkt, dass sie eines Tages sterben wird, wenn sie ihre Blüte vollbracht hat.

Was denkst du, was geschieht? Obwohl wir die gleichen Kerne verteilt haben, werden sich beide Blumen sehr unterschiedlich entwickeln. Die erste wird sehr verhalten sein und sich nicht trauen, ihre volle Höhe zu erreichen, denn sie stört ja dann den Frieden. Die andere wird stolz und mächtig ihren Raum einnehmen und sich freundlich im Wind bewegen.

Auch du empfindest dich als gut und wertvoll, wenn man dich in deiner Daseinsform unterstützt und wertschätzt. So reagiert alles in der Natur aufeinander.

Da der Mensch mit einem Verstand ausgestattet ist, liegt es auf der Hand, dass er vielem überlegen scheint. Dieser Gedanke macht ihn auch noch stolz und verleiht ihm Rückgrad. Dabei ist dieser energetische Bereich nicht immer von Vorteil, vor allem dann, wenn er zerstörend wirkt. So kann man sagen, die übrige Natur hat dem Menschen viel voraus, oder was sagst du dazu? Siehe, die Natur, ob Pflanze, Tier, Mineral, ist nur in der Lage, sich ihrer reinen Aufgabe zu widmen. Diese kann niemals negativ sein, da die Manipulation eine Sache des Verstandes ist. Kommt nun ein Element dazu, das vom Verstand gesteuert ist, entsteht die Handlung als Gegenwehr im Sinne der Emotion oder des Rückzugs. So lernte die Natur, sich dem Verstand des Menschen zu widersetzen, ist sie doch nur zu Emotionen und Handlungen fähig.

Schau, ein Schwein wird in einer Ansammlung von Menschen sofort einen Metzger erkennen können, selbst wenn er im Frack vor ihm erscheint. Es spürt seine Gedanken und die fehlgeleitete Energie der Zerstörung. Sofort wird es sich ängstlich entfernen. Der Blick für die Natur und alles, was zu ihr gehört, muss neu geschärft werden, so wie ein Schwert, das niemals zum Kampf aufruft.

Sieh dich um in der Natur und entdecke ihre Freundschaft. Lass dem Berg seine Höhen und Tiefen. Nutze ruhig die schönen grünen Wiesen, doch reinige sie nicht wie einen Teppich. Liebe das Tier, doch siehe in ihm einen Freund und nicht dein Nahrungsmittel. Jedem menschlichen Freund gönnst du das gleiche wie dir selbst. Dann bist du ein echter Freund. So schaue der Natur gleichsam ins Auge. Zertrittst du eine Blume am Wegesrand, trittst du einen Freund mit Füßen. Setzt du ein Tier auf der Straße aus, weil es dir lästig wurde, verletzt du deinen besten Freund tief im Herzen. Schüttest du Gift ins Wasser, vergiftest du einen wahren Freund. Baue eine Mühle um und über einen Bach, und du wirst einen ewigen Freund gewinnen. Stelle eine Bank unter einen uralten Baum, und du wirst niemals ohne kühlen Schatten sein. Selbst der Blitz und der Regen werden dich niemals finden. Schaue einem Löwen vertrauensvoll in die Augen, und er wird dein treuer Begleiter sein. Bedanke dich täglich bei deinem Garten, und er wird dich erfreuen mit seinem farbenprächtigsten Kleid. Denke in Liebe an die Vögel, und du wirst sie scharenweise in den Bäumen deines Gartens begrüßen dürfen. Ehre jeden Getreidehalm auf den Feldern, und du wirst niemals Hunger leiden. Liebe die Erde, und sie führt dich heim zur Mutter. Du bist die Erde, du bist die Natur, und nur du entscheidest wie Milliarden anderer über ihr Ende. Sie hat dich losgelassen, damit du lernst, gleichzeitig zu ihr zurückzukehren. Diese Wurzeln wirst du erst dann herausreißen können, wenn du gelernt hast, mit dieser Mutter zu verschmelzen. Alles ist eins. Und eins ist alles.

Darf ich dir zeigen, wie leicht dies alles einmal für dich war? Dann komm mit mir auf die Reise.

EINSTIMMUNG (siehe Seite 15)

MEDITATION

Du bist sozusagen auf einer Zeitreise. Wir unternehmen nun gemeinsam diese Reise in deine eigene Vergangenheit. Dabei habe ich zur Kenntnis genommen, dass du bereit bist, dich auf deine uralte Verhaltensweise in der Natur zu besinnen. Bedenke jedoch, dass du deine künftige Einstellung zur Natur durch diesen Besuch unter Umständen verändern musst. Ich war in Atlantis überall zu Hause. Die Natur schenkte mir ihre Gastfreundschaft. So will ich auch dich einladen, mir dort Gesellschaft zu leisten.

Du bist also unterwegs nach Atlantis und kommst dort zur Zeit der aufgehenden Sonne an. Unter dir erstrahlt alles in einem sich sanft erhellenden Licht. Schau, mein Falke begleitet dich. Du kannst ihm ruhig deinen rechten Arm als Ruheplatz anbieten. Er ist dir dafür dankbar.

Ruhe.

Das Meer unter dir verwandelt sich in sanfte Dünen. Pelikane schließen sich dir an. Sie schweben mit dir gemeinsam zu Boden. Während du unter deinen bloßen Füßen die warme Erde fühlst, sieht dich mein Falke neugierig an. Sein fragender Blick will sagen: Willst du mir folgen? Ich weise dir den Weg.

Ruhe.

Die atlantische Natur erwacht. Du durchquerst die Dünen und erreichst eine wunderbare Landschaft. Pinienwälder öffnen dir ihre wei-

chen Wege. Der Boden ist mit Moos bewachsen und weich wie ein dicker Teppich. Er ist warm und gleichzeitig kühl, einfach deiner Körpertemperatur entsprechend. Es riecht erdig um dich herum. Es ist ein kleines Wäldchen, durch das dich mein treuer Freund führt. Er fliegt dir voraus. Dabei schaut er sich immer wieder fürsorglich um, ob du ihm auch wirklich folgst. Sieh dich um und schärfe deinen Blick.

Ruhe.

Du trittst aus dem Wäldchen heraus. Es wird hell und angenehm warm. Eine traumhafte Pflanzenwelt öffnet für dich ihre Pforten. Leuchtende Farben und riesige Blütenkelche blenden deine Augen. Goser, so heißt mein Falke, verlässt dich jetzt. Du wandelst nun durch eine kleine Allee aus strahlenden Königskerzen. Sie begrüßen dich in Augenhöhe. Sind sie nicht würdevoll?

Ruhe.

Vor dir taucht ein riesiger Mammutbaum auf. Dort warte ich auf dich. Komm zu mir und lasse dich herzlich begrüßen. Ich kann dein Gefühl der Freiheit spüren. Es macht mir Freude, dich wieder mit allem zu konfrontieren. Ich will deinen Blick wieder öffnen für die Schönheit der Erde. Setze dich neben mich und fühle dich ein in meine Welt. Ich lasse dir Zeit.

Ruhe.

Nun wollen wir uns aber auf den Weg machen. Stehe auf und reiche mir deine Hand. Wir wandeln gemeinsam durch meinen Naturpark. Langsam gewöhnen sich deine physischen Augen und auch dein Drittes Auge wieder an Atlantis. Ich sehe dich blinzeln. Du irrst dich nicht. Um uns herum nimmst du die Devas und Gnome wahr. Ich weiß, all das war dir lange Zeit verborgen. Jetzt darfst du deinem kindlichen Blick wieder freien Lauf lassen. Sprich, lache und tanze mit ihnen. Sie freuen sich so über deinen Besuch.

Ruhe. (Längere Pause mit leichter Musik)

Hast du auch ihre Warnungen vernommen? Sie können auch sehr ernsthaft sein, wenn es um ihr Zuhause geht. Wir wenden uns nach links. Siehst du den riesigen Bergkristall, aus dem eine Quelle sprudelt? Gehe hin und genieße das reine Wasser. Niemand wird diesen

Stein zerschlagen und sich an ihm bereichern. Er ist hier zu Hause.

Ruhe.

Komm weiter mit mir. Schau, da vorne kannst du einige Kinder beobachten, die gerade ihren Tag begonnen haben. Du brauchst keine Angst um sie zu haben, wenn du siehst, dass sie mit einem Löwen spielen. Siehst du das kleine Mädchen, das dem Tier, das größer ist als sie, aus einer Kokosnuss zu trinken gibt? Außerdem erzählt sie dem Tier "wichtige" Dinge. Es ist herzig anzusehen. Da kommt ein großer Bär. Keine Angst, er hat dich wiedererkannt. Ich bin ja da. Hast du den Mut, auf ihn zuzugehen? Wenn ja, folge deinem Gefühl.

Ruhe.

Sprich ganz leise mit ihm. Achte darauf, ob du seine Laute verstehen kannst. Fasse ihn ruhig an. Ist dir sein Fell noch vertraut? Es war ihm wichtig, dir noch einmal zu begegnen, um mit dir Frieden zu schließen. Lass ihn in Ruhe ziehen.

Ruhe.

In deiner Gerührtheit bist du leider auf eine gerade erblühte gelbe Rose getreten. Hier haben die Rosen keine Dornen. Lady Nada pflückt noch immer ihre Rosen in meinen Gärten. Doch nimmt sie nur die Energie und materialisiert sie dann in ihren Händen. Diese Rosen mussten sich nie wehren gegen Vernichtung. Was wollen wir jetzt mit ihr machen? Sie ist noch viel zu jung zum Sterben. Lerne, sie zu heilen. Ich gebe dir die Kraft dazu. Entschuldige dich bei ihr für deine Unvorsichtigkeit und nimm ihren Kopf in deine rechte Hand. Sprich auf deine Weise mit ihr, und du wirst sehen, wie sie sich wieder aufrichtet.

Ruhe. (Längere Pause mit Musik)

Das hast du wunderbar gemacht. Schau, wie schnell wurdest du zum lebendigen Teil dieser natürlichen Welt. Alle waren eins und konnten sich verständigen. Du lässt sie leben, und sie lassen dich dein Leben genießen. Jeder respektiert den anderen. Habe ich nicht eine wunderbare Aufgabe? Ich habe sie niemals verlernt, musst du wissen. Atme tief ein und empfinde den erfrischenden Geruch dieser friedlichen Natur.

Ruhe.

Ich denke, es ist genug für heute. Du hast bewiesen, wie wichtig für dich die Natur ist. Es war eine große Prüfung für dich. Wann immer du die Natur so wahrnimmst wie heute, denke an meine Worte:

Ich bin ein Teil der göttlichen Schöpfung, wie jedes Tier, jede Pflanze und jedes Mineral. Gott hat mich ausgestattet mit der großen Verantwortung für das Miteinander dieser einzigartigen Natur. Ich will sie schützen und pflegen. ICH BIN.

Schau, wir sind wieder vor dem Pinienwäldchen angekommen. Goser sucht wieder seinen Platz auf deinem Arm. Lasse dich noch einmal umarmen.

Ruhe.

Er soll dich wieder zu den Dünen begleiten. Also gehe und komm gerne wieder. Nächstes Mal begegnen wir vielleicht anderen Tieren, Pflanzen oder Mineralien.

Ruhe.

Kehre nun zurück in deinen Körper und nimm ihn wahr mit all seinen Zellen. Schlage tiefe Wurzeln in die Erde und atme tief in alle Chakren.

Adonai – Menedes, dein alter Freund.

Mantra

☆

"Vater aller Dinge, schenke mir meine alte Liebe zur Natur. Hilf der Weisheit in mir, diese Liebe wieder erblühen zu lassen. Zeige mir den Weg der zwölf Tugenden."

☆

Text von Menedes für Kinder

Nun, mein kleiner Freund, meine kleine Freundin der Natur, es tut mir gut, mich mit dir ein wenig unterhalten zu können.

Weißt du eigentlich so genau, was Natur bedeutet? Woraus besteht die Natur der Erde? Sicherlich hast du in der Schule oder von deinen Eltern schon viel darüber erfahren.

In Atlantis bedeutete Natur etwas ganz Besonderes, musst du

wissen. Die Menschen dort, vor allem auch die Kinder, lebten so wunderbar mit den Bäumen, Tieren, Pflanzen, Edelsteinen und der ganzen Erde, dass sie nie vergaßen, wie wichtig ihr Schutz für sie war. Sie bemerkten sofort, wenn mit ihnen etwas nicht in Ordnung war.

Etwas konnten die Atlanter noch sehr gut, nämlich mit den Zwergen, Feen und Naturgeistern sprechen, tanzen, singen und lachen. Alles wurde in Atlantis rein gehalten, auch das Wasser, die Wälder und die Gärten. Die Menschen von heute haben im Laufe der Jahrtausende sehr vieles in der Natur zerstört. Sie pflücken die Blumen und schlagen die Bäume, ohne sie zu fragen, ob sie dazu bereit sind. Wenn sie sie fragen würden, bekämen sie immer ein Nein als Antwort. Eine Blume oder ein Baum stirbt von selbst, wenn es soweit ist, genau wie ein Mensch.

Und so veränderte sich irgendwann auch der Kontakt der Menschen zu den Tieren. Wir in Atlantis liebten das Tier so wie den Menschen und hatten Respekt vor ihm. Deshalb waren auch alle Tiere zahm, sogar die Löwen und Tiger. Eine Pflanze oder auch ein Tier empfindet Schmerzen, Freude und Trauer wie ein Mensch.

Vielleicht hast du schon einmal davon gehört, dass Menschen Tiere einfach an der Straße aussetzen, wenn sie in Urlaub fahren, weil sie nicht wissen, wohin sie das Tier in dieser Zeit tun sollen. Was denkst du, fühlt so eine Katze, oder ein Hund, der vielleicht jahrelang mit den Kindern in dieser Familie gespielt und im Bett geschlafen hat? Er wird Heimweh haben und sich einsam und verlassen fühlen.

Es gibt auch Menschen, die in ihrem Garten wunderschöne alte Bäume haben. Sie spenden Schatten und erfrischen eure Luft zum Atmen. Irgendwann werden sie diesen Menschen dann zu langweilig oder zu groß. Dann werden sie einfach gefällt und weggeschafft. Wir sehen Kinder dann oft weinen, weil sie so gerne auf diese Bäume geklettert sind. Dort war vielleicht ein schöner Platz für ein Baumhaus. Dieser Baum muss sein Leben geben, weil er lästig geworden ist. Was denkst du, wie er sich fühlt? Und stell dir vor, manchmal lassen die Menschen die Wurzeln der Bäume einfach in der Erde stecken. Das ist gar nicht gut, weil die ganze Trauer des Baumes in die Erde fließt.

Seine Tränen gehen in die Erde, und niemand sieht es. Aber die Erde wird davon salzig und müde. Du weißt selbst, wie es ist, wenn man weint. Man wird sehr müde davon, und wenn man sich beruhigt hat, ist man froh, wenn man ein wenig schlafen kann.

Nicht zu vergessen die Erdgeister, Gnome und Elfen, die in den Bäumen leben. Du hast sie vielleicht schon einmal entdeckt oder dich mit ihnen unterhalten. Weißt du, sie leben oft schon in den Bäumen, wenn diese erst einen Tag gepflanzt sind. Sofort beziehen sie seine Umgebung, seine Äste, damit sie später wunderschöne kleine Wohnungen in den Baumkronen haben. Von dort aus beobachten sie Mensch und Tier. Sie hegen und pflegen den Baum und arbeiten von dort aus für die ganze Natur. Dort sind sie geschützt und haben einen guten Überblick. Jetzt kannst du dir vorstellen, was geschieht, wenn so ein Baum plötzlich gefällt wird. Es ist, wie wenn jemand eines morgens bei euch zu Hause auftaucht und euer Haus einfach abreißt. Ein Bagger fährt in dein Zimmer und zerstört alles. Wie, glaubst du, würden deine Eltern und du reagieren?

Und genau so geht es allen Bewohnern der Bäume, auch den Vögeln, die dort ihre Nester mit ihren Jungen haben. Wo sollen sie so schnell hin? Alles wird innerhalb von Minuten zerstört. So entsteht für den Menschen auch Karma gegenüber der Natur. Oft wäre es gut, ihr Kinder würdet den Erwachsenen dann erklären, dass sie gerade einen großen Fehler machen. Du wirst jetzt vielleicht sagen: sie hören ja doch nicht auf uns Kinder! Das mag im ersten Moment so aussehen, aber sei sicher, sie denken darüber nach. Vor allem wird es ihnen bewusst, wenn sie in ähnlicher Weise durch die Natur bestraft werden. Dann erinnern sie sich an eure Worte. Damit du sie besser warnen kannst, lade ich dich jetzt ein, mich in Atlantis zu besuchen. Ich zeige dir, wie du dort vor langer Zeit einmal gelebt hast. Wenn du willst, komm also mit.

EINSTIMMUNG (siehe Seite 17)
MEDITATION

Während du unter dir eine wunderschöne Strandlandschaft erkennst, bemerkst du neben dir einen Falken, der dich ganz lieb und freundlich anblickt. Sei ruhig, er ist ganz zahm und friedlich. Er heißt Goser und gehört zu mir. Ich habe ihn zu dir geschickt, damit er dich zu mir führen kann.

Langsam wirst du schwerer und näherst dich der Erde. Du landest jetzt sanft auf dem weichen, warmen Sand. Bleibe ruhig ein wenig sitzen und ruhe dich aus.

Ruhe. (Leise Musik mit Meeresrauschen)

Du musst wissen, hier ist es früh morgens, ganz gleich, wann du zu Hause gestartet bist. Die Natur beginnt aufzuwachen. Sieh mal, Goser sitzt neben dir und sieht dich fragend an. Er wartet, bis du ihm folgst. Also, wenn du so weit bist, steh auf und lass dich von ihm führen.

Ruhe.

Ihr geht zusammen los und kommt gleich zu einem riesigen Obstgarten. Kannst du mich sehen? Ich winke dir zu. Gehe durch das kleine Gartentor und komm her zu mir. Es ist ein wahres Schlaraffenland. Genieße dabei den Geruch all der Früchte, die du kennst.

Ruhe.

Goser fliegt jetzt davon. Er hat sich eine Pause verdient.

Hier wächst alles an Früchten, was du dir nur wünschen kannst. Hast du schon einmal einen Bananenbaum mit seinen großen Blättern gesehen? Ich zeige ihn dir. Alles können wir hier ernten: Ananas, Kokosnüsse, Orangen, Zitronen, Melonen, Äpfel, Birnen, Mangos, Weintrauben, kurz: alles, was du dir wünschst. Aber hast du schon bemerkt, dass alle Früchte wild durcheinander wachsen? Wenn du an dein Zuhause denkst, fällt dir sofort die Obstplantage ein. Dort wird alles kultiviert und in Reihen angebaut, nicht wahr? Es wird gespritzt, damit kein Ungeziefer seiner habhaft wird. Nichts von alledem ist hier zu sehen. Gehe umher und bediene dich. Ich lasse dir Zeit. Du kannst alles genießen. Ruhe. (Längere Pause mit leiser Musik)

Höre einmal genau hin. Kannst du die Kinderstimmen und ihr Lachen hören? Komm, wir gehen hin. Schau mal neben dich. Hast du schon den kleinen Affen bemerkt, der dir seine zierliche Hand reichen möchte? Er lädt dich fröhlich ein, mit ihm zu gehen. Ich komme mit, keine Sorge. Nimm seine Hand, er ist ganz zahm. Dann gehen wir los.

Ruhe.

Schau mal, er ist so stolz, dass er dich zu den Kindern führen durfte. Jetzt geht er wieder zurück zu seinen Kameraden.

Die Kinder hier stehen morgens gerne auf, wie du siehst. Zuerst dürfen sie ein wenig mit den Zwergen und Elfen spielen. Sie werden von ihnen über die Natur belehrt. Es sind lustige Gesellen, die die Kinder zum Lachen bringen. Siehst du den großen Tiger da vorne? Ein Zwerg hüpft auf seinem Kopf zwischen den Ohren herum und erklärt den Kindern, wie die Streifen in das Fell des Tigers kommen. Der Tiger blinzelt ab und zu in die Sonne, gähnt und schläft dann weiter. Die Kinder schauen interessiert zu. Gehe ruhig zu ihnen und spiele mit ihnen. Sie werden sich darüber freuen.

Ruhe. (Längere Pause)

Jetzt sieh einmal neben dich. Kannst du die kleine, gelbe Rose sehen? Sie ist noch ganz verschlossen. In diesem Moment scheint die Sonne auf die Rose und sie öffnet sich. Setz dich hin und sieh ihr zu. Sie spricht mit dir. Kannst du sie hören? Was erzählt sie dir über das Leben der Rosen?

Ruhe.

Ich glaube, du hast für heute genug bei mir gelernt. Schau mal, Goser kommt zurück. Er will dich auf der Reise nach Hause begleiten. Du darfst mich gerne jederzeit wieder besuchen. Wenn du in der Natur bist und dich wohl fühlst, dann denke ab und zu an mich und meine Worte:

Gott hat mich und alle Wesen der Natur mit der gleichen Liebe geschaffen. Die Menschen sollen mit mir gemeinsam die Natur schützen und erhalten. Dafür will ich immer kämpfen.

Du bist jetzt wieder am Strand angekommen. Ich verabschiede mich von dir und nehme dich in meine Arme. Wir alle freuen uns, wenn du wieder kommst. Und nun begleitet dich Goser auf deinem Weg nach Hause.

Ruhe.

Du bist jetzt wieder ganz leicht. Er bleibt zurück und lässt dich ziehen.

Ruhe.

Langsam kommst du wieder in deinen Körper. Er fühlt sich wieder schwer an und du atmest ganz tief ein und aus. Die Erde hat dich wieder.

Adonai – Menedes – dein Freund

Mantra für Kinder

☆

"Ich danke Gott und allen Naturgeistern für die wunderbare Erde mit all ihren Geschöpfen."

☆

☆☆☆☆☆

BELLANA – PRIESTERIN DES SCHUTZES DER TIERE

Themen:

- Ich sorge mich um das Wohl der Tiere.
- Wie soll ich mit einem Tier am besten umgehen?
- Wie können wir die Tiere am besten schützen?
- Ich habe Angst vor wilden und exotischen Tieren.
- Wie kann ich am besten mit einem Tier kommunizieren?
- Ich möchte, dass die Menschen mit allen Tieren Frieden schließen.

☆☆☆

Du bist ein Geschöpf Gottes, ausgestattet mit all deinen feinstofflichen Körpern. Sie befähigen dich zu einem gesunden physischen Körper, zu guten oder unguten Gefühlen und zu einer schöpferischen Intelligenz. Auch darfst du profitieren von all dem alten Wissen, das die gesamte Schöpfung umfasst. All das gibt dir Macht. Sei ehrlich zu dir selbst.

Der Mensch hat im Laufe der Zeitalter gelernt, sich die Erde untertan zu machen. Die Bibel lehrt dies als Aussage Gottes. Doch frage ich dich: Hat der Mensch jemals begriffen, was Gott damit meinte?

In Atlantis wussten wir es noch bis zu einem bestimmten Zeitpunkt. Er sprach von Führung und intelligenter Behandlung all seiner Geschenke.

Ein würdevoller König, der sich von der Liebe zu allem und jedem leiten lässt, wird immer treue Untertanen haben. Quält er sie jedoch, werden sie ihn missachten, gegen Gesetze verstoßen und ihm nicht das Beste wünschen. So lerne, deine Macht zu erkennen, die du, wie jeder andere Mensch, seit Zeitaltern inne hast. Auch dir ist die Erde mit all ihren Geschenken untertan. Weißt du, welche Verantwortung du im Kollektiv trägst? Aber Gott sprach auch zu dem Tier: Wachse und vermehre dich. Es hat genau wie du ein Anrecht auf seinen Platz auf der Erde. Alles, was auf der Erde wandelt, sich ernährt und seine Art erhält und schützt, hat diese Würde und das Recht, seinen Lebensraum zu behaupten. Jedes Lebewesen hat die Aufgabe, sich auf sein Territorium zu besinnen und zu beschränken. Das ist in Gottes Sinn. Wenn du dir also anmaßt, das Meer zu vergiften, nimmst du den Meerestieren das Recht, ihr Territorium zu beanspruchen. Die Vernichtung eines Ameisenhaufens ähnelt der Explosion einer Bombe. Der Mensch glaubt noch immer, das Pferd wäre das erste sinnvolle Fortbewegungsmittel gewesen. Heute richtet man es ab zu sportlichen Zwecken, als Zeitvertreib oder als Arbeitstier. Dadurch kam es jedoch auch zu anderen Formen der Kriegsführung. Alles wurde aggressiver. Der Mensch macht sich keine Vorstellung, welches Karma gerade die Gattung der Pferde mit zu tragen hat. Es gab eine Zeit, in der kein einziges Tier ein anderes tötete und verspeiste. Das mag lange her sein. Die Pflanzenwelt stellte sich damals gerne zur Verfügung. Alles war im Lot. Der Mensch ging immer mit schlechtem Beispiel voraus. Es wird Zeit, an die Umkehr zu denken. So wird es auch Zeit, sich bei den Tieren zu entschuldigen. Alles wird sich wandeln, jedoch müsst ihr den Tieren auch die Phase der Transformation gönnen. Getan ist dies nicht nur mit guten Worten, mögen sie auch aus dem Herzen kommen. Die Handlung wird zeigen, ob ihr die Worte auch verstanden habt. Wie oft wird etwas ausgesprochen, weil es in diesem Moment so zu sein hat. Wird es jedoch auch aus dem Innersten heraus gelebt?

Der Schutz der Tiere ist ein kollektives Thema. Ausgedrückt wird er auch durch das allgemeine Verhalten. Ich will damit sagen, dass es nicht nur genügt, Reservate anzulegen, Arten abzuschirmen, Naturschutzgebiete zu aktivieren oder die Vermehrung bestimmter Arten zu fördern. Was viel wichtiger ist, zeigt sich in der gesamten Schwingung. Sämtliche Tierarten spüren in ihren Emotionalkörpern die Kommunikation mit den Menschen. Solange ihr sie weiter tötet, um sie zu Nahrungsmitteln zu missbrauchen oder als Versuchstiere einzusetzen, wissen sie, dass sie nicht geschützt sind. Es ist ein Kollektivbewusstsein, in das ihr vernichtend eingreift. Auch das Bewusstsein der Tiere nährt sich aus dem morphogenetischen Netz. Es mag dem Menschen schwer fallen, sich das vorzustellen, aber es ist eine Tatsache. Solange ein Hund geprügelt wird, um ihn abzurichten, damit er Menschen Respekt einflößt, wird die gesamte Gattung nicht in den Frieden gelangen.

Ihr mögt forschen und beweisen, dass Tiere nicht denken können, aber niemals werdet ihr verstehen, wie Tiere empfinden und ihre Intelligenz bewahren. Rettet euch ein Tier vor dem sicheren Tod, bezeichnet man es als guten Instinkt. Dann ist es treu und ergeben bis in den Tod. Das Tier folgt seiner Verpflichtung allem Leben gegenüber. Es wird einen Verbrecher genauso retten wie seinen Herrn, der ihm das Futter reicht.

In Atlantis kannten weder Mensch noch Tier eine Gefahr oder Bedrohung. Alles war im Einklang, bis der Missbrauch begann. So ist es wichtig, sich daran zu erinnern, dass in sämtlichen Zellen bei Mensch und Tier auch das positive Programm des Vertrauens gespeichert ist. Die Frage ist, was derzeit noch überwiegt. Ich lade dich ein, mit mir in deinen alten Einklang einzutauchen und ihn bewahrend wiederzufinden. So trägst du bei zur Heilung einer tiefen, alten Wunde.

EINSTIMMUNG (siehe Seite 15)

MEDITATION

Meine Tierwelt und ich freuen uns auf ein Wiedersehen mit dir. Dennoch musst du wissen, dass dein Herz sich öffnen muss für unsere spezielle Energie. Lange warst du sie nicht gewöhnt. Es geht nicht darum, die Liebe zum Tier in sich zu tragen. Das setzen wir voraus. Nein, es ist die alte Form der Zuneigung, im Sinne der Kommunikation. Dein Herz muss also wieder lernen zu sprechen. Höre in dich hinein, ob du dazu auch wirklich bereit bist.

Du bist vollkommen ruhig.

Ruhe.

Unter dir erscheint Atlantis. Du befindest dich über einem grünen Tal. Weite Flächen mit saftigen Wiesen, funkelnden Seen und in der Sonne glitzernden Bächen sind sichtbar. Alles ist im Frieden. Du siehst strahlend weiße Gebäude, so wie du sie heute im mediterranen Stil kennst. Überall unter dir siehst du Tiere, die sich frei bewegen. Pferde, Hunde, große und kleine Katzen, auch Löwen und Tiger, Geparde, Leoparden, Giraffen, sogar ein paar Elefanten, Zebras, aber auch viele Arten von Vögeln, die dich fröhlich zwitschernd begrüßen. Siehst du den Löwen, der dich erwartungsvoll ansieht? Er schaut zu dir hoch und lädt dich ein zur Ankunft in Atlantis. Es ist Mellani, mein treuester Freund. Ich schickte ihn als Boten. So lasse dich langsam nieder, komme an und schließe Freundschaft mit Mellani.

Ruhe. (Längere Pause)

Wie empfindest du den Kontakt mit einem Löwen? Er hat dein Herz erobert, und das ist gut. Mache dich nun gemeinsam mit ihm auf den Weg zu mir. Ich würde dir gerne einen Tierpark anbieten, so wie du ihn kennst, aber das geht leider nicht. Alle Tiere bewegen sich hier in Freiheit. So folge Mellani. Er läuft dir voraus. Vor dir öffnet sich ein großer Garten, wie zu einem Märchenschloss gehörend, mit verwilderten Rosenbüschen, Palmen, moosbedeckten Flächen und kleinen Seerosenteichen. Hörst du das Gespräch in einiger Entfernung? Gleich seid ihr bei mir angekommen. Du befindest dich in meiner Schule. Wir haben schon anderen Besuch. Auch Mütter mit ihren Babys sind da. Lass dir Zeit, mich zu finden.

Ruhe.

Sei herzlich willkommen. Wir befinden uns hier im Herzstück meiner Schule. Im Schatten der Palmen fühlst du dich geborgen und behütet. Ein kleiner Wasserfall nährt einen kleinen See mit türkisfarbenem Wasser. Siehst du die Delfine, die sich hier angesiedelt haben? Sie spielen mit einigen Kindern, die sich gerade in ihrer Sprache üben. Man sieht, wie viel Spaß es allen macht. Nimm Platz auf einer der vielen natürlichen Liegen, die mit weichem Moos gepolstert sind. Mache es dir bequem und beobachte das Geschehen. Schau, ein bunter Papagei findet Gefallen an dir. Er schwingt sich neben dir zur Erde und wünscht die Kommunikation. Er versteht deine Gedanken. Ich weiß, es rührt dich seltsam an. Was sollst du ihm jetzt sagen? Also lass uns zunächst eine Übung für dein Herz machen. Komme zur Ruhe.

Ruhe.

Schließe deine Augen. Stelle dir dein Herzchakra vor wie eine große Blüte, die sich ganz langsam in der wärmenden Sonne öffnet. Nun visualisiere diesen wunderbaren Vogel, der sehr intelligent ist. Er ist sozusagen der Vorbote für alle anderen Tiere, die du kennst. Seine aufmerksamen Augen sehen dich an. Er fragt dich in Gedanken, ob du bereit bist, auch andere Tiere zu dir einzuladen. Sprich in Gedanken mit ihm und bitte ihn, ein Tier deiner Wahl zu dir zu bringen.

Ruhe.

Er verlässt dich, um deinem Wunsch zu folgen. Stell dir nun dieses Tier vor, mit seinem Fell, seinen Bewegungen, seinem Körperbau. Du hast dir das Tier gewünscht, das dich in Atlantis am meisten beschäftigte. Öffne jetzt dein Herz für die Liebe zu diesem Tier. Während du dich konzentrierst, hörst du, wie ein Baby in deiner Nachbarschaft mit Mellani spricht. Der Löwe lädt es ein, sich auf ihm auszuruhen. Es hat keine Angst.

Ruhe.

Kali, der Papagei, ist auf dem Rückweg. Er hat dein Wunschtier gefunden. Schau es dir an. Es entspricht genau deinen Vorstellungen. Dein Herz ist ganz weit und voller Liebe zu diesem Tier. Es kommt zu dir und bittet dich, es zu berühren. Schau genau hin, wie du seinen Wunsch feststellen kannst. Was verändert sich an dem Tier?

Ruhe.

Kali hat sich sehr bemüht, denn er musste in der Tiergattung nach der geeigneten Seele suchen. Nicht alle Tiere legten Wert auf deine Gesellschaft. So bedanke dich bei diesem Geschöpf für die Zeit, die es dir widmet. Du empfindest Demut im Herzen für seine verzeihende Güte. Vielleicht warst du nicht immer gut zu ihm. Aber das Tier verzeiht, ist niemals nachtragend. Lass dich ein auf das Gespräch mit ihm. Es hat dir einiges zu sagen.

Ruhe. (Längere Pause mit leiser Musik)

Dein Besuch hier soll natürlich eine neue Phase in deinem Leben einleiten. Alles ist Geben und Nehmen. Das Tier legt Wert darauf, dass du ihm versprichst, dich um eine gute Behandlung und Toleranz allen Tierarten gegenüber zu bemühen. Das ist eine kleine Transformation des kollektiven Bewusstseins. So sprich mit ihm auf deine Weise.

Ruhe.

Das Tier verabschiedet sich nun von dir. Es hat seine Mission erfüllt. Kali begleitet es wieder zurück. Langsam wird es Zeit für dich, zu gehen. Bringe deine Erkenntnisse zurück in die Materie, und denke immer an meine Worte:

Wir alle sind gleichberechtigte Geschöpfe im Sinne und Plane des Schöpfers. Ich will jedes Tier ehren und seiner Bestimmung überlassen. Ich bin in der Lage, es einem Menschen gleichzustellen.

Mellani wird dich nun von hier fortbringen. Ich umarme dich noch einmal und lade dich ein, mich jederzeit zu besuchen. Hier erwartet dich immer eine Oase des friedlichen Miteinanders. Tiere können auch Balsam für die Seele sein, wenn du von Menschen enttäuscht wurdest. Sie spenden dir Trost und Zuversicht. Ihre Liebe kennt keine Grenzen. So komme zurück, wenn du uns brauchst. Unser Herz ist immer offen für dich. Und nun folge Mellani aus meinem Garten hinaus.

Ruhe.

Schau, er reicht dir zum Abschied seine Pfote und leckt dir über deine Hand. Das ist das Zeichen des Löwen für die unerschütterliche Freundschaft. Er schließt einmal kurz seine Augen als Lächeln und Gruß. Dann geht er seiner Wege. Der nächste Besucher braucht ihn. Du kehrst nun zurück in deinen Körper. Die Erinnerung wird in dir weiterleben.

Du wirst schwer und spürst alle deine Glieder. Atme tief ein und öffne deine Augen.

Adonai – Bellana, deine alte Freundin.

Mantra

☆

"Vater aller Dinge, bewahre mir meine Liebe zu jedem Geschöpf, das du der Erde schenktest. Zeige mir den Weg der zwölf Tugenden."

☆

Text von Bellana für Kinder

Nun, mein liebes Kind, ich habe gespürt, dass du ein sehr vernünftiges kleines Wesen bist. Ich weiß nämlich, wie gerne du Tiere hast. Hast du selbst ein Tier, mit dem du spielst und dich gut verstehst, oder wünschst du dir ein Tier? Das kann ich sehr gut verstehen, denn ich war in Atlantis die Beschützerin der Tiere. Niemand kennt die Sprache und Gesten der Tiere so gut wie ich.

Aber auch du kennst sie aus dieser Zeit in Atlantis. Weißt du, Gott hat alle Wesen auf der ganzen Erde mit gleicher Liebe erschaffen. Sein Plan war es, dass alle zufrieden und glücklich zusammen leben können. Mensch und Tier sollten mit allen Pflanzen und Mineralien gemeinsam eine wunderbare Freundschaft pflegen. Kannst du dir vorstellen, wie schön das wäre? Niemand würde mehr ein Tier schlachten, um es zu verspeisen. Genauso würde auch kein Tier mehr einem Menschen etwas Böses tun, weil es sich ja nicht mehr verteidigen müsste. Weißt du, ein Tier spürt genau, ob ein Mensch gute oder böse Gedanken hat.

Vielleicht kennst du ja einen Menschen, der nicht immer so gut zu den anderen ist. Weil du das weißt, ziehst du dich zurück, wenn dieser Mensch auf dich zukommt. Ein Tier merkt das auch und versucht, sich zu schützen.

Viele Menschen sagen, dass Tiere nicht denken können. Das mag stimmen, wenn man es mit dem Denken eines Menschen vergleicht. Trotzdem haben Tiere ein Bewusstsein. Sie fühlen, ahnen und handeln. Und sie haben auch Schmerzen und Angst, wenn man sie bedroht.

Stell dir einmal vor, du hättest zehn Geschwister, die du alle sehr lieb hast. Wenn nun jemand käme und eines deiner Geschwister schlecht behandeln würde, was würde dann passieren? Alle anderen Geschwister würden versuchen, das eine zu schützen und zu verteidigen, nicht wahr? Niemals würdet ihr einfach zusehen. Genauso ist es auch bei den Tieren. Solange irgendein Tier von Menschen misshandelt oder getötet wird, sind alle anderen achtsam und ängstlich. So wird es nie Frieden zwischen den Menschen und den Tieren geben, solange die Menschen die Tiere nicht in Ruhe lassen. Es muss also Vertrauen entstehen zwischen Mensch und Tier.

Du weißt, dass deine Eltern sich Sorgen machen, wenn du nicht pünktlich zu Hause bist. Sie haben Angst, es könnte etwas passiert sein. Kannst du dir vorstellen, dass auch eine Katzen- oder Hundemama sich Sorgen macht, wenn ihr Kind nicht zu ihr zurückkommt?

Vielleicht hast du schon einmal eine Stute auf der Weide beobachtet, die ein kleines Fohlen bei sich hatte. Es ist ihr Baby, das sie in ihrem Bauch getragen hat, wie deine Mama dich. Sie ist sehr glücklich über dieses liebenswürdige Kind. Deshalb wird sie wie deine Mama auch darauf achten, dass die Menschen es gut behandeln, bis es dann erwachsen ist und sich selbst verteidigen kann.

In Atlantis konnten wir mit Tieren, Pflanzen und Mineralien sprechen. Über Gesten, ihre Haltung, Laute und Blicke sagten sie uns, was ihnen auf dem Herzen lag. Möchtest du mich begleiten, um dich dort wieder einmal umzusehen? Dann lade ich dich gerne ein.

EINSTIMMUNG (siehe Seite 17)

MEDITATION

In Atlantis gab es bestimmte Engel, die für die Tiere zuständig waren. Sie halfen den Kindern, mit Tieren zu sprechen. Immer wenn ein Kind mit den Tieren reden wollte, konnte es sich einen Engel zu Hilfe nehmen.

Auch du kanntest damals einen solchen Engel. Er hieß Justus. Dieser Justus also half dir, aus deinem Herzen heraus mit den Tieren zu sprechen. Er war wie ein Dolmetscher für dich. Justus ist noch immer dort und kommt jetzt zu dir geflogen, um dich zu mir und den Tieren zu begleiten. Ergreife seine Hand.

Ruhe.

Schau nach unten. Dort siehst du ein herrliches, grünes Tal mit vielen Seen und Bächen. Die Wiesen sind saftig grün. Überall laufen Tiere aller Arten umher. Kannst du bestimmte Tierarten erkennen? Da sind Hunde, Katzen, sogar Löwen und Tiger, Elefanten, Pferde, Giraf-

fen, Zebras, Leoparden und viele, viele bunte Vögel. Auch Adler und Falken haben hier ihr Zuhause. Alle leben hier in Freundschaft. Kein Tier tut einem anderen etwas zuleide.

Justus erreicht langsam mit dir den Boden. Du kommst an und ruhst dich ein wenig aus. Schau dich in Ruhe um.

Ruhe.

Du weißt, dass ich einen Löwen besitze. Er ist das liebste Tier, das du dir vorstellen kannst. Sein Name ist Mellani. Sieh mal, er kommt auf dich und Justus zu. Du brauchst keine Angst vor ihm zu haben. Aber auch wenn du Abstand zu ihm hältst, ist das in Ordnung. Er läuft dir und Justus voraus. Geh ihm einfach nach.

Ruhe.

Ihr geht gemeinsam in einen großen Märchengarten. Sieh mal, überall laufen Zwerge umher. Kleine Feen und Elfen pflegen die Blumen. Sie streicheln die Pflanzen und begießen sie. Manche winken dir fröhlich zu. Wunderschöne Blumen, Palmen und kleine Seen siehst du in meinem Garten. Hör mal genau hin. Kannst du die anderen Kinderstimmen hören? Sie sind schon da, in meiner Schule. Sogar Babys kommen schon hierher mit ihren Mamas. Gehe ruhig weiter mit Justus.

Ruhe.

Jetzt schau dich einmal um. Siehst du die Kinder, die sich hier köstlich amüsieren? Vor dir sind viele bunte Hocker, wie in einem Zirkus. Auf jedem Hocker sitzt eine Katze. Alle Farben und Sorten sind hier. Vor jeder Katze sitzt ein Kind mit seinem Engel auf einem Sitzball. Schau mal, da sind noch ein paar Katzen, die auf Kinder warten. Suche dir in Ruhe eine aus und nimm mit Justus auf dem Ball Platz.

Ruhe. (Längere Pause)

Justus ist dein Beschützer und Dolmetscher für die Katze. So wird dir nichts geschehen. Jetzt wollen wir einmal mit der Katze sprechen. Achte genau auf ihr Gesicht und ihre Bewegungen. Du wirst viel daraus lesen können. Sage Justus jetzt, was er der Katze erzählen soll.

Ruhe.

Und nun schau, wie sie sich verhält. Wenn sie ihre kleinen Augen kurz zumacht, lächelt sie dich an. Schlägt sie mit dem Schwanz hin und her, ist sie sehr aufmerksam und möchte spielen. Gibt sie Laute von sich, spricht sie laut mit dir. Versuche, sie selbst zu verstehen. Wenn es nicht geht, bitte Justus, dass er es dir übersetzt.

Ruhe.

Spiele ruhig mit dem Tier. Es freut sich so über deinen Besuch. Weißt du, es war in Atlantis deine Katze. Sie lebte mit dir und war einer deiner besten Freunde. Sie springt vom Hocker und läuft neben dir her. Gehe ruhig ein Stück mit ihr. Justus begleitet euch. Schau, da vorne warte ich auf dich. Alle bekommt ihr von mir eine Belohnung. Hier wachsen die Bonbons an den Bäumen. Aber wenn man sie isst, schmecken sie wie Früchte. Probiere ruhig. Die Katze bekommt auch etwas Leckeres. Und auch Justus darf sich etwas vom Baum pflücken.

Ruhe.

So, wie du mit der Katze gesprochen hast, konntest du es früher mit jedem Tier. Heute ist das nicht mehr möglich, aber die Zeit wird wieder kommen. Sei freundlich und liebenswürdig zu allen Tieren, und du wirst es sehr schnell wieder lernen. Tue es den Erwachsenen nicht gleich. Schütze das Tier, indem du es nicht verspeist. Das ist ein großer Fortschritt.

Ich möchte mich nun von dir verabschieden. Du kannst immer wieder hierher kommen, auch wenn du mit anderen Tieren sprechen möchtest. Justus und ich warten auf dich. Dann denke immer an meine Worte:

Gott möchte alle Menschen und Tiere zu Freunden machen. Ich bin ein Freund der Tiere und werde es immer bleiben.

Schau, Mellani wartet wieder auf euch. Kannst du jetzt erkennen, dass er dich anlächelt? Wenn du dich getraust, darfst du ihn streicheln. Ganz mutige Kinder dürfen sogar auf ihm reiten. Aber das musst du nicht, wenn du noch ein wenig Angst hast. Entscheide selbst.

Ruhe.

Folge Mellani nun mit Justus aus meinem Garten hinaus. Komm wieder, wenn du Lust dazu hast. Mellani verabschiedet sich von dir. Er scharrt einmal mit seiner Pfote. Das ist sein Gruß für dich. Dann geht er fort, denn neue Kinder sind angekommen.

Du musst nun zurück nach Hause. Justus entlässt dich wieder in deinen Körper. Er winkt dir liebevoll zu. Du wirst schwerer und schwerer und atmest ganz tief ein und aus. Dann öffnest du deine Augen.

Adonai – Bellana, deine Freundin.

Mantra für Kinder

☆

"Ich liebe alle Tiere, und alle Tiere lieben mich. Wir sind alle Freunde."

☆

☆☆☆☆☆

DRITTER, ROSAFARBENER STRAHL

Zitat von Rowena – der Lenkerin des rosa Strahls

"Der rosa Strahl öffne euer Herz und heile es von allen Schmerzen der Einsamkeit, der Ungerechtigkeit und der mangelnden Liebe. Er stärke euere Kraft zur aktiven Intelligenz, die sich einsetzt mit mütterlicher Liebe und Schaffenskraft des Herzens. Dabei verliert niemals den Willen zur Kreativität, der dem Kind noch eigen ist. Gleich, wo ihr euch bewegt, seid kreativ und einfühlsam.

Auf allen neuen Wegen hört niemals auf, eure Lieben mitzunehmen. Lasst niemanden am Rande stehen, der euer Herz berührte. Niemals könnt ihr voraussehen, wie wichtig sein Erscheinen war und sein wird. Der rosa Strahl soll euch vereinen und gemeinsam halten in der tiefen und erfüllenden Kraft des Schaffens. Die Liebe ist das Elixier des Herzens. Es schafft sich ständig neu als unversiegbare Quelle des Herzens. Doch braucht es immer einen Hebel, der es ans Licht befördert. Dieser Hebel sei euer Bemühen um die Sprache des Herzens, gleich in welcher Betriebsamkeit der Erde. Auch wenn das Herz durch Bilder spricht, auch wenn es die Augen benutzt, die Gesten oder überreichte Blumen, die barmherzige Tat oder die Überwindung zum verzeihenden Händedruck, verlernt niemals diese Sprache. Es ist die Sprache der nächsten Dimension."

Gott zum Gruße – Rowena

XELAHRA – PRIESTERIN DER MENSCHENRECHTE

Themen:

- Warum gibt es so viel Unterdrückung?
- Alle Menschen sollen die gleichen Rechte haben.
- Ich habe Angst vor der unberechenbaren Macht anderer.
- Ich wünsche mir, dass alle ehrlich und gerecht miteinander umgehen.
- Alle Wesen sollen in Freiheit und Gerechtigkeit leben können.
- Das Gesetz soll dazu beitragen, nur das Positive zu schaffen.

☆☆☆

Fragst du dich auch manchmal, wie die Menschen mit Begriffen wie Toleranz, Menschenrechte, Freiheit umgehen? Es ist leicht, darüber zu philosophieren, wie es andere tun. Prüfe dich selbst, welchen Stellenwert diese Worte in deinem Leben haben.

Es mag sein, dass du heute vielleicht in einer Kultur zu Hause bist, in der diese Themen nicht so stark bewertet werden wie in Ländern, die das Wort Unterdrückung gewohnt sind. Das berechtigt dich aber nicht, diese Worte nur hochzuhalten und in der Theorie dafür einzustehen. Es gilt sie zu leben. Menschenrechte gelten in manchen Ländern der Erde als sehr brisantes Thema. Da geht es schon in Bereiche der Freiheitsberaubung und der Gefährdung des menschlichen Lebens. Doch auch im Kleinen wird uns manchmal bewusst, dass auch der in Sicherheit lebende Mensch diese Rechte nicht immer so genau kennt. Wir betrachten das gesamte Zusammenleben als Grundlage der Menschenrechte. Dafür wurden von den Menschen Gesetze und Vorschriften geschaffen. Aber werden sie auch von diesen immer eingehalten? Wir sehen in vielen Bereichen eures täglichen Lebens, dass Menschen sich Entscheidungen herausnehmen, die scheinbar zum Wohle aller sind. Doch werden immer wieder viele Rechte unterdrückt und missachtet. Du magst nun fragen: Was kann ich tun in meinem kleinen Schneckenhaus, um die Dinge in die richtige Bahn zu lenken?

Sehr viel kannst du tun, glaube mir. Es muss dafür gesorgt werden, dass zunächst einmal allen Menschen bewusst wird, was Rechte eigentlich bedeuten. Es ist wichtig zu verstehen, dass eine Rechtsprechung immer recht zu sprechen ist. Dabei geht es nicht um Vergeltung, sondern um Toleranz. Das Ergebnis muss immer positiv sein. Nur so wird Karma verhindert und beendet. Niemand hat das Recht, einen anderen Menschen auszunutzen oder seinen Meinungen oder Diensten zu unterwerfen, geschweige denn, ihn gefangen zu halten. Geht recht mit jedem um, auch wenn er einen Fehltritt beging. Jedem ist das schon passiert.

Gesetze zu übertreten – das war ursprünglich die Antwort auf die Missachtung von Menschenrechten.

Nur dort, wo ein Wesen schlecht behandelt und missachtet wird, kann es sich Gedanken machen, wie es dagegen vorgeht. So hat also jedes Wesen grundsätzlich dafür zu sorgen, dass alles, was ist, in seinem Wert geschätzt und unterstützt wird. Toleranz und Freiheit wird immer dazu führen, dass du geschätzt wirst. Falsches Spiel und Hinterlist sind der Nährboden für Geringschätzung und vergeltende Maßnahmen. Die rosa Flamme der Freiheit und Toleranz soll dich immer begleiten auf dem Weg der Gerechtigkeit.

Im Kollektiv wäre sie sehr gut nutzbar. Sie brennt direkt im Herzen der Menschen und taut die Kälte hinweg. Es wäre einen Versuch wert, sie grundsätzlich am Brennen zu halten. Im Gegensatz zur violetten Flamme der Transformation hat sie eine Beständigkeit, um die Liebe und die Barmherzigkeit zu nähren und auf einem guten Niveau zu halten.

In Atlantis war sie lange Zeit der Inhalt täglicher Übungen. Doch gehörte viel Mut und Ausdauer dazu, sie mit Energie zu versorgen. Brennt sie doch nur, wenn sie erkennt, dass ein Teil dessen, was sie schickte, wieder eingesetzt wird, um sie aufrecht zu erhalten. So gilt es zu wissen, dass es zwei Bereiche sind, die eindringlicher Energie bedürfen. Es geht darum, die Flamme am Leben zu erhalten und gleichzeitig die Wahrung aller Menschenrechte zu beherrschen. Du siehst, dein Herz ist ein Platz tiefgründiger Arbeit zu deinem und zum Wohle aller. Das nennt man aktive Intelligenz.

Darf ich dich einladen, mit mir gemeinsam eine alte atlantische Übung zu vollziehen? Du darfst wieder lernen, die rosa Flamme in dir zu nähren, auf dass sie dich schütze auf jede Weise.

EINSTIMMUNG (siehe Seite 15)
MEDITATION

Es ist mir ein großes Anliegen, dein Herz direkt zu erreichen. Deshalb möchte ich dich nicht ablenken mit Äußerlichkeiten deiner alten, atlantischen Heimat. Wir benötigen alle Kraft für unsere wichtige Arbeit. So möchte ich dich bitten, dich ganz auf deinen Herzschlag zu konzentrieren. Tauche ab in dich selbst und visualisiere dein Herz als eine wunderschöne, voll erblühte rosafarbene Rose. Empfinde ihren Duft als deinen weiblichen Aspekt. Lass dir Zeit dafür.

Ruhe.

Die Rose wird weiter und weiter. Ihre samtigen Blütenblätter entfalten sich und bereiten dir einen herrlichen Wandelgang. Er gleicht einer Laube, die über und über mit rosa Rosen bewachsen ist. Ein warmer Duft hüllt dich ein und lässt die Liebe in deinem Herzen wachsen.

Ruhe.

Du kommst nun ans Ende deines Weges. Du bist bereits in meinem Schloss. Vor dir öffnet sich ein silbernes Portal, dessen schwere Türen mit der Königslilie verziert sind. Schreite hindurch. Ich erwarte dich in meiner Meditationskrypta.

Ruhe.

Es ist kühl und schattig hier, ich weiß, aber das regt den Geist an. Wende deinen Blick nach rechts. Dort siehst du eine silberne, lebensgroße Statue. Sie zeigt Johanna von Orléans als Hüterin der Menschenrechte. Gehe weiter. Viele Kerzen weisen dir den Weg. Kannst du mich erkennen? Ich warte auf dich auf unserem Meditationsplatz, so wie du ihn kennst. Lasse dich nieder auf dem bequemen Kissen mir gegenüber.

Ruhe.

Ich heiße dich herzlich willkommen. Reiche mir die Hand. Auch wenn ich eine Königin war, so kommen wir doch aus der gleichen Quelle. Ich bin deine Freundin, und nicht mehr. Manchmal treffen wir uns hier auch in Gruppen, um gemeinsam an diesem wichtigen Thema zu arbeiten.

Wollen wir uns also den Themen widmen, die dich und sicherlich auch viele andere Menschen beschäftigen. Ich höre dir gerne zu. Was sind deine Sorgen und Ängste, wenn es um die Menschenrechte geht? Es ist wichtig, dass du es genau formulierst. Lass dir Zeit für die Wahl deiner Worte.

Ruhe. (Längere Pause mit leiser Musik)

Du kannst Vertrauen zu mir haben. Wenn dich also etwas ganz persönlich betrifft, dann schildere mir dein Anliegen.

Ruhe.

Weißt du, alles, was die Rechte der Menschen verletzt, hat karmischen Charakter. Das weißt du sehr gut aus deiner Erfahrung. Manchmal verliert man jedoch den Blick dafür. Oft gilt es, auszuharren und den anderen Menschen die Möglichkeit zu geben, ihre Fehler einzusehen. Es kann aber auch sein, dass man sein eigenes Denken und Handeln verändern sollte. Manchmal muss man auch Maßnahmen ergreifen, um sich und andere zu schützen. Ich will dir die Möglichkeit geben, die für dich richtige Methode zu erkennen. Nur so ist die Grundlage für eine karmische Auflösung gegeben. Das Herz muss dazu bereit sein, sonst bleibt alles Theorie.

Konzentriere dich nun auf den großen rosa Turmalin, der neben mir auf dem Boden liegt. Es ist ein Rohling, der jedoch ganz klar erstrahlt. Er wird dir helfen, das Wichtigste zu erkennen. Ich werde dich nicht stören.

Ruhe. (Längere Pause mit Musik)

Nun, bist du bereit, dein Herz zu öffnen für die Barmherzigkeit und die Liebe zu allem und jedem? Dann fühle in dich hinein. In deinem

Herzen öffnet sich eine Kammer, die in rosa Licht erstrahlt. Bitte alle deine Sorgen und deine Gedanken zur Lösung, mit dir gemeinsam in diese Kammer einzutreten.

Ruhe.

Nimm sie an der Hand und gehe mit ihnen hinein. Dann lass sie los, stelle sie einander gegenüber. Es ist gleich, welchen Ausdruck sie haben. Nun beginnt eine rosa Flamme sie liebevoll einzuhüllen. Sie umschmeichelt sie wie ein warmer Frühlingswind, und sie sind werden eins in diesem Licht der Toleranz und Freiheit. Tritt nun hinzu und nimm Teil an dieser Liebe. Die Flamme verstärkt in dir die weibliche Energie der Mutter. Es wird dir bewusst, welche Kraft der Schöpfung du besitzt. Du kannst allem eine Form geben und Ausdruck verleihen. Nichts kann dich daran hindern, gleichberechtigt und frei zu sein. Du bist in der Lage, im Schutz der rosa Flamme allem entgegenzutreten, was die Rechte aller existierenden Wesen verletzt. Genieße diese Kraft.

Ruhe.

Du weißt nun, wie du die rosa Flamme in dir aktivieren und nähren kannst. Es ist dein geschützter Bereich des Herzens. Nun verlasse diese Kammer des Herzens. Die Flamme ist dort verankert als Nahrung deiner aktiven Intelligenz.

Du nimmst mich wieder wahr. Ich danke dir, dass du diesen eindrucksvollen Weg mit dir alleine gegangen bist. So wirst du selbständig und unabhängig in deiner Freiheit. Wann immer du die Ruhe meiner Krypta genießen willst, komm zurück. Denke dabei an meine Worte:

Ich habe die gleichen Rechte wie alle von Gott geschaffenen Wesen. Dafür möchte ich eintreten, denn nur so wird die Flamme der Freiheit und Toleranz am Leben erhalten. ICH BIN.

Ruhe.

Bevor du mich verlässt, möchte ich dir eine weiße Lilie überreichen. Es ist die Blume Rowenas, ihr Zeichen der Freiheit und Reinheit. Die Blume der Jungfrau und Königin der Herzen. Wie oft eroberte sie die Herzen der Menschen und verlor dafür ihre Freiheit. Dabei kämpfte sie nur um die gleichen Rechte für alle. So nimm die Lilie mit auf deinen Weg.

Ruhe.

Lass dich noch einmal umarmen. Gehe nun zurück durch die Rosenlaube. Sie wird immer blühen, wenn du kommst. Sie kennt keinen Herbst und kein Verwelken. Dein Körper findet wieder sein Bewusstsein. Deine Rose entlässt dich wieder ins Leben. Sie schließt ihre Blüte langsam und wartet auf ein Wiedersehen.

Ruhe.

Du atmest tief in alle deine Chakren, besonders in dein Wurzelchakra. Öffne deine Augen und fühle dein Herz als gesundes, kräftiges Organ.

Adonai – Xelahra, deine Freundin.

Mantra

☆

"Vater aller Dinge, hilf den Weg, uns allen, die Rechte gegenseitig zu bewahren. Zeige mir den Weg der zwölf Tugenden."

☆

Text von Xelahra für Kinder

Ich bin Xelahra und ich freue mich ganz besonders, mit dir sprechen zu dürfen. Unser Thema sollen die Menschenrechte sein.

Vielleicht wirst du jetzt denken: was soll ich damit anfangen? Das ist ein Thema der Erwachsenen. Aber ich glaube, du hast auch in der Schule schon mit diesem Thema zu tun gehabt, wenn auch nur ein wenig. Es kann auch sein, dass du davon im Freundeskreis gehört hast. Du wächst in einer Zeit auf, die viel mehr mit Menschen anderer Kulturen in Berührung kommt, als es früher der Fall war. Die Kinder von heute können fernsehen, sie haben viel engere Verbindungen zur übrigen Welt als noch vor zwanzig oder dreißig Jahren, alleine schon durch das Internet. Ihr erfahrt sehr früh, was Kriege bedeuten, wie Menschen in anderen Kulturen hungern, misshandelt oder zu sehr geringen Löhnen zu schwerer Arbeit gezwungen werden. Mädchen und auch Jungen werden missbraucht, damit Erwachsene ihren Phantasien nachgehen können. Weißt du, das gab es schon lange, lange Zeit, aber die Menschen haben früher viel weniger erfahren, was in der Welt geschah, weil sie nicht so informiert waren. Ihr Kinder von heute erfahrt schon sehr früh davon durch das Fernsehen. So habt ihr euch für dieses Leben ganz bewusst entschieden, um dabei mitzuhelfen, all das in mehr Frieden zu verwandeln. Deshalb müsst ihr auch mit vielen fremden Kulturen in der Schule umgehen lernen. Es gehört mit zu eurer Aufgabe.

Wenn ihr also lernen könnt, dass jeder Mensch wertvoll ist, dann wird euch das alles viel leichter fallen. Alle Lebewesen müssen geschützt werden. So ist es auch wichtig, Kinder anderer Kulturen in eurer Heimat bereitwillig aufzunehmen, denn die Erde ist für alle da. Wenn du mit deinen Eltern in ein anderes Land ziehen würdest, wärest auch du ein Ausländer und froh, wenn ihr freundlich aufgenommen werden würdet. Viele Kinder leben in anderen Ländern unter sehr ärmlichen Verhältnissen. Weißt du, es gibt Kinder, die nicht in die Schule gehen dürfen, weil sie den ganzen Tag über für die Familie sorgen müssen, – in vielfältiger Weise. Viele sterben, weil es in den Krankenhäusern keine Medikamente gibt, oder weil sie nichts zu essen haben. Oft werden Kinder schon zu Soldaten ausgebildet und müssen in den Krieg ziehen. Wenn sie sich weigern, werden sie bestraft. All das hat sich im Laufe der Zeitalter gebildet.

Die Menschen müssen lernen, diese Dinge zu ändern. Alle müssen die gleichen Rechte in ihrem Leben bekommen. Die Erwachsenen von heute und auch wir setzen viele Hoffnungen in euch, dass ihr es besser machen werdet.

In Atlantis gab es lange, lange Zeit die gleichen Rechte für alle. Niemand war auf den anderen neidisch oder eifersüchtig. Man teilte alles, und jeder bekam, was er benötigte. Alle respektierten die Freiheit der anderen. Aber weißt du, daran musste man arbeiten. Diese Toleranz, wie man das nennt, muss im Herzen wohnen. Man kann sie nicht nur erzählen, sondern man muss sie leben. Die Energie, die man dazu verwenden kann, hat die Farbe Rosa. Rosa sorgt dafür, dass das, was man sich liebevoll im Herzen ausdenkt, auch in die Tat umgesetzt wird. Wenn du dir das merken könntest, wäre das sehr gut. Dann könntest du immer in deinem Herzen zum Beispiel eine rosarote Kerze anzünden, wenn du von Schwierigkeiten mit Menschenrechten hörst oder selbst darin verwickelt bist. Als du noch in Atlantis gelebt hast, haben wir dazu oft eine Übung gemacht. Da versammelten sich die Kinder bei mir in meinem Schloss, und wir haben uns über viele Probleme unterhalten. Alle haben erzählt, was nicht so gut läuft, und dann haben wir gemeinsam diese rosa Kerze angezündet. Sie hat wunderbar geleuchtet und alles wieder ins Lot gebracht, und dann konnten alle wieder zufrieden nach Hause gehen. Möchtest du mit mir diese Übung wieder erlernen? Es ist ganz einfach. Also, machen wir uns ans Werk.

EINSTIMMUNG (siehe Seite 17)

MEDITATION

Siehst du, die Engel, die dich heute begleiten, tragen alle rosafarbene Kleider. Gleichzeitig siehst du, wie viele andere Kinder auch mit ihren Engeln ankommen. Vielleicht kennst du manche von ihnen. Alle haben sich gleichzeitig auf die Reise gemacht, um mich in meinem Schloss zu besuchen. Weißt du, ich habe dort eigens ein kleines Schloss für Kinder. Früher, in Atlantis, konnten die Kinder dort bei mir Ferien machen und bleiben, so lange sie wollten. Sie freuten sich das ganze Jahr auf diesen Besuch. Sieh nach unten. Kannst du mich erkennen? Ich winke dir zu, während ich dort auf dich und die anderen Kinder warte. Du erkennst das kleine rosafarbene Wasserschloss mit den vielen Türmchen. Es steht inmitten eines großen Sees, auf dem sich viele Entenfamilien tummeln. Schau dich in Ruhe um.

Ruhe.

Alle Kinder, auch du, lassen die Engel jetzt los und setzen zur Landung an. Du wirst immer schwerer, und wie ein kleiner Fallschirmspringer landest du sanft mit allen anderen gemeinsam auf einer großen Wiese hinter dem Schloss. Kommt alle her zu mir. Ich freue mich, euch hier bei mir zu sehen. Jetzt gehen wir zuerst einmal durch ein Tor in den Innenhof des Schlosses. Ruhe.

Dort gibt es einen großen Springbrunnen. Schau dir einmal genau das Wasser an, das dort in die Luft springt. Es ist ein herrliches Himbeerwasser. Du kannst davon trinken, so viel du magst. Nimm dir einen Becher, fülle ihn und trinke von dem köstlichen Getränk.

Ruhe.

Jetzt gehen wir alle hinein ins Schloss. Wir haben dort einen schönen Meditationsraum für Kinder. Zuerst geht es eine Etage tiefer. Aber ihr dürft dafür eine Rutschbahn benutzen, wenn ihr wollt. Es gibt auch eine Treppe.

Ruhe.

Wir sind nun unten. Ein bunter Perlenvorhang lädt euch zum Eintreten ein. Drinnen gibt es viele bunte Meditationskissen und Bänkchen. Suche dir aus, was dir gefällt und nimm dort Platz. Ich setze mich zu euch. Alle finden so ihren ruhigen Ort, wo sie sich wohl fühlen.

Ruhe.

Jetzt wollen wir gemeinsam viele rosa Kerzen anzünden. Mitten im Raum siehst du eine riesige rosa Kerze. Daneben liegen viele kleinere Kerzen. Steh auf, geh hin und hole dir eine der kleinen Kerzen. Dann halte ihren Docht an den der großen Kerze. Er leuchtet sofort auf. Nun nimm diese Kerze mit und stelle sie vor deinem Sitzkissen oder Bänkchen in den bereit stehenden Kerzenleuchter. Setze dich dann wieder hin und betrachte die Kerze.

Ruhe. (Leise Musik)

Während du die Kerze so betrachtest, nimmst du einen wunderbaren Rosenduft wahr. Im Hintergrund hörst du eine leise Musik. Es ist ganz ruhig im Raum. Alle Kinder konzentrieren sich auf ihre Kerze. Diese Kerze schenkt dir Vertrauen. Die Elfen der Liebe haben diese Kerzen speziell für euch Kinder gegossen. Tag und Nacht arbeiten sie voller Freude an diesen Kerzen. Hast du schon gesehen, dass auf der Kerze dein Name steht? Sie wussten, dass du kommen würdest. Schau in das Licht der Kerze. Es wird immer größer und größer.

Ruhe.

Das Licht wärmt dich. Es strömt warm und leicht in dein Herz. In dir drinnen wird es ganz warm. Du bist gekommen mit einer Sorge oder einem Anliegen, das die Rechte der Menschen betrifft, vielleicht auch deine Rechte. Gleich welches Problem du hast, es hat mit Menschen zu tun. Stell dir nun vor, alle diese Menschen wären hier, ob du sie kennst oder nicht, es spielt keine Rolle. Alle sitzen hier, und jeder hat seine Kerze. Alle vertragen sich gut und mögen sich. Alle empfinden Liebe füreinander und respektieren sich gegenseitig. Schau dir alles in Ruhe an.

Ruhe.

Und nun stell dir vor, dass ihr alle gemeinsam aufsteht, eure Kerze nehmt, aufeinander zugeht und euch die Hände reicht. Tausche mit einem Menschen, der dir wichtig erscheint, deine Kerze aus.

Ruhe.

Und nun sage ihm:

Ich liebe dich so, wie du bist. Gott hat dich nach seinem Vorbild erschaffen. Ich werde dich annehmen mit den guten Dingen, die du den Menschen bringst, aber auch all deinen Fehlern. Ich habe dich lieb.

Dann begib dich zurück auf deinen Platz. Stell die Kerze wieder vor dich hin. Obwohl es eine andere Kerze ist, gibt sie das gleiche Licht und die gleiche Wärme ab. Lies den Namen auf der Kerze. Wenn du den Menschen kennst, ist es gut. Wenn nicht, macht es nichts. Du hast einem Menschen im Universum deine tiefe Freundschaft gezeigt. Er wird sich immer daran erinnern. Und wann immer du ihm begegnest, wird er dich erkennen als toleranten und liebevollen Menschen. Ich bin stolz auf dich. Wenn du magst, darfst du diese Übung vielen Erwachsenen erklären. Sie können viel von dir lernen. Schau noch ein wenig auf deine Kerze.

Ruhe.

Nun muss ich dich wieder entlassen. Aber ich lade dich ein, mich jederzeit zu besuchen. Bringe ruhig andere Kinder mit, wenn du möchtest. Manchmal kommen auch Eltern oder Lehrer mit, wenn sie neugierig sind. Das ist kein Problem. Es ist für alle Platz. Keine Sorge, ich lasse deine Kerze brennen. Wenn du wiederkommst, wartet eine neue Kerze auf dich. Verabschiede dich in Ruhe von deiner Kerze. Du kannst ihr auch gerne ein paar Worte sagen.

Ruhe.

Nun kehre zurück in deinen Körper. Die Wärme bleibt in deinem Herzen. Du atmest tief in dich hinein, spürst den Boden wieder unter dir. Öffne langsam deine Augen und strecke deinen Körper in alle Richtungen aus.

Adonai – Xelahra, deine Freundin.

Mantra für Kinder

☆

"In allen Herzen der Menschen soll brennen die rosa Kerze der Liebe und Toleranz."

☆

☆☆☆☆☆

TUNERE – PRIESTER DER KREATIVITÄT

Themen:

- Ich möchte meine kreativen Träume leben.
- Mein Leben soll sich verändern.
- Ich möchte mein Interesse am Malen und Gestalten nicht nur zum Hobby werden lassen. Ich möchte es zu meinem Lebensinhalt machen.
- Ich habe Freude am Malen und Gestalten.
- Ich bin traurig, dass ich mich so wenig meiner Kreativität widmen kann.
- Man hat mich nie in meiner Kreativität gefördert.
- Ich bin mir nicht sicher, ob ich genug Talent zum Malen und Gestalten habe.
- Alles muss perfekt sein, auch meine Kreativität. So bin ich erzogen.
- Ich beneide die anderen, die so viele schöne Dinge zustande bringen.

☆☆☆

Ich sehe, deine kreative Ader meldet sich zu Wort. Du solltest verstehen, dass alle deine Wünsche und Bedenken ihren Sitz zunächst in deinem Herzchakra haben. Von dort aus strömt die Kreativität in Form der aktiven Intelligenz, genährt vom Strahl der Weisheit, weiter in das Halschakra, um sich dort als kreative Kommunikation zu äußern. Das ist das Prinzip der Schöpfung, das sich durch dich ausdrückt, und in diesem einzigartigen Moment nur durch dich. Verstehe, dass kein anderes existierendes Wesen diese Schöpferkraft besitzt, so wie du nicht die Kraft und das Potenzial eines anderen hast. Das macht dich zum Individualisten, der nur das Original schaffen kann. Gehst du jemals in die Nachahmung, ist es nur wahrscheinlich, dass du karmischen Mustern zum Opfer fällst und ständig im Schatten eines anderen Wesens wandelst. So liegt es auf der Hand, dass du, gleich in welchem Moment, etwas Einzigartiges und Unnachahmliches erschaffst.

Denkst du nicht, es wird Zeit, diese kostbaren Momente aus der Eiszeit zu befreien? Konservierst du sie weiter, wird dein Halschakra eine Eiszeit in dein Leben projizieren, vor allem dann, wenn du weißt, dass du kreativ sein kannst. Stell dir vor, es gab die Schneeschmelze, die Sonne erstrahlte, wärmte und erzeugte den Frühling. Die Blüten schossen empor, um die Insekten zu ernähren. Es ist geschehen. In diesem Moment entscheidet sich die Natur aus einer nicht berechenbaren Laune heraus, das Eis erneut zu schicken. Sie kann es produzieren, denn sie folgt wie du der Präzipitation. Nun ruht still das Eis. Alles befindet sich im Schock. Der Kreislauf des produktiven Seins im Sinne der göttlichen Schöpfung schläft den Schlaf des Gerechten, hat es doch keine Wandlung befohlen. Sein Ausdruck erstarrt vor Kälte. Nun versucht das kreative Sein ein Loch zu schlagen in das ewige Eis, das nur schmilzt, wenn die eine Natur es entscheidet. So wirken zwei göttliche Kräfte einander entgegen, die so vieles vermögen, finden so den Sonnenweg der Schöpfung. Es ist der heilende Sonnengesang, der anzustimmen ist. Das zentrale Licht, als Ausdruck des Willens, der Weisheit und der aktiven Intelligenz, das ist das kreative Sein in dir. Du bist das Eis, die Sonne, die Schmelze und gleichzeitig die Natur, die alles entscheidet. Nicht zuletzt bist du die Blüte, die Insekten nährt und alles erfreut, was ihr begegnet. Empfindest du nur den kleinsten Funken des kreativen Willens in dir, wird es höchste Zeit, dein Erbe anzutreten. Du wirst den Weg wählen, und niemand wird dich beeinflussen.

Alles, was dich hindert, ist Fiktion und entstand erst im Laufe der Zeitalter, vielleicht sogar in diesem Leben. Jedes Hindernis gilt es im Laufe der Zeit abzustreifen wie einen alten Mantel, der dir viel zu eng geworden ist. Er ist grau, von Motten zerfressen, – und sei ehrlich, er wärmt dich schon lange nicht mehr. Ich stehe bereit mit einem königlichen Umhang aus reinster Seide wie Rosenholz, leicht und durchlässig, ist das Eis doch geschmolzen.

Die atlantische Kreativität kennt weder Jahreszeit noch Konjunktur. Sie kennt nur eines, nämlich das Loslassen im venusischen Stil. Sei bereit, das, was du neu erschaffst, loszulassen und übergib es dem Fluss des Wandels. Halte nicht fest, denn du kannst es immer wieder schaffen. Wo liegt deine Logik zu denken, es könnte dir nicht mehr gelingen? Alles wird immer so sein, wie es in diesem Moment zu sein hat. Wenn du das gelernt hast, ist die Präzipitation für dich Realität geworden. Du hast losgelassen und dich geöffnet für den erneuten Ausdruck deines Halschakras. Du bist der Schöpfer deines Lebens. Keine andere Seele.

Möchtest du mit mir gemeinsam Einblick nehmen in deine alte Einstellung zu dir selbst? Nichts leichter als das. Folge mir und entdecke dein atlantisches, kreatives Selbst.

EINSTIMMUNG **(siehe Seite 15)**

MEDITATION

Du bist nun in einem sehr entspannten Zustand. Körperlich fühlst du dich schwer und dennoch klar im Geiste. Wir wollen die Sonne des Geistes einladen, ihn wieder zu erhellen. Ich möchte dich also bitten, mich in meiner Schule zu besuchen, die sich des Nachts so oft als dein Aufenthaltsort erweist. Doch leider vergisst du so schnell, wo du dir all deine Impulse geholt hast. Auf diese Art und Weise soll es dir künftig leichter fallen, dich im Tagesbewusstsein in deine Kreativität einzufühlen. Meine Schule der Kunst besteht aus schlichten Hallen und geräumigen Sälen, ohne Pomp und Schnörkel. Versuche, sie dir vorzustellen.

Ruhe.

Du befindest dich nun in Atlantis über einem Gebirge. Seine Gipfel tragen keinen Schnee, wie du es vielleicht gewohnt bist. Auch hier wirkt die Sonne mit all ihrer Kraft. Alles ist grün und fruchtbar, selbst der höchste Berggipfel. Meine Schule liegt in diesem Gebirge, damit wir ungestört arbeiten können. Halte Ausschau danach.

Ruhe.

Unter dir erkennst du ein schlichtes Gebäude, das rosa in der Sonne leuchtet. Es sieht aus wie ein Kloster, das in die Felsen gehauen ist. Seine Form ist viereckig mit einem interessanten Atrium. Große Bogengänge laden zum Wandeln ein und bieten so schattige Plätze im

Freien. Das Dach besteht aus einer Glaskuppel, die man ganz weit öffnen kann.

Ruhe.

Von oben kannst du auch im Atrium Details erkennen. Viele Skulpturen haben wir dort aufgestellt. In diesem Bereich arbeiten hauptsächlich die Bildhauer, damit es stauben kann, ohne dass die Leinwände der Maler beschmutzt werden. Lorbeerbäume, Palmen, aber auch Zitronen- und Orangenbäume spenden Schatten und lassen gleichzeitig der Sonne ihren Zutritt. Werkzeuge liegen herum, und du kannst viele Schüler sehen, die sich dort zu schaffen machen. Manche ruhen sich auch an plätschernden Springbrunnen oder auf bequemen, farbigen Liegen aus.

Ruhe.

Du kommst nun näher und die Glaskuppel öffnet sich, um dir Einlass zu gewähren. Lass dich heruntergleiten und genieße deine Eindrücke. Du bist hier nicht alleine. Immer wieder kommen neue Schüler, um an ihren begonnenen Werken zu arbeiten und zu studieren. Ich begrüße dich hier in meinem Zuhause. Lass dich umarmen.

Ruhe.

Ich möchte dich zunächst zu einer kleinen Übung einladen. Wir halten hier nichts davon, sich sofort in die Arbeit zu stürzen. Ihr lebt in eurer heutigen Welt entgegen euerem Geist. Wenn ihr zur Arbeit geht, geratet ihr schon in Unruhe. Nach eurer Ankunft belastet ihr euch sofort mit Arbeit. Ihr könnt nicht mehr ankommen und euch ein- und ausrichten. Wenn du kreativ sein willst, braucht dein Geist eine Ausrichtung, damit du dich darauf einrichten kannst. Also komm mit mir in die Kapelle des Geistes. Ich gehe voraus. Schau ruhig, wie die anderen alle arbeiten. Du bist noch nicht so weit.

Ruhe.

Tritt ein in diesen kühlen Raum der schöpferischen Intelligenz. Durch eine kleine Holztür gehen wir hinein in die kleine Kapelle. Die Wände leuchten in den Farben der dreifältigen Flamme. Zu deiner Rechten erstrahlt alles in Königsblau. Die Stirnseite leuchtet goldgelb. Die linke Wand ist rosa. Schau, in der Mitte des Raumes ist für dich ein

Sitzplatz geschaffen aus rosa Turmalin. Nimm Platz.

Ruhe.

Du hältst nun deine Augen geschlossen und öffnest deinen Geist für deine Kreativität. Ich lege dir meine Hände auf die Schultern und lasse all meine Energie in dein Halschakra fließen, denn ich habe dir vor langer Zeit versprochen, dich so lange zu schulen, bis du wieder ganz frei und selbständig arbeiten kannst. Du atmest in dein Halschakra. Dabei fühlst du, wie sich dein Herz öffnet. Alle deine Gedanken und Belastungen fallen von dir ab. Du bist nun du, in deiner ganzen göttlichen Schaffenskraft ruhend, gelöst und geliebt.

Ruhe. (Leise Musik)

Du hast das Gefühl, als würde sich eine kräftige, väterliche Hand nach dir ausstrecken. Ergreife sie mit deiner linken Hand. Die göttliche Kraft des Geistes hat dich wieder. Dein Scheitelschakra ist nun in der Lage, sich zu öffnen für den goldgelben Strahl der uralten Weisheit und deines gesamten Wissens. Lass ihn dort einströmen. Die zentrale Sonne erhellt deinen Geist.

Ruhe.

In deinem Herzchakra kommt es nun zu einem Wirbel der Energien. Beobachte ihn, denn er ist heilend und nährend. Lass ihm Zeit, bis du die dreifältige Flamme des Schaffens in deinem Herzen wahrnehmen kannst.

Ruhe.

Wenn es so weit ist, erhebst du dich und verlässt ohne meine Hilfe die Kapelle. Du gehst wie von selbst zu deinem gewohnten Arbeitsplatz. Alles ist für dich vorbereitet, seien es Werkzeuge, Farbe, Pinsel, Wasser, Leinwand, Glas, was immer du brauchen kannst.

Ruhe.

Beginne zu arbeiten und erkenne, welch einzigartiges Potenzial du in dir trägst. Mit Leichtigkeit geht es dir von der Hand. Wenn du mich brauchst, rufe in Gedanken nach mir. Ich komme sofort, um dir mit Rat und Humor zur Seite zu stehen. Doch sei gewiss, alles, was du fertigst, ist schöpferische Realität und von einzigartiger Güte.

Ruhe. (Sehr lange Pause mit Musik)

Du hast wunderbar gearbeitet. Ich bin erfreut über dein Ergebnis. Gehe diesen Weg der kreativen Öffnung immer, wenn du etwas erschaffen willst. Vielleicht hast du ja auch einen irdischen Beruf, in dem du vor Ideen sprühen musst. Lass dich nicht drängen, sondern gehe in Gedanken in unsere kleine Kapelle. Bereite deine Öffnung vor, und erst dann beginne zu wirken. Denke immer an meine Worte:

Der Geist sucht die Berührung des Herzens, um der Weisheit alle Macht zu geben. Doch der Wille ist der Weg zum Ziel.

Die atlantische Nacht neigt sich dem Ende zu. Es wird nun Zeit für deine Ruhe und die Geschäftigkeit des Tages. Da haben wir nichts verloren. So kehre zurück zu dir selbst, um dich zu üben in der Polarität der Kreativität. Auch am Tage ist sie vorhanden. Dort mag sie dienen dem Erhalt der irdischen Existenz, als Erbe des Karmas, dringend benötigt, doch auf dem Weg zur Transformation.

Ich verabschiede mich von dir mit dem Gruß der Atlanter, den gekreuzten Armen auf der Brust. Durch diesen Gruß versiegeln wir im Herzen den Willen, die Weisheit, die Liebe und die Kreativität. So wirst du zum ruhenden Pol deiner Quelle. Folge meinen Bewegungen.

Ruhe.

Du wirst nun leichter und bewegst dich wieder durch die Glaskuppel hinauf. Dein Weg führt dich so zurück, wie du gekommen bist.

Ruhe.

Kehre nun wieder zurück in deinen Körper und übe unseren Gruß im Bewusstsein. Es ist wie eine irdische Pforte zu deinem Herzen, die ich betrat. Atme tief in dein Halschakra und öffne deine Augen. Du bist!

Adonai – Tunere, dein Freund.

Mantra

☆

"Vater aller Dinge, reiche mir immer wieder deine Hand und führe mich in deine Schöpferkraft. Zeige mir den Weg der zwölf Tugenden."

☆

Text von Tunere für Kinder

Mein Name ist Tunere vom rosa Strahl, und ich heiße dich wie alle Kinder willkommen im Sinne der Kreativität. Weißt du, was Kreativität bedeutet? Es ist die Kraft eines jeden Wesens, etwas Bedeutendes und Schönes zu erschaffen. Man hat eine Idee, wie etwas Neues aussehen könnte, und dann bekommt man plötzlich Lust, dieses Neue zu erschaffen. Ich speziell war in Atlantis da für die Malerei und die Bildhauerei. Dafür hatte ich sogar eine Schule gegründet. Jetzt wirst du vielleicht sagen: Oh je, schon wieder eine Schule. Das kann ich gar nicht gut finden. Ich muss hier schon immer in die Schule gehen.

Wenn du so etwas sagst, kann ich das sehr gut verstehen. Außerdem weiß ich ja, dass ihr in euren Schulen viele Dinge auf einmal lernen müsst, von denen euch manches überhaupt keinen Spaß macht. Aber du musst verstehen, dass das in eurer Welt heute so sein muss. Bei uns war das alles anders. Man hatte viel mehr Zeit, all das zu lernen, was wichtig war für das ganze Leben. Ich meine aber, dass du ein ganz besonderes Kind bist, denn du scheinst dich ein klein wenig an Atlantis zu erinnern. Das kann ich daran erkennen, dass du gerne malst und dich auch für andere Materialien interessiert. Du bastelst, schnitzt und gestaltest sehr gerne. Das ist wunderbar. So sei nicht traurig, wenn du nicht immer nur das tun kannst, sondern auch andere Dinge lernen musst. Wenn du erwachsen bist, bist du für dein Leben gut gerüstet. Dann kannst du wählen, was du gerne machen möchtest. Je mehr du gelernt hast, um so schneller kannst du kreativ sein und schöne Dinge herstellen und erschaffen. Wenn du so heranwächst, wirst du immer ein ganz besonderer Mensch bleiben, weil alle deine Talente einzigartig sind. Du hast gelernt, selbst etwas zu entwerfen. Deshalb ist es wichtig, dass du dir immer wieder ein wenig Zeit schaffst, um kreativ zu sein.

Bitte ruhig deine Eltern und Geschwister, auch Freunde, sich mit dir gemeinsam kreativ zu beschäftigen. Weißt du, manchmal wünschen sich nämlich die Erwachsenen, sie könnten mal wieder so malen und basteln wie früher, als sie noch klein waren. Sie trauen sich nur oft nicht, es zu tun, weil sie Angst haben, ausgelacht zu werden.

Gib ihnen die Möglichkeit und sage ihnen, dass du sie nicht auslachen wirst, sondern es gut findest, herauszubekommen, was sie als Kinder gerne gemacht haben. Wenn ihr so gemeinsam viel geschaffen habt, könnt ihr euch doch einmal überlegen, ob ihr die Sachen nicht verschenken wollt. Vielleicht gibt es arme Kinder, auch Kinder in Waisenhäusern, die nicht viel haben. Manchmal kann man auch kranken Menschen damit eine Freude machen. Wenn du ein schönes Bild gemalt hast, schenke es einem deiner Lehrer. Er oder sie wird sich sicherlich freuen.

Du weißt, dass Menschen nicht nur einmal leben. Oft hatten sie in anderen Leben die gleichen Ideen und Träume wie heute. Sie haben sie sich sogar erfüllt. Aber das ist lange her, und man weiß nicht immer so genau, was einmal geschah. Aber dennoch greift ein Mensch immer auf viel altes Wissen zurück. Es sind manchmal auch uralte Techniken und Künste, die es heute so gar nicht mehr gibt. Aber man kann sich daran erinnern. Das geschieht meistens dann, wenn man sich einfach an die Arbeit macht.

Um das alles wieder zu lernen, habe ich meine alte, atlantische Schule wieder aufgemacht. Wenn du möchtest, kannst du mich dort besuchen. Ich zeige dir dann, wie wir beide dort einmal viel geschaffen haben. Oft kommst du im Schlaf zu mir, und dann erzähle ich dir vieles über deine alten Talente, und wir arbeiten gemeinsam an einem schönen Stück, das du dir ausgesucht hast. Also, ich lade dich ein, mich zu besuchen. Kommst du?

EINSTIMMUNG (siehe Seite 17)
MEDITATION

Ich habe einen ganz besonderen Engel losgeschickt, der dich abholen soll. Du kannst ihn daran erkennen, dass er ein Kleid mit vielen bunten Punkten trägt. Die hat er sich selbst auf das Kleid gemalt. Er ist ein wenig verrückt und immer lustig. Schau, er winkt dir schon zu. Sein Name ist Pepito. Ergreife seine Hand. Er wird dich gleich zu mir bringen.

Ruhe.

Schau, unter euch siehst du ein Gebirge. Die Berge sind sehr hoch, aber immer wieder gibt es dazwischen schöne grüne Wiesen, auf denen man sehr gut landen kann. Pepito schwebt mit dir über eine Bergkuppe hinweg. Und da, unter euch, siehst du ein großes Zirkuszelt. Es leuchtet in allen Farben, die du kennst.

Warst du schon einmal im Zirkus? Dann weißt du, dass so ein Zelt riesig ist. In der Mitte ist die Manege, wo die Artisten, Tiere und Clowns auftreten. Dort wird viel Staub aufgewirbelt. Drumherum sitzen die Zuschauer. So ähnlich läuft es auch in unserem Zelt ab, nur mit dem Unterschied, dass dort, wo normalerweise die Zuschauer sitzen, viele Kinder sind, die malen, basteln oder zeichnen. In der Mitte, der Manege, sitzen andere Kinder, die Steine mit kleinen Meißeln bearbeiten, Holz schnitzen, sägen und vieles andere mehr. Dort gibt es also ein wenig Staub und Lärm. Aber alle sind sehr zufrieden.

Pepito landet mit dir direkt vor dem Zelt.

Ruhe.

Komm ruhig mit Pepito herein. Wir alle freuen uns auf dich. Ich sitze direkt am Eingang auf einem bequemen Sofa. Komm her, hier ist viel Platz. Du kannst dich entweder auf meinen Schoß setzen, oder auch neben mich, wie du willst. Pepito verschwindet zu seinen Freunden. So ist er nun einmal. Sieh dich in Ruhe um.

Ruhe.

Du hast Zeit genug, dir alles zu betrachten. Nimm ruhig meine Hand. Schau dir jetzt einmal genau an, wie die anderen Kinder hier so toll unterstützt werden. Zwerge und Elfen sind bei ihnen und helfen ihnen bei ihrer Arbeit. Jedes Kind hat drei Helfer, kannst du das sehen? Einer ist blau angezogen, der andere gelb, und der dritte rosa. Sie holen ihnen frisches Wasser zum Malen, reichen ihnen die Stifte und spitzen sie wieder an, aber sie geben ihnen auch Ratschläge und helfen ihnen sogar, wenn sie nicht mehr weiter wissen. Manche nehmen auch schon mal einen Pinsel in die Hand und bessern etwas nach. Sieh mal, in der Manege schleppt einer eine Säge, die fast größer ist als er selbst.

Ruhe.

Auch auf dich warten deine drei Helfer. Schau, sie stehen neben dir. Der blau gekleidete Zwerg nimmt deine Hand und drückt sie ganz leicht. Er gibt dir Mut und Kraft, es zu versuchen. Der gelb gekleidete Zwerg lächelt dich liebevoll an. Er möchte dir sagen, dass du schon so viel gelernt hast. Er bewundert dich und möchte von dir lernen. Die rosa gekleidete Elfe möchte gerne, dass du viel Neues schaffst. Sie zeigt dir das Stück, mit dem du gerade beschäftigt bist und wo du letztes Mal aufgehört hast.

Weißt du was, du gehst jetzt einfach mit ihnen. Sie wissen genau, wo dein Arbeitsplatz ist. Du bist ja nicht zum ersten Mal hier. Ich bin da, keine Sorge, und wenn du mich brauchst, rufe einfach, dann komme ich. Also, gehe ruhig mit ihnen.

Ruhe. (Längere Pause mit Musik)

Du bist jetzt angekommen. Erkennst du deine Sachen wieder? Dann beginne einfach mit deinen drei kleinen Helfern zu arbeiten. Nimm dir Zeit dafür. Es geht doch ganz leicht, oder?

Ruhe. (Längere Pause)

Hat dir die Arbeit gefallen? Das ist gut so. Du hast so gut gearbeitet, dass ich dich wirklich loben muss. Denke immer an meine Worte:

Deine Ideen sind so wunderbar, dass Gott, alle Meister und Engel großen Gefallen daran finden. Alles wird in Gottes Schatztruhe aufgenommen. Du darfst es jederzeit herausholen und damit machen, was du möchtest.

Hörst du die leise Glocke? Schau, alle Kinder machen jetzt Schluss. Die Schule ist aus. Die Zeit vergeht hier sehr schnell. Jetzt dürfen sich alle ausruhen und nach Hause zurückkehren. Auch du gehst mit Pepito wieder zurück. Schau, da kommt er angehüpft, um dich heimzubringen. Du kannst ihn jederzeit bitten, dich wieder abzuholen.

Ich möchte mich gerne von dir verabschieden. Weißt du, wie wir das hier machen? Du hebst deine Arme hoch und verkreuzt sie auf deiner Brust. Dabei legst du die Hände auf die Knochen neben deinem Hals. Man nennt es das Schlüsselbein. So begrüßen und verabschieden sich die Atlanter. Dadurch wird alles Positive in deinem Herzen bewahrt und versiegelt, auch die Freude. Dann verneigen wir uns voreinander, indem wir den Kopf nur ganz leicht nach vorne beugen. Das bezeugt den Respekt und die höfliche Distanz vor jedem Wesen. So sei mir gegrüßt als wertvolles und geliebtes Kind.

Ich würde dich gerne wiedersehen. Wenn es dir hier gefallen hat, komme jederzeit wieder.

Ruhe.

Verlasse nun mit Pepito das Zelt und kehre wieder zurück in deinen irdischen Körper. Du atmest tief in deinen Bauch ein und fühlst den Boden wieder unter dir. Öffne langsam deine Augen und werde ganz wach.

Adonai – Tunere, dein alter Freund.

Mantra für Kinder

☆

"Ich danke Gott für meine tolle Kreativität. Ich weiß, dass ich viel erschaffen kann."

☆

☆☆☆☆☆

HELLENIS – PRIESTERIN DER MENSCHENFÜHRUNG

Themen:

- Menschenführung überfordert mich und macht mir Angst.
- Ich habe Schwierigkeiten, mich auf andere Menschen korrekt einzustellen.
- Ich habe Angst, von anderen, die mir überstellt sind, manipuliert und falsch geführt zu werden.
- Oft zweifele ich an meinen Entscheidungen, die auch andere betreffen, ob ich zum Wohle aller gehandelt habe.
- Ich fühle mich unterdrückt und nicht ernst genommen.
- Ich möchte die Kraft bekommen, eine Führungsaufgabe voller Elan und Überzeugung zu übernehmen.
- Ich möchte andere und ihre Bedürfnisse besser wahrnehmen können, da ich für sie mit verantwortlich bin.
- Wie kann ich andere Menschen besser verstehen, und wie mache ich mich verständlich bemerkbar?

☆☆☆

Führen und geführt werden ist ein Aspekt, der seine Heimat ausschließlich im Herzen des Menschen hat. Solange du selbst nicht davon überzeugt bist, dass dein Herz und das anderer Menschen nur ehrlich und von Liebe geführt ist, wirst du nie ein guter Führer sein. Auch die Liebe führt, und zwar das Herz. Es gibt kein Wesen im gesamten Universum, dessen Herz nicht ausschließlich aus Liebe besteht. Sie ist das Elixier des Herzens.

Nun wirst du mir vorwerfen, dass das Herzenselixier eines Mörders sehr verunreinigt sein muss. Dann hast du die Zusammenhänge nicht verstanden. Grundsätzlich ist jeder Mensch im Herzen von Liebe erfüllt und in der Lage, andere in diesem Sinne zu führen. Was ihn daran hindert, sind die feinstofflichen Blockaden, die natürlich auch auf das Karma zurückzuführen sind. Im Herzen regiert der rosa Strahl der

Barmherzigkeit, Toleranz und bedingungslosen Liebe. Deshalb kommt es immer wieder zu Gewissensbissen, Zweifeln und Skrupeln. Es ist sozusagen der Umschlagplatz aller Emotionen, Gedanken und körperlichen Zustände. Wenn diese Schaltzentrale ihre Arbeit einstellt, wird nichts mehr wirken und funktionieren können. Also können wir sagen, dass das Herz letzten Endes die wahre Entscheidung trifft. Es ist das Sprachrohr der Seele.

Das Höhere Selbst drückt sich durch das Herz aus. Beide sind eingehüllt in die Energie der dreifältigen Flamme. Dennoch ist der Wille des Menschen maßgebend für alle Reaktionen und Taten. Wenn die Gedankenwelt eines Menschen vergiftet und negativ belastet ist, wird das Herz ihn immer wieder warnen und auf den rechten Weg begleiten wollen. Trotzdem kann der Verstand die Entscheidung treffen, ein Verbrechen zu begehen. Dieser Verstand gibt dann vielleicht einem karmischen Aspekt nach. Das Herz wird einfach überhört, obwohl es deutlich anklopft, und zwar immer und bei jedem Menschen.

Ist die Eifersucht eines Menschen so groß, dass er alle guten Regeln vergisst, wird sich das Herz zusammenkrampfen und sogar schmerzen. Es warnt ihn und ruft nach Ruhe und Gelassenheit. Aber was geschieht? Der Mensch fühlt sich wohl in diesem Schmerz, denn er berechtigt ihn zum Handeln im Sinne seiner Emotionen.

Ich will damit nur sagen, dass du immer und ewig die Sprache deines Herzens vernimmst. Es ist vollkommen gleichgültig, ob du dich in einem Zustand der Angst, des Zorns oder des Glücks befindest. So spiegelt es immer den Zustand der Seele. Wenn du nun also einen oder viele Menschen führen sollst, wirst du nicht umhin können, dein Herz rein zu halten und an dir zu arbeiten. Jeder negative Aspekt hindert dich daran, eine optimale Menschenführung zu gewährleisten. So versuche, diese große und großartige Verantwortung zu begreifen. In dem Moment, in dem du dich zur Führung – auch einer Familie – bereit erklärst, bist du aufgefordert, mehr denn je an dir zu arbeiten. Nur wenn dir dies gelingt, wird dein Blick offen und ehrlich sein. Man wird dir gerne in die Augen sehen. Ein kleines Kind sieht dir offen in die Augen und hält deinem Blick stand. Sein Herz ist noch rein und die

Seele spricht die Wahrheit. Sende ein Kind zu einem Kriegsherrn, und es wird ihn durch seine Worte zum Nachdenken bringen. Ich lernte die Menschenführung bereits im Kindesalter.

Du wirst niemals ein Anrecht auf einen Menschen oder seine Leistung haben. Auch wird niemals jemand das Recht haben, dich zu vereinnahmen und seinem Willen zu unterwerfen. Alles, was sich als Belastung zeigt, hat karmischen Charakter. Dennoch, jeder Mensch, auch du, besitzt die Fähigkeit, andere zu führen und gleichzeitig zu beschützen. So lerne von deinem Herzen zunächst, dich selbst zu führen. Es ist die Bemeisterung deines Egos, das du vergleichen kannst mit einem Menschen, den du zu führen hast. Dein Ego hat viele Facetten. Wollen wir es uns gemeinsam betrachten? Wenn du dich selbst begriffen hast, wird es dir jederzeit im Außen gelingen. Sei gewiss!

EINSTIMMUNG (siehe Seite 15)
MEDITATION

Du bist eine Persönlichkeit, die zwar heute existiert in einem bestimmten Körper, dennoch zurückgreift auf viele alte Erfahrungen, Karma genannt. So solltest du auch annehmen können, dass du nicht alles an dir kennst, auch wenn du diesem Trugschluss lange erlegen warst. Während du also zu mir unterwegs bist, spürst du, wie du dich feinstofflich aufteilst in zahlreiche Facetten. Du kannst sie sogar farblich unterscheiden. Halte dir dabei die zwölf Strahlen der Schöpfung vor Augen. Du bist jetzt in einer Sphäre der energetischen Welt. Dort ist die Ausstrahlung deiner Körper anders wahrnehmbar. Sie äußert sich durch den Zustand der Chakren und die darin einwirkende Strahlenkraft. Das sieht jeden Tag anders aus. Deshalb ist es ja so wichtig, sich immer wieder neu zu beleuchten. Konzentriere dich also auf deine jetzige Ausstrahlung und dein momentanes Empfinden.

Du wirst leichter und leichter.

Ruhe.

Unter dir öffnet sich der Blick für eine weite, parkähnliche Landschaft. Alles ist sehr gepflegt mit altem Baumbestand, wie du ihn auch heute von deinem Zuhause kennen magst. Trotzdem wirkt die Natur sehr natürlich. Alles ist harmonisch. Mitten in dieser Landschaft entdeckst du einen Tempel, der aussieht wie ein Gebäude aus dem antiken Griechenland. Weiße Säulen bilden den Rahmen. Alles ist sonnendurchflutet und schattig zugleich. Lasse dich herab und beende deine Reise in meinem Park, der sich an das Schloss meiner Heimat anschließt.

Ruhe.

Hier sind wir ungestört. Du kennst diesen Ort von damals. Gehe auf den Tempel zu. Zwölf Stufen aus rosa Marmor führen hinauf. Während du diese Stufen hinaufsteigst, spürst du, wie sich dein Herz immer weiter öffnet. Konzentriere dich auf dich selbst. Eine gesunde Neugier macht sich in dir bemerkbar. Das ist gut.

Ruhe.

Betritt den Tempel. Alles erstrahlt in einem warmen Rosaton. Überall empfangen dich blühende Rosenbäumchen, deren rosa Blüten sanft und duftend deinen Weg begleiten. Gehe einfach geradeaus. Ich warte auf dich in der Mitte des Tempels.

Unser Arbeitsplatz ist sehr bequem gestaltet. Drei rosafarbene Diwans laden ein zum herzlichen Beisammensein. Auf einem habe ich schon Platz genommen. Komm näher und suche dir einen der beiden Diwans aus.

Ruhe.

Ich freue mich, dass du gekommen bist. Neben dir siehst du einen Springbrunnen aus Rosenquarz. Nimm dir einen Becher des frischen Wassers und genieße seinen wunderbaren Geschmack. Du bist ganz ruhig und gelassen.

Ruhe.

Ich weiß, dass du das Bedürfnis hast, den Sinn der Menschenführung besser zu verstehen. Aber wir wollen bei dir selbst beginnen. Verstehe dich und deine Bedürfnisse aus dem Herzen heraus, und du wirst niemals Schwierigkeiten mit anderen Menschen haben.

Du wirst dich schon gefragt haben, weshalb es hier noch einen Diwan gibt. Nun, dieser ist für dein Ego bestimmt. Wir sind hier in der Lage, alle deine materiellen Bereiche von der Seele überschauen zu lassen. Du wirst so die Möglichkeit haben, dich von einer anderen Warte aus zu sehen. Spätestens dann wirst du aufhören, dich als immer korrekten Führer der anderen zu sehen. Wende also deinen Blick zu dem anderen Diwan hin. Durch meine Kraft wirst du nun eine sehr feinstoffliche Gestalt dort erkennen dürfen. Sie wird die gleichen Gesten und Bewegungen wie du selbst machen. Es ist dein Spiegelbild, dein Ego in der Materie.

Ruhe.

Schau ihm nun in die Augen. Kannst du seinem Blick standhalten? Wie empfindest du seine Ausstrahlung? Kommt dir dieses Wesen starr und unbeweglich vor, oder ist es gelöst und harmonisch? Befrage es, wenn du etwas nicht verstehst. Es wird dir antworten und dir gegebenenfalls sagen, was es daran hindert, sich frei zu bewegen.

Ruhe.

Kannst du generell Farben erkennen, die sich vielleicht auch abwechselnd dort bewegen? Gehe etwas vom direkten körperlichen Eindruck weg und schau, was dir dort auffällt. Gibt es da eine oder mehrere Farben, die dir gut gefallen oder die dich abstoßen? Welche der zwölf Strahlenfarben kannst du vielleicht erkennen? Du befindest dich jetzt im Gefühlsbereich. Alle Strahlen versuchen, dort durch positive Impulse zu arbeiten. Frage dein Ego, weshalb es sich manchmal gegen diese wunderbare Hilfe wehrt. Wo kann es nicht loslassen? Wo empfindet es Neid oder Eifersucht? Was an einem anderen Menschen bringt es sozusagen auf die Palme? Wo meint es, im Vorteil zu sein? Ist es die vermeintlich bessere Bildung oder der bevorrechtigte Stand in der Gesellschaft? Lässt dich deine Kultur und dein dir geschaffener Wohlstand zum Machthaber über alle Dinge werden, oder fühlst du dich von anderen in dieser Hinsicht überrollt? Hast du Angst, nicht mithalten zu können? Lass es sprechen, aber habe den Mut, ihm wohlwollend zuzuhören. Es spricht nur die Wahrheit, denn es will dich heilen und nicht verletzen. Hier spricht das Herz, denke daran! Wenn du Mühe hast, schau ihm immer wieder in die Augen und halte Stand, wie bei einem kleinen Kind oder einem Tier.

Ruhe. (Längere Pause)

Jetzt gehe noch etwas weiter hinaus. Dort sind sicherlich mehrere Strahlen am Werk, vielleicht auch etwas Dunkles. Du schaust in deinen Verstand. Deine Intelligenz meldet sich zu Wort. Lass es zu, wenn du plötzlich siehst, dass du nicht im Besitz aller Weisheit bist und auch andere Menschen ihre wohlverdiente Intelligenz besitzen. Gibt es noch etwas zu lernen?

Du merkst plötzlich, wie gut es ist, wenn fruchtbare Diskussionen entstehen. Niemals können zwei Mentalkörper einer Meinung sein. Denken und Wissen sind zwei verschiedene Bereiche. Weisheit steht ganz hinten an. Schau genau hin und du wirst sehen, dass der Mentalkörper viele Schichten hat, die es zu beachten gilt. In einer Sekunde denkst du, in der nächsten setzt du dein erlerntes Wissen ein, und wenn es ganz interessant wird, greifst du auf Weisheit zurück, deren Ursprung dir in diesem Moment so fremd ist wie das Innere der Erde. Das ist die Schwingung Shambalas. Frage dein Ego, wie du es anstellen sollst, bei anderen Menschen zu verstehen, mit welcher aktivierten Schicht sie dir gerade begegnen, wenn du mit ihnen sprechen und Entscheidungen fällen musst. Kannst du das überhaupt in der dir gesetzten Zeit? Mutest du dir und anderen da nicht ein wenig viel zu? Genau da wirst auch du geistig überfordert sein. Dein Ego sagt dir, wo du ansetzen musst, um eine Veränderung herbeizuführen.

Ruhe. (Längere Pause)

Alles in allem hast du nun eine Persönlichkeit kennen gelernt, die genau weiß, was sie will, kann und wo ihre Begrenzungen zu suchen sind. Du hast dich selbst entdeckt. Geschaut hast du durch die Brille deines Höheren Selbst. Es gewährte dir den segensreichen Blick von "oben." Die Vogelperspektive lässt den gebührenden Abstand zu. Wann immer du Menschen zu führen hast, gönne dir die Vogelperspektive. Sieh in jedem etwas Wertvolles. Denke an meine Worte:

Alle Bereiche eines Wesens sind göttlich. Jeder Teil wurde geschaffen nach eigenem Ermessen im Sinne der individuellen,

karmischen Gegebenheiten. Nichts darf übersehen oder untergeordnet werden. Das ist bedingungslose Liebe.

Du darfst lernen, eine Führungspersönlichkeit mit Herz zu werden. Das ist eine Königin oder ein König der Herzen. Daraus erwächst eine ungeahnte positive Macht. Alle werden sich daran beteiligen und sich gegenseitig befruchten. Das ist wahrer Reichtum, der sich auf allen Ebenen ausdrücken wird, auch auf der materiellen. Die Fülle ist euch beschieden, aber erst, wenn sie menschlich erreicht wurde. Ich werde dich jederzeit wieder schulen und beraten. Wir werden immer zu deinem Besten entscheiden. Kritik gehört dazu, aber sie ist immer liebevoll. Nun bedanke dich bei deinem Ego. Steh auf und setze dich zu ihm.

Ruhe.

Reiche ihm die Hand und sprich zu ihm:

Ich liebe dich so, wie du bist. Habe Dank für deine lehrreiche Art. Gleich was du mir gezeigt hast, es wird mich weiterbringen auf unserem gemeinsamen Weg. ICH BIN.

Du bist jetzt wieder mit ihm verbunden. Alles ist in dir. So mache dich auf den Weg in die Umsetzung. Ich werde immer da sein, um euch beide bei mir aufzunehmen. Als Dank für dein Kommen übergebe ich dir eine Kugel aus Rosenquarz. Sie ist der Ruhepol deines Herzens. Und nun musst du mich verlassen. Gehe aus dem Tempel hinaus.

Ruhe.

Du wirst wieder ganz leicht und machst dich auf die Heimreise. Wandere den gleichen Weg, wie du gekommen bist. Ich weiß, dass du es schaffen wirst.

Ruhe.

Du wirst schwerer und schwerer. Die Materie hat dich wieder. Atme tief in dein Wurzelchakra und fühle dich sicher in deinem Körper.

Adonai – Hellenis, deine alte Freundin

Mantra

☆

"Vater aller Dinge, behüte mein Ego. Lasse es aufleuchten wie ein wertvoller Brillant. Zeige mir den Weg der zwölf Tugenden."

☆

Text von Hellenis für Kinder

Ich grüße dich, mein Kind. Unser Thema heute soll die Menschenführung sein. Viele Menschen mögen sagen, das ist ein Thema für Erwachsene, aber auch Kinder müssen sich damit auseinandersetzen. Sie werden nämlich auch von Erwachsenen geführt. Manchmal müssen auch Kinder schon Geschwister führen. Das geschieht manchmal, wenn sich ihre Eltern getrennt haben. Dann kommt es vor, dass die älteren Geschwister die jüngeren führen. Etwas größere Kinder, die sich bewährt haben, bekommen manchmal in der Schule die Position des Klassensprechers. Auch das ist eine Führungsaufgabe. Es gibt auch Länder in der Welt, in denen viele, viele Kinder auf der Straße leben müssen, weil sie niemanden haben, der sich um sie kümmert. Meistens suchen sie sich den stärksten unter ihnen aus, der dann ihr Anführer ist. Merkst du, dass Führung immer etwas mit Stärke zu tun hat? Wir meinen dabei aber nicht, ob ein Kind groß und kräftig genug ist, um zuzuschlagen, sondern wir meinen damit die Stärke des menschlichen Wesens. Man sagt auch "Charisma" oder "Reife eines Menschen" dazu. Es ist seine Ausstrahlung und seine Art, gut und bedächtig mit anderen Menschen umzugehen.

Auch die Lehrer in der Schule müssen die Kinder führen. Dazu werden sie ausgebildet. Sicher kennst du das auch, dass der eine Lehrer beliebter ist als der andere. Das kommt daher, dass die Kinder spüren, ob sie zu einem Lehrer oder einer Lehrerin besonders viel Vertrauen haben können. Sie haben das Gefühl, der Lehrer versteht sie. Oft kann man nicht richtig erklären, woher das kommt. Ich will versuchen, es dir zu erklären.

Du weißt, jedes Lebewesen hat ein Herz. Das ist ein körperliches Organ. Solange es schlägt, lebt ein Wesen. Aber unter Herz versteht man auch Gefühl für andere. Wenn man sich besonders gut auf andere Menschen einstellen kann, um sie zu verstehen und ein wenig zu wissen, wie es in ihnen aussieht, ob sie trauern oder glücklich sind, dann sagt man, dass ein Mensch Herz hat. Verstehst du den Unterschied? Das organische Herz braucht man, um zu leben. Das liebende Herz ist reines Gefühl für die Schöpfung und alle Wesen, auch für Tiere, Pflanzen und alles, was lebt.

Die Seele kennt alles an einem Wesen, seine Gefühle oder sein Herz, die Gedanken und die körperlichen Dinge, kurzum die ganze Persönlichkeit, auch Ego genannt. Wenn man also in der Lage ist, die Seele zu verstehen und mit ihr zu sprechen, dann ist man auf dem richtigen Weg, um ein Wesen ganz zu verstehen. Das ist nicht einfach, denn das Herz, also das Gefühl, muss sich mit der Seele unterhalten können. Es ist im Körper eines Menschen wie ein Dolmetscher, der alle Sprachen spricht. Zuerst muss man sich selbst ganz genau kennen, damit man weiß, ob man die anderen überhaupt verstehen kann. Deshalb fände ich es sehr gut, wenn die Menschen zuerst einmal lernen würden, sich selbst gut zu führen. Dann wüssten sie viel besser Bescheid über das Thema. Weißt du, was ich damit meine?

Wenn du zum Beispiel genau weißt, wovor du Angst hast oder was dir nicht gut tut, kannst du dich doch viel besser in andere hineinversetzen, wenn du weißt, sie haben die gleichen Probleme, oder? Ich glaube, du hast das verstanden.

Alles, was von dir auf dieser Welt als Mensch oder Persönlichkeit vorhanden ist, nennt man auch das Ego. Es ist wichtig, denn es schützt dich und hält dich am Leben. Manchmal macht es auch dumme Sachen, wenn es zum Beispiel eifersüchtig oder neidisch ist. Wenn ein Kind einfach nicht lernen will, dann weigert sich sein Ego, Wissen aufzunehmen. So einfach ist das. Und jeder Mensch, auch ein Tier, hat sein Ego. Alle wollen Recht haben. Das kennst du auch. Wenn also ein Mensch andere führen soll, muss er lernen, das Ego zu verstehen, bei sich selbst und bei den anderen. Du kennst doch den Spruch: "Fasse dich zuerst an deiner eigenen Nase." Das stimmt auch. Nur wenn man seine eigenen Fehler kennt, weiß man, dass auch andere Menschen das Recht haben, Fehler zu machen oder nicht so gut gelaunt zu sein. Dieses Ego ist sehr schlau, aber auch interessant. Nochmals: das Ego darf die Sprache des Herzens benutzen, um die Seele zu verstehen.

Möchtest du deines einmal kennen lernen? Dann komm in meinen Tempel. Wir wollen es dort herausfordern.

EINSTIMMUNG (siehe Seite 17)
MEDITATION

Wenn du jetzt nach unten schaust, siehst du einen wunderschönen Park – grüne Wiesen mit vielen bunten Blumen und hohe Bäume. Kannst du uns dort unten erkennen? Ich warte auf dich mit ein paar anderen Kindern. Sie sind schon angekommen. Deine Engel setzen dich nun ganz vorsichtig auf der Wiese ab. Wir sind nicht weit von dir weg. Ruhe dich erst einmal ein wenig aus.

Ruhe.

Komm zu uns. Wir wollen in mein Haus für die Kinder gehen. Siehst du, ich führe euch dahin. Ich bin eure Führerin hier in Atlantis. Hoffentlich fühlst du dich wohl und geliebt. Vielleicht findest du eines der anderen Kinder interessant und möchtest dich unterwegs mit ihm unterhalten. Frage es, woher es kommt und was es sonst so macht. Dann vergeht die Zeit schneller.

Ruhe.

So, wir sind angekommen. Sieh mal, wir stehen vor einem kleinen Häuschen, das aus riesigen Lebkuchen gebaut ist. Duftet es nicht lecker? Hierher lade ich alle Kinder ein, die sich mit ihrem Ego, oder sagen wir mit ihrer eigenen Persönlichkeit, treffen möchten. Sie möchten doch gut mit anderen umgehen lernen. Sieh mal, die Lebkuchen sind alle mit rosafarbenem Zuckerguss verziert. Kommt, wir gehen alle hinein. Nachher bekommen alle eine Belohnung: Sie dürfen ganz viel Lebkuchen essen. Aber zuerst müssen wir ein wenig arbeiten. Also, gehen wir.

Ruhe.

Schau dich drinnen genau um. An den Wänden hängen viele selbst gemalte Bilder, die mir Kinder geschenkt haben. Immer haben sie viel Rosa verwendet. Sieh mal, du stehst vor einem großen, rosafarbenen Vorhang. Davor liegen viele rosa Sitzbälle. Suche dir einen Ball aus und setze dich darauf. Jetzt schließe deine Augen.

Ruhe.

Wenn die Kinder hier bei mir sind, können wir zaubern. Öffne deine Augen und schau geradeaus. Der Vorhang wurde beiseite gezogen. Siehst du dort das Kind, das dir ähnlich sieht? Fast sieht es aus, als wäre es ein Zwilling von dir. Es sieht dich an und lächelt dir zu. Wie findest du seine Haltung dir gegenüber? Ist es ein hübsches Kind? Wie findest du seine Augen, wenn sie dich so ansehen? Würdest du deine Haare so tragen? Gefällt dir seine Kleidung? Sprich mit ihm und frage es, was dich interessiert. Versuche es zu akzeptieren, wie es ist, gleich was es tut.

Ruhe.

Aber schau mal, um das Kind herum sind ganz viele bunte Farben. Es sind die Farben der zwölf Strahlen. Ist das nicht herrlich? Welche Farbe gefällt dir besonders gut? Gibt es eine, die du gar nicht magst? Stell dir vor, die Farben wollen mit diesem Kind sprechen, es trösten, ihm Mut machen, oder einfach nur erreichen, dass es fröhlich ist. Vielleicht ist es auch manchmal ein wenig neidisch oder eifersüchtig auf andere. Da gibt es auch Farben, die ihm dabei helfen möchten, dass es ihm besser geht. Sprich mit dem Kind und frage es, wo es Kummer hat. Vielleicht geht es ihm ja auch sehr gut und es kann dir tolle Dinge berichten. Höre ihm einfach zu und schau ihm dabei in die Augen. Beobachte dabei, ob sich bestimmte Farben sehr intensiv nähern und das Kind streicheln. Freuen dich seine Worte, oder fühlst du etwas anderes?

Ruhe. (Längere Pause)

Siehst du, jetzt hat euer Herz miteinander gesprochen. Schau noch mal genauer hin und versuche, mit dem Kind zu sprechen, ob es meint, noch ein wenig mehr in der Schule lernen zu müssen. Hat es Schwierigkeiten in der Schule? Ist es der gleichen Meinung wie du, wenn es um die Schule geht? Kannst du ihm vielleicht einen guten Rat geben, wie es besser lernen könnte? Aber vielleicht kann das Kind ja auch dir ein paar gute Tipps geben. Frage es ruhig.

Ruhe.

Ihr habt euch gut unterhalten. Einer konnte vom anderen viel lernen. Jetzt schließe wieder deine Augen und stell dir das Kind wieder vor, wie du es in Erinnerung hast. Sprich zu ihm folgende Worte:

Du bist für mich ein ganz wertvolles Kind. Ich habe mich sehr gefreut, dich kennen zu lernen und von dir einiges zu lernen. Ich hoffe, auch ich konnte dich zu neuen Dingen ermutigen. Sei stark! Ich bin es auch. Wir sind von nun an gute Freunde.

Du öffnest deine Augen. Der Vorhang hat sich wieder geschlossen. Ich habe dir gesagt, dass ich zaubern kann. Ich habe dir vorhin geholfen, mit dir selbst zu sprechen. Dein Ego hat dir gezeigt, wie man mit dem Herzen spricht. So konnte deine Seele dir helfen, dich selbst zu entdecken. Wie ein Spiegel war es, als der Vorhang sich öffnete. So kannst du dich auch immer bemühen, andere Menschen zu verstehen, vor allem, wenn du sie führen oder dich ihrer Führung anvertrauen sollst. Gönne dir die Zeit des Kennenlernens. So kommt Vertrauen zustande, und man kann sich gegenseitig sagen, was man nicht so gut findet. Bedanke dich bei dir für dieses Körnchen Wahrheit, das du dir selbst geschenkt hast. Sage zu ihm:

Danke, dass du mich besucht hast. Ich will dich gerne als guten Freund betrachten.

Dein Ego ist jetzt wieder mit dir verbunden. Ihr seid eins. Wenn du dich einmal so auf andere Menschen eingestellt hast, geht jeder anschließend wieder seiner Wege.

Als Dank für deine tolle Arbeit bekommst du von mir ein feines Lebkuchenherz mit nach Hause. Mit rosa Schrift steht darauf: ***Du bist stark!***

Jetzt wird es Zeit für dich und die anderen Kinder, wieder zu gehen. Ich gehe mit euch wieder hinaus in den Park. Halte dein Herz ganz fest. Ich freue mich, wenn du mich wieder besuchst. Nun kehre zurück, wie du gekommen bist. Du wirst ganz leicht und schwebst wieder in die Höhe. Ich winke dir von unten zu.

Ruhe.

Langsam wirst du wieder ganz schwer. Du spürst deinen Körper wieder und öffnest deine Augen. Atme ganz tief in deinen Bauch und strecke dich aus.

Adonai – Hellenis, deine Freundin

Mantra für Kinder

☆

"Ich danke meinem Ego, dass ich es kennen lernen und mit ihm sprechen durfte. Es soll mir helfen, alle Menschen zu verstehen."

☆

☆☆☆☆☆

DANINA – PRIESTERIN DER NÄCHSTENLIEBE

Themen:

- In dieser Welt hat niemand mehr Gefühle für den anderen. Alles ist kalt.
- Es herrschen nur Neid und Eifersucht.
- Jeder möchte für seine Zuwendung sofort eine Gegenleistung.
- Schon kleine Kinder denken nur an ihren Vorteil.
- Alle reden nur von bedingungsloser Liebe. Niemand lebt sie wirklich.
- Ich wünsche mir manchmal einen Menschen, der mir einfach nur zuhört, ohne mich zu bewerten.
- Ich wünsche mir uneigennützige Ratschläge, die mir wirklich etwas bringen.
- Ich wünsche mir Menschen um mich herum, die mich so annehmen, wie ich bin, ohne Berechnung.

☆☆☆

Nächstenliebe – wie es scheint, ein sehr veraltetes Wort. Du magst sie auf deine Art und Weise gut definieren. Dennoch – weißt du sie richtig zu deuten? Befrage zehn Menschen und du wirst zehn verschiedene Definitionen erhalten. Sie hat für jeden ein anderes Gesicht. Für die geistige Ebene stellt sie etwas dar, was jedes Wesen erreichen kann und letzten Endes muss. Es ist gar nicht so kompliziert. Du musst dir nur immer wieder vor Augen halten, dass sie für jedes Wesen gleich zu empfinden ist. Dennoch drückt sie sich in der Umsetzung anders aus. Sie bewegt sich auf einer Ebene des Verstehens, der Wertschätzung des Lebens, auch des Interesses an Menschen und Kulturen, des Respekts und des distanzierten Einfühlens, auch Empathie genannt. Was fällt dir selbst dazu ein? Denkst du an Mitleid, gerechten Ausgleich, Geben und Nehmen, vernünftige Zuwendung oder Rücksichtnahme in jeder Situation?

Ja, ich weiß, das sind normalerweise eure Begriffe. Sicherlich würden wir noch mehr herausfinden, doch versuche, den Unterschied zu entdecken. Nächstenliebe hat einen sehr neutralen Nährboden. Sie lässt sofort los. Das ist ganz, ganz wichtig. Niemals erwartet sie etwas zurück. Du kannst mit ihr sprechen, denn sie existiert. Es ist eine Schwingung, getragen von dem Klang deines Herzens. So wie dein Herz sich einschwingen kann in eine anspruchslose Betrachtungsweise deines gesamten Umfeldes, so reflektiert deine Nächstenliebe. Deshalb können wir sie nicht abstempeln zum Fremdwort, das man im Lexikon nachschlägt. Sie ist kein Begriff, sondern ein lebendiges Wesen, das seinen Wohnort in dir bezogen hat und dort ständig umzieht. In ruhigen Zeiten, wenn du dich selbst bestätigt fühlst, schlägt sie ihr Zelt in der Nähe deines Herzens auf. Dein Gehirn erteilt ihr immer wieder den Befehl, den Umzug vorzunehmen. Hat dich jemand verletzt oder im Stich gelassen, wie du meinst, schlägt sie im Herzen eine Tür zu, packt ihre sieben Gedanken und verlegt das Wohnmobil aufwärts in Richtung Halschakra. Je nach Geschwindigkeit versetzt sie der Magengrube im Vorbeigehen noch einen Adrenalinstoß, jagt dann nach oben, blockiert die Luftröhre, schenkt dir einen wunderbaren Kloß, der sich im Hals sehr wohlfühlt, um dich dann, wenn sie sich heimisch fühlt, zum Wutausbruch oder zum Rückzug zu veranlassen. Kannst du dir vorstellen, welchen Kraftaufwand du dazu brauchst?

Ich denke nicht, sonst wärest du viel ruhiger. Aber es gibt für sie auch Wohnorte, die sie als angenehm empfindet. Wenn du sie willkommen geheißen hast, kennt sie sich im Herzen so gut aus, dass sie freiwillig auf Erkundungstour geht. Dein Bauch ist dann warm und weich, vielleicht sogar etwas gerundet, jedoch nicht hart und flach. Er ist gut durchblutet und bereit, Liebe zu geben und zu empfangen. Er lässt sehr gut los und veranlasst dich zu reiner und gesunder Nahrung.

Wir sprechen hier nicht von den Auswirkungen eurer Umweltgifte und karmischer Blockaden, die sich trotzdem zeigen können. Es handelt sich hier um verschiedene Ebenen. Außerdem hat sie ein gutes Ziel für ihre Wochenendreisen. Sie macht sich dann auf den Weg und klettert dein Rückgrat empor, um zu sehen, wie es deinen Ohren, Augen und Nerven geht. Trifft sie unterwegs auf die Schwingung der die Nächsten liebenden Menschen, streichelt sie dein Rückgrat, wandert nach oben und legt sich dann schlafen, um sich zu erholen vom ständigen Tapetenwechsel. Begegnet sie anderen Schwingungen, muss sie ihre Ellbogen einsetzen. Dabei gerät schon mal ein Wirbel ins Abseits, wenn er ihr ausweichen muss. An den Ohren rauscht sie so schnell vorbei, um bloß nichts zu hören, dass es dort nur so pfeift und klingelt. Die Augen fordert sie auf, genau hinzusehen, bis sie vor Erschöpfung den Dienst quittieren. Schließlich hämmert sie bei deinen Nerven an der Tür, damit sie sich wehren und Alarm schlagen. Dann weigert sich der ganze Kopf, etwas zu hören oder zu sehen, geschweige denn das so heilsame Licht aufzunehmen. Du nennst es vielleicht Migräne.

Bedenke, es ist nicht so, dass du selbst immer der Übeltäter bist, der sie nicht zur Ruhe und zur Höchstform kommen lässt. Es sind Schwingungen, denen du ausgesetzt bist, und die dich mitziehen und reagieren lassen. Nur wenn du bereit bist, deine eigene Schwingung zu verbessern und der Nächstenliebe immer eine gemütliche Wohnung im Herzen zu reservieren, wird sich die Schwingung in dir verbessern. So wird dich nichts mehr dazu veranlassen, ihr zu kündigen und auf die Straße der Missgeschicke zu katapultieren. Es ist so einfach, sie zu verstehen und mit ihr gut auszukommen.

Möchtest du dich mit ihr unterhalten? Sie wird dir genau sagen, wie sie sich ein Zusammenleben mit dir vorstellt. Ihre Behausung sieht in jedem Menschen anders aus. Das hat sie akzeptiert, denn sie ist flexibel. Wäre sie festgelegt auf ein Tapetenmuster, würde sie nicht jeden Geschmack treffen. So käme es zu Vorschriften und Manipulation. Man würde es ihr zu Gefallen so einrichten. Was wäre dann passiert? Man hätte selbst zu ihr keine Nächstenliebe. Komm, ich lade dich ein, sie zu besuchen. Mache dich darauf gefasst, dass sie absolut ehrlich und unkompliziert ist. Sie verfolgt dich schon seit Jahrtausenden. Endlich kann sie dir ihre Meinung sagen. Höre gut zu.

EINSTIMMUNG (siehe Seite 15)
MEDITATION

Du näherst dich Atlantis. Unter dir erscheint eine kleine Insel. Sie zeichnet sich besonders dadurch aus, dass sie sehr tropisch ist. Viele Palmen, weiße Strände, aber auch dir bekannte Wälder werden sichtbar. Genieße diesen Blick von oben.

Ruhe.

Du entdeckst einen wunderschönen Wasserfall. Das Wasser fließt gleichmäßig an einer Felswand hinab. Rechts und links davon siehst du bunte Blumen in allen Variationen. Auch Kakteen haben sich hier angesiedelt. Sie blühen in einem herrlichen Rosa. Steuere nun diesen Wasserfall an und lass dich an seinem Fuße nieder. Ruhe dich aus.

Ruhe.

Ich komme nun zu dir. Meine Art der Schule benötigt keine Räume oder Tempel. Schon immer pflegten wir uns hier in der Natur zu bewegen. Ich liebe diesen Wasserfall. Er ist das Symbol für Fülle und Reichtum im Herzen. Seine Energie klärt alle Emotionen und Gedanken. Er verbindet dich mit der Mutter Erde und lässt dich alles im klaren Lichte erkennen. Sein Rauschen ist nicht laut, sondern eher ein Flüstern oder sanftes Streicheln deiner Seele.

Ruhe.

Du befindest dich auf einer Wiese, die mit weichem Moos bedeckt ist. Mache es dir ganz bequem. Ein kleiner Zwerg polstert dir deinen Kopf ganz bequem ab. Er freut sich, dir diesen Dienst erweisen zu dürfen. Das ist seine Aufgabe. Schließe deine Augen und werde ganz ruhig. Du hörst das leise Rauschen des Wassers und achtest auf deinen Herzschlag.

Ruhe.

Nun möchte ich mit dir eine Übung machen.

Visualisiere einen Menschen, mit dem du zur Zeit vielleicht ein paar Missverständnisse erlebst. Es mag dein Partner sein, dein Kind, ein Elternteil, ein Freund oder auch ein Mensch, mit dem du gar nicht so eng verbunden bist. Ist es ein Arbeitskollege oder ein Geschäfts-

partner? Trägst du vielleicht ein Kind in dir, das du nicht willkommen heißen kannst? Hast du einen Menschen verloren, mit dem du noch nicht ganz im Reinen bist?

Schau genau hin und lade dieses liebenswerte Wesen ein, sich zu uns zu gesellen. Auch wenn es dir schwer fällt, wünsche dir jetzt die Gemeinsamkeit. Ich bin da. Es wird dir nichts geschehen.

Ruhe.

Bitte dieses Wesen nun, sich neben dir niederzulassen. Ich heiße euch beide willkommen im Sinne der Nächstenliebe. Was fühlst du jetzt in diesem Moment? Beginne in deinem Körper zu reisen. Du trittst die Reise in deinem Herzen an. Bitte das Wesen, das du eingeladen hast, dich zu begleiten. Sage ihm ganz freundlich, was dich an ihm stört, oder welche Dinge dir selbst Leid tun. Sprich ganz ruhig aus, was du dir wünschst oder was du ablehnst.

Ruhe.

Fühle in dich hinein und lasse das Gefühl in deinem Körper wandern. Wohin wendet es sich? Ordne ihm eine Farbe zu und fühle genau hin, wo und in welchem Organ du etwas bemerkst.

Ruhe.

Nun bitte das Wesen, das dich begleitet, seine Gefühle dir gegenüber zu äußern. Hat es vielleicht Angst vor dir, oder fühlt es sich überfordert? Ist es traurig über euer Verhältnis? Hat es eine ganz andere Vorstellung von eurer Beziehung? Höre ihm in Ruhe zu. Es kostet dich nichts, nur ein wenig Zeit.

Ruhe.

Was fühlst du nun in deinem Körper? Wie ändert sich das Gefühl? Wird es ruhiger und leichter um dich herum? Was macht dein Herz gerade? Schau dir diesen Menschen genau an und entdecke an ihm etwas Liebenswertes und Schönes. Visualisiere diesen Menschen als unschuldiges kleines Kind. Es sieht dich an und freut sich über deine schützende Hand und deine Aufmerksamkeit.

Ruhe.

Nun bitte dieses Wesen, dir etwas Liebevolles zu sagen oder dir ein Geschenk zu überreichen. Siehst du, dieses Wesen wusste genau, was dich erfreuen würde. Es kennt deine Schwingung sehr genau. Überrascht dich diese Art der Begegnung? Fühle in deinen Körper und folge deinem Gefühl. Wie hat es sich verändert?

Ruhe.

Nun tue es diesem Wesen gleich und sprich das aus, was du schon so lange gerne gesagt hättest. Versuche dabei so freundlich und liebevoll wie möglich zu sein. Du machst dich nicht lächerlich, keine Angst. Jedes Herz freut sich über den Satz "Ich liebe dich." Wenn du möchtest, überreiche ein kleines Geschenk, vielleicht eine Blume, einen Stein deiner Wahl oder ein Symbol. Du gibst es gerne und von Herzen. Dafür willst du nichts zurück bekommen. Du lässt dein Geschenk los und freust dich über das Lächeln deines Gegenüber.

Ruhe.

Was geschieht in deinem Körper? Wo hat sich das Gefühl niedergelassen? Fühle deinen Bauch. Er ist gelöst und ganz weich. Alles ist warm durchblutet. Du bist ganz entspannt. Schau, das Wesen will sich von dir verabschieden. Ihr steht euch gegenüber. Wir üben den Gruß der Atlanter. Dabei kreuzen wir die Arme auf der Brust, berühren mit den Händen das Schlüsselbein und neigen ganz leicht den Kopf nach vorne. Respekt und Loslassen werden erteilt und angenommen. Das ist gut. Genieße diesen Augenblick des gegenseitigen Verstehens.

Ruhe.

Das Wesen entfernt sich und geht seiner Wege. Bitte nun dein Gefühl, in dein Herz zurückzukehren. Lass es den Weg finden.

Ruhe.

Nun ist es gut. Du bist zu dir und deiner Nächstenliebe zurückgekehrt. Wie einfach ist es doch, sich als liebevolles Wesen zu entdecken. Auch ich verneige mich vor dir mit dem Gruß der Atlanter und sage dir:

In deinem Herzen trägst du die Liebe Gottes. Sie ist weder wertend noch begrenzend. Sie alleine ist in der Lage, neue Liebe zu schaffen. So wie du von IHM geliebt wirst, so sollst du andere lieben, bedingungslos und nachsichtig.

Ich lasse dich jetzt alleine, damit du deinen Rückweg antreten kannst. Komme jederzeit zurück, um diese Übung zu machen. Je öfter du hierher kommst, um so leichter wird es dir fallen. Du kehrst zurück in deine Heimat. Der Wasserfall ist das letzte Bild, das sich in dir verankert.

Ruhe.

Atme tief in deinen Körper. Fühle deinen Bauch und dein Herz. Öffne deine Augen und strecke deine Glieder.

Adonai – Danina, deine alte Freundin

Mantra

☆

"Vater aller Dinge, lasse mein Herz die Liebe fühlen, die du einst in mich hineingelegt hast. Zeige mir den Weg der zwölf Tugenden."

☆

Text von Danina für Kinder

Ich grüße dich von Herzen. Mein Name ist Danina. Ich kenne deinen Namen, und ich bin ganz besonders erfreut, mich mit dir über die Nächstenliebe unterhalten zu dürfen.

Jedes Kind und jeder Erwachsene auf dieser Welt ist ganz, ganz wichtig. Gott hat alle auf die Erde geschickt, damit sie dort ihre Aufgabe erfüllen und sich miteinander vertragen und sich gegenseitig helfen. Dabei kommt es immer wieder darauf an, in welchem Alter sich ein Mensch gerade befindet. Kinder beschäftigen sich mit ganz anderen Themen als ihre Eltern oder Großeltern. Wenn sich die Kinder mit Nächstenliebe befassen müssen, handelt es sich meistens um ihre Eltern, Geschwister oder Spielkameraden. Sie müssen sich einfügen in eine Familie, in den Kindergarten oder die Schule.

Wenn ein Kind geboren wird, ist es zunächst einmal ganz wichtig in der Familie. Alle sind um das Baby besorgt und wollen ihm alle Wünsche erfüllen. Wird es dann größer, muss es lernen, auf die anderen Rücksicht zu nehmen. Es kommen vielleicht noch andere Geschwister dazu, denen man dann sein Spielzeug leihen oder schenken soll. Man wird größer und übernimmt Aufgaben, damit eine Familie gut zusammenleben kann. Das ist nicht immer leicht. Kommt man dann in die Schule, sind auch andere Kinder da, um die sich der Lehrer kümmern muss. Vielleicht sind manche Kinder ein wenig vorlaut und verlangen immer alles für sich. Sie müssen lernen, sich einzuordnen. Du darfst ihnen zeigen, dass man nicht immer an erster Stelle sein muss.

Die Erwachsenen müssen auch lernen, die Nächstenliebe zu leben. Manche von ihnen möchten zwar gerne eine Familie, aber wenn sie dann heiraten oder Kinder bekommen, möchten sie immer noch so leben können wie vorher als Jugendliche. Das geht nicht. Sie dürfen so lernen, andere zu respektieren und Probleme zu lösen. Dabei muss jeder zu Wort kommen und berücksichtigt werden.

Auch wenn die Menschen in Betrieben zusammenarbeiten, sollten sie jeden gleich achten und schätzen. Jeder hat seine wichtige Aufgabe. Alle müssen dafür gerecht entlohnt werden. Niemand darf ausgenutzt oder schlecht behandelt werden.

Großeltern oder generell alte Menschen leben die Nächstenliebe wieder ganz anders. Sie haben Lebensweisheit, weißt du. Vieles können sie viel besser verstehen als Kinder oder deine Eltern und Geschwister. Sie blicken zurück auf ihr Leben und haben verstanden, dass sie oder andere Menschen manchen Fehler und manches Gute gemacht haben. Sie wissen einfach, wie man besser mit Menschen umgeht. Du kannst viel von ihnen lernen. Lass dir von ihnen Geschichten erzählen, die ihnen das Leben gebracht hat. Alte Menschen können aber auch viel Zuwendung benötigen. Das ist wiederum etwas, das jüngere Menschen lernen müssen. Sie möchten sich manchmal gerne unterhalten, damit sie sich nicht so einsam fühlen. Dabei sind sie nicht mehr so schnell wie du, oder sie benötigen viel Hilfe. Man muss Sachen für sie erledigen, die sie früher für andere taten. Wenn sie krank sind, brauchen sie Pflege, und manchmal wären sie froh, es wäre jemand an ihrer Seite, wenn sie sterben. Dabei genügt es oft, wenn man ihre Hand hält und sie streichelt. Sie haben so viel für andere Menschen getan, Kinder geboren, erzogen und losgelassen. Manche Eltern sahen ihre Kinder sterben, weißt du. Sie sind alleine zurückgeblieben. Ihnen bei all dem zu helfen, ist auch Nächstenliebe. Das sind die Seiten des Lebens eines Menschen, die nicht immer nur lustig und gemütlich sind. Aber jeder Mensch ist einmal Kind, Erwachsener und alter Mensch. Denke immer daran, dass auch du viele wichtige Aufgaben bekommen wirst. Jeder Mensch darf für sich Nächstenliebe erwarten, aber er muss sie dann auch selbst verschenken, damit alles im Gleichgewicht bleibt. Kannst du das verstehen? Sie ist immer ein Geschenk und fordert nichts zurück. Alles, was du gibst, sollst du gerne geben. Du wirst viel dafür zurück bekommen, sei gewiss. Weißt du, wo Nächstenliebe wohnt? Ich kann es dir zeigen. Sie wohnt in deinem Herzen. Wollen wir sie einmal gemeinsam besuchen? Dann komm zu mir in meine Schule. Sie wartet dort auf dich.

EINSTIMMUNG (siehe Seite 17)
MEDITATION

Siehst du unter dir die kleine Insel? Die weißen Sandstrände leuchten in der Sonne. Kannst du mich sehen? Ich winke dir zu. Um mich herum spielen viele Kinder um Sand. Es sind kleine und große, die mich hier immer wieder besuchen. Du kennst viele von ihnen sehr gut. Ihr trefft euch hier oft, um zu lernen und euch auszutauschen. Seit ihr Babys wart, kommt ihr immer wieder mal zu mir. Früher kamen eure Mütter mit euch. Schau, auch Mütter mit ihrem Baby auf dem Arm sitzen unter den Palmen im Schatten. Sie winken dir zu. Lass dich langsam herab und lande sanft im weichen, warmen Sand.

Ruhe.

Komm, steh auf und reiche mir deine Hand. Wir wollen gemeinsam zu den anderen gehen. Deine Füße spüren den feinen, warmen Sand. Schau dich ruhig um, während wir so wandern. Wir suchen uns alle gemeinsam ein schattiges Plätzchen. Trotzdem können wir das Meer hören und sehen. Siehst du die vielen kleinen und großen Möwen, die umherspazieren? Sie blicken so neugierig und lustig drein.

Ruhe.

Ich habe für euch alle viele bunte Decken ausgebreitet. Suche dir die aus, die du am schönsten findest. Wenn schon andere Kinder da sind, machen sie dir Platz. Es ist genug für alle da. Setz dich und mache es dir bequem. Auf den Decken liegen Farbstifte und Malblöcke. Jeder nimmt sich einen Block. Die Stifte wollen wir teilen, wenn wir malen. Sie bleiben in der Mitte liegen. Jeder nimmt sich immer gerade die Farbe, die er braucht, und legt sie dann wieder zurück, damit auch die anderen sie benutzen können. Du darfst dich hinsetzen oder auch legen, so wie es dir am bequemsten ist. Achte nur darauf, dass du die anderen nicht behinderst.

Ruhe.

Du schließt jetzt deine Augen und hörst ganz ruhig in dich hinein. Wen in deinem täglichen Leben hast du ganz besonders lieb? Ich weiß, dass es da jemanden gibt, vielleicht sogar viele Menschen. Suche dir aber einen ganz bestimmten Menschen aus und stell dir vor, wie ihr euch umarmt. Vielleicht darfst du dich an diesen lieben Menschen kuscheln. Genieße diese Nähe.

Ruhe.

Jetzt öffne deine Augen und male dich und diesen Menschen auf deinen Block. Benutze die schönsten Farben dafür. Dabei gibst du all deine Liebe in das Bild hinein. Das Bild soll für diesen Menschen ein Geschenk sein, weißt du.

Ruhe. (Längere Pause mit Musik)

Jetzt wollen wir das Bild noch ein wenig schmücken. Beide gemalten Menschen wollen sich etwas sagen. Du kennst doch sicherlich aus einigen Büchern die Sprechblasen. Das sind Kreise, in die man Worte hineinschreibt, die jemand sagt. Wir wollen aber keine Kreise malen, sondern Herzen. Also, male zu jeder Figur ein Herz. Nimm dir dafür Zeit.

Ruhe.

Nun schreibe in jedes Herz ein paar liebevolle Worte, die ihr euch gegenseitig sagt.

Ruhe.

Schau dir das Bild in Ruhe an. Es zeigt dir ganz viel Nächstenliebe.

Gibt es vielleicht einen Menschen, mit dem du dich gerade nicht so gut verstehst? Denke in Ruhe darüber nach.

Ruhe.

Wenn dir niemand eingefallen ist, stell dein Bild fertig, indem du es ausschmückst mit bunten Blumen, Tieren oder anderen interessanten Dingen. Sollte dir aber jemand eingefallen sein, dann male ihn mit auf das Bild, und zwar so, dass er sich in eurer Nähe befindet. Male den Menschen so, dass er euch beiden die Hand reichen kann, wenn er möchte. Weißt du, wie man das nennt? Er muss euch nicht die Hand reichen, aber er ist in eurer Schwingung. Davon reden die Erwachsenen oft. Das bedeutet, dass er eure Liebe spüren kann, weil er so nahe ist. Ich bin sicher, dass er diese Liebe auch gerne hätte. So darf er sich euch nähern und sich mit euch freuen und Liebe für euch empfinden. Versuche es einmal.

Es kann sich natürlich auch um ein Tier handeln. Male ganz in Ruhe.

Ruhe. (Längere Pause)

Wenn du fertig bist, lege die Stifte beiseite und schließe deine Augen. Stell dir alle gemalten Personen oder Wesen vor und fühle den Frieden in deinem Herzen. Alle lächeln sich an und sind zufrieden.

Was findest du nun gut an den anderen? Denkst du nicht, dass jeder liebenswert ist? Denke immer daran:

Gott hat alle Menschen, Tiere, Pflanzen und Steine mit seiner Liebe ausgestattet. Jeder ist liebenswert auf seine Art und Weise, und doch sind alle unterschiedlich, ob in ihrer Hautfarbe oder in ihrem Wesen. Gott liebt alle.

Jetzt weißt du, wie sich Nächstenliebe anfühlt. Sie akzeptiert jeden, wie er ist, auch wenn er dir nicht immer so gut zugetan sein kann. Trotzdem begegnet dir jedes Wesen auf der Erde, weil Gott es so wollte. Du wolltest ihm begegnen, um etwas von ihm zu lernen. Verschließe also niemals dein Herz, nur weil ein anderer Mensch oder auch ein Tier dir nicht so interessant erscheint. Du weißt nie, welche wunderba-

re Wesen sich da zeigen kann. Es kann dein bester Freund werden.

Ruhe.

Unsere Malstunde ist beendet. Das Bild darfst du gerne mitnehmen und verschenken, wenn du willst. Du kannst es auch beim nächsten Mal wieder mitbringen, falls du wieder daran arbeiten möchtest. Vielleicht gibt es ja noch etwas zu korrigieren und verschönern. Rolle es zusammen und halte es fest in deinen Händen, wenn du dich auf den Heimweg machst. Ich habe mich sehr gefreut, dass du gekommen bist. Alle machen sich jetzt wieder auf den Weg nach Hause. Steh auf und gehe wieder an den Strand. Die Möwen begleiten dich. Sie sind immer so froh, wenn Kinder hier sind.

Ruhe.

Ich umarme dich und drücke dich ganz fest an mich. Komm gerne wieder. Ich bin immer für dich da.

Du wirst wieder ganz leicht und fliegst zurück nach Hause, wie du gekommen bist.

Ruhe.

Langsam wird dein Körper schwerer. Du spürst den Boden wieder unter dir. Atme ganz tief in deine Füße und Hände. Dann öffne deine Augen und strecke dich.

Adonai – Danina, deine Freundin.

Mantra für Kinder

☆

"In meinem Herzen ist genügend Liebe für alle Menschen, die ich kenne. So sollen auch alle mich lieben."

☆

☆☆☆☆☆

YOCARA – PRIESTERIN FÜR VERSTÄNDNIS UND TOLERANZ

Themen:

- Es sind so viele Menschen um mich herum, die nur für sich die Toleranz fordern.
- Wie kann man Verständnis und Toleranz üben, wenn man selbst ständig verletzt wird?
- Wie kann ich die Andersartigkeit anderer Menschen besser verstehen?
- Warum kommen die Menschen nicht gut miteinander aus?
- Viele Menschen sagen anderen, was sie von ihnen halten, können aber selbst die Wahrheit nicht vertragen.
- Alle reden davon, dass andere ihr Spiegel sind. Sie wollen aber nicht in den Spiegel sehen.

☆☆☆

Verständnis ist das Ergebnis deines Verstands. Das glaubst du doch. Ich will damit ausdrücken, dass Verständnis im Mentalkörper eines Wesens gebildet wird, so wie ihr es versteht. Bist du der Meinung, dass das korrekt ist?

Wenn das so wäre, wie könnte dann eurer Meinung nach ein Tier Verständnis üben? Verständnis ist nur bedingt ein Produkt des Verstands. Du als Mensch musst deinen Verstand einsetzen, um Verständnis aufzubringen für das, was um dich herum geschieht. Tolerant ist ein Mensch, wenn er sich verständnisvoll zeigt. Ist er es dann auch? Verständnis ist also eine Art des Ausdrucks oder der Kommunikation. Toleranz dagegen ist der Beweis, dass das Verständnis tatsächlich verstanden wird. Sie bedingt die Handlung. Solange sie sich in Worten und Gesten ausdrückt, ist sie nur gedacht, vielleicht verstanden, oftmals gemimt. Wenn ein Mensch tolerant ist, wird man es spüren, vernehmen und sehen in all seinen Handlungen. Sein Verstand hat gelernt, über Begrenzungen hinwegzusehen, auch über die eigenen. Am wenigsten wird sie von einem Menschen geübt, der ständig Toleranz von anderen Menschen fordert und sie in seinem Umfeld bemängelt. Diese Haltung ist ein Zeichen der eigenen Unsicherheit in dem Bewusstsein, dass man selbst nicht in der Lage ist, Toleranz zu üben. Du wirst sie immer nur üben können. Oft sprecht ihr davon, Toleranz zu üben. Viele meinen damit jedoch, dass man sie lebt. Üben heißt probieren, sich testen, verbessern und Fehler berichtigen. Bedenke also immer, dass das Verständnis das Grundvokabular bietet. Wollen wir das Verständnis nochmals beleuchten. Dann wirst du verstehen, dass auch ein Tier Verständnis aufbringt. Es bedeutet: die Akzeptanz vieler Meinungen, der Andersartigkeit, verschiedener Fähigkeiten, unterschiedlicher Stimmungen, des Widerstandes. Wenn du also Tiere beobachtest, wirst du immer wieder feststellen, dass sie all diese Dinge beherrschen. Sie akzeptieren sich gegenseitig und gehen sich aus dem Weg, wenn der Widerstand zu groß wird. Es mag zwar sein, dass dann der Stärkere die Szene beherrscht, doch ändert sich auch diese Schwingung wieder. Sehr schnell wird er das Interesse verlieren, spürt er doch, dass alles nur Illusion ist. Alles findet sich andernorts erneut.

Toleranz ist das Üben des Verständnisses durch Nachsicht, Duldsamkeit, Entgegenkommen, Weitherzigkeit, aber auch das Akzeptieren der Differenz der durch den Verstand geschaffenen Norm und des tatsächlich Machbaren. Dein Verstand kann sich immer wieder das optimale Verhalten eines Menschen oder eines Tieres wünschen, so wie es deiner Norm entspricht. Hast du das Verständnis dafür aufgebracht, dass sich dieser Mensch oder auch dieses Tier so geschaffen hat, wie es sein Plan vorsah, wirst du erkennen müssen, dass das tatsächlich Machbare nicht mehr deiner Bewertung unterliegt, geschweige denn von dir inszeniert werden kann. Im Gegenteil, dieses Wesen ist dein Spiegel, der dir zeigt, dass auch du so einzigartig bist. Niemals wirst du der Norm eines anderen Verstandes entsprechen können.

Die Wahl deiner kosmischen Strahlung und all deine Erfahrungen sämtlicher Inkarnationen machen dich zu einem Wesen, dessen Toleranz im Sinne der Norm unberechenbar ist. Es ergibt keinen Bemessungswert. Du wirst niemals einen Schätzwert erreichen. Also glaube niemals, die Toleranzfähigkeit eines anderen Wesens ermessen oder fordern zu können. Wäre dies möglich, könnte auch ein jedes Wesen dich so bemessen und auf die Waage stellen. Toleranz ist und bleibt eine Übung auf dem Weg zur Vollkommenheit, eine Grundessenz von Körper, Geist und Seele, gewürzt mit Emotionen und Intelligenz. Sie zu beherrschen und mit Vernunft einzusetzen, ist die größte Prüfung. Darum fordere niemals Toleranz, hast du dich selbst noch nicht bemeistert. Bitte darum und hilf jedem Wesen mit Verständnis, sie zu ergründen und sich der Prüfung auszusetzen. Dann wirst auch du die Toleranz als Geschenk betrachten. Gehe mit mir auf die Entdeckungsreise.

EINSTIMMUNG (siehe Seite 15)
MEDITATION

Du befindest dich über Atlantis. Unter dir siehst du eine kleine Insel. Im Süden der Insel erblickst du einen kleinen Tempel. Er hat ein geschwungenes Dach, das von verzierten Säulen getragen wird. Hierher lade ich immer nur ein Wesen oder eine bestimmte Gruppe von Wesen ein, damit wir ungestört arbeiten können. Dabei bilde ich immer den Spiegel für die Themen, die hier dargebracht werden. Komme in Ruhe an und finde dich zurecht.

Ruhe.

Erhebe dich langsam und betritt den Tempel. Es gibt hier vier verschiedene Räume. Alle sind in Rosatönen gehalten. Du findest dort bequeme Kissen auf dem Boden. Überall umgeben dich blühende Pflanzen und kleine Brunnen aus Rosenquarz. Es ist sehr hell, die Fenster sind offen gestaltet, so dass viele Tiere Zugang erhalten. Bunte Vögel machen sich an den Pflanzen zu schaffen, und Schmetterlinge in den prächtigsten Farben haben hier ihre Heimat. Sie alle freuen sich über deinen Besuch und nehmen dich auf als einen der ihren. Verschaffe dir einen ersten Eindruck.

Ruhe. (Leise Musik)

Du solltest dir nun einen Raum aussuchen, in den du dich begibst. Bedenke, wir wollen an dir arbeiten, nicht an den anderen.

Den ersten Raum nennen wir den Raum des Körperlichen. Befindest du dich also in einer Problematik des Körperlichen, so tritt ein und mache es dir gemütlich. Sieh dich um und erkenne Symbole und Attribute der Körperlichkeit.

Den zweiten Raum nennen wir den Raum der Emotionen. Stellen sie dein Thema dar, so wende dich diesem Raum zu. Tritt ein, nimm Platz und schließe deine Augen. Du hörst dann Musik, die deinen Gefühlen entspricht. Lasse dich ganz darauf ein. Den dritten Raum nennen wir den Raum der Intelligenz. Liegt dort dein Problem, solltest du dich dorthin begeben. Tritt ein, suche deinen Platz auf und werde ganz ruhig in deinem Verstand. Höre auf zu denken und zu grübeln. Also, entscheide dich für einen der drei Räume. Ich werde dich dann besuchen.

Ruhe. (Längere Pause mit Musik)

Ich begrüße dich von Herzen. Behalte Platz. Ich setze mich gerne zu dir. Lass mich sagen, dass es eine große Leistung deinerseits ist, dass du den richtigen Raum betreten hast. Damit hast du dir selbst einen großen Dienst erwiesen. So weißt du also genau, woran wir zu arbeiten haben. Schließe deine Augen und werde ganz ruhig.

Ruhe.

Schildere mir nun dein Problem. Wo bist du selbst nicht in der Lage, Verständnis aufzubringen und Toleranz zu üben? Kann es sein, dass du von anderen zu viel Verständnis und Toleranz erwartest? Ist es überhaupt möglich, in diesem Sinne all das aufzubringen, was deiner Norm entspricht? Formuliere alles ganz genau.

Ruhe.

Wie sieht dein Ideal aus? Gibt es überhaupt etwas, das dir gerecht wird, das deine Vorstellungen befriedigen kann? Kann es sein, dass du von allem nur das Beste willst und den anderen den Rest überlassen möchtest? Äußere dich dazu und beschreibe den Idealzustand, so wie du ihn gerne hättest. Skizziere mir dein kleines Paradies, das sich jetzt in deinem Verstand befindet. Ruhe.

Nun, hast du auch die Polarität dabei bedacht? Ich biete dir jetzt die Schattenseiten an. Dabei wirst du erkennen dürfen, wie gut und lange du sie kultiviert und immer wieder mitgenommen hast. Deine Polarität ist wichtig für dein Wachstum. Nur wenn du sie akzeptierst, wirst du eine Vervollkommnung erreichen. Kannst du das verstehen? Höre mir also genau zu, was ich dir zu sagen habe.

Ruhe.

Du darfst ruhig ungehalten sein. Ich versprach dir, nur dein Spiegel zu sein. Das ist meine Aufgabe. Verstehe dich zuerst selbst und liebe dich mit all deinen Fehlern und deiner Andersartigkeit. Dann übst du Toleranz. Du wirst so eine Schwingung aufbauen, die andere dazu veranlasst, dich zu verstehen und zu tolerieren. Deine Schatten bedürfen des größten Verständnisses. Gib sie zu und führe sie der Heilung zu. Öffne dein Herz für dich selbst. Du bist so lange gewachsen. So unsagbar lange befindest du dich in dem ewigen Kreislauf der Materie. Wie solltest du perfekt sein? Wie sollen es die anderen sein? Lasse deiner Trauer oder deiner Freude ruhig freien Lauf. Ich weiß es zu schätzen. Alles ist Teil deiner Persönlichkeit.

Du fühlst, wie sich ein samtiger Mantel um deine Schultern legt. Der Engel des Verständnisses hat dich berührt. Er breitet seine Arme aus und hüllt dich ein in sein liebevolles Verständnis, das nie durch die Materie getrübt wurde. Ist es nicht erstrebenswert, so zu sein wie er? Du bist auf dem Weg dahin, sei ohne Sorge. Genieße seine Gegenwart und lehne dich zurück in seine Energie.

Ruhe.

Nun komm mit mir. Wir gehen gemeinsam in den vierten Raum. Wir nennen ihn den "Raum der starken Persönlichkeit". Schau, hier warten die Menschen auf dich, die dich am meisten mit deinen Problemen konfrontierten. Sie schauen dich ganz erwartungsvoll an. Neugierig betrachten sie deinen rosa Mantel. Das sind sie nicht gewohnt. Schaue sie in Ruhe an und erkläre ihnen, was du erlebt hast.

Ruhe.

Siehst du, wie sie sich verändern? Sie freuen sich, dass du so große Fortschritte gemacht hast. Sprich in Ruhe zu ihnen:

Ich wünsche mir für uns alle das Verständnis des Herzens. Es soll uns auf den Weg der Toleranz begleiten, damit wir alle diese schwierige Aufgabe üben und uns vervollkommnen können.

Verabschiede dich nun von ihnen. Es ist Zeit, dass ihr alle wieder eurer Wege geht. Auch mich musst du nun verlassen. Du hast viel und hart an dir gearbeitet. Der Lohn dafür wird nicht ausbleiben. Nimm also auf deine Weise Abschied.

Ruhe.

Gehe nun hinaus aus meinem Tempel und tritt deine Heimreise an. Komme jederzeit wieder, wenn du das Bedürfnis hast.

Ruhe.

Du wirst nun wieder schwer und spürst deinen wunderbaren Körper, den du dir selbst geschaffen hast. Atme in deine Chakren und öffne deine Augen.

Adonai – Yocara, deine Freundin.

Mantra

☆

"Vater aller Dinge, schenke mir dein Verständnis, damit sich mein eigenes stärken und wachsen kann. Zeige mir den Weg der zwölf Tugenden."

☆

Text von Yocara für Kinder

Nun, mein Kind, ich heiße Yocara und habe das Vergnügen, mich mit dir und vielleicht auch anderen Kindern über Verständnis und Toleranz zu unterhalten. Gerade Kinder fordern von den Erwachsenen sehr oft Verständnis und Toleranz. Sie hören es von ihnen und haben eine ungefähre Vorstellung davon. Grundsätzlich solltest du lernen, dass man alles, was man einfordert, zunächst selbst lernen und beherrschen sollte. Dafür bist du ja noch ein Kind.

Du wirst nun sagen, dass die Erwachsenen dir ja all das vorleben müssen, was man von Kindern verlangen kann. Glaube mir, das ist nicht immer so einfach. Es gibt Dinge im Leben, die man ständig wieder neu erlernen muss, und zwar deshalb, weil sie immer wieder dem Wandel des Lebens unterliegen. Jedes Wesen hat also einen Verstand. Dieser denkt, bewertet, unterscheidet und urteilt. Das ist auch wichtig. Den Verstand darf also ein Mensch einsetzen, damit er überhaupt Verständnis für etwas aufbringen kann. Hierbei kommt es dann immer noch darauf an, ob man das Verständnis überhaupt haben möchte. Stell dir nur einmal vor, dein Vater weiß ganz genau, dass du zur Zeit nicht so gerne in die Schule gehst. Das hat sein Verstand erkannt. Dafür kann er aber kein Verständnis haben, denn in seinen Augen musst du etwas lernen. Das ist auch richtig so. Eines Morgens dann stehst du auf, und es geht dir wirklich nicht gut. Du teilst ihm mit, dass du an diesem Tag nicht in die Schule gehen möchtest. Nun kann er für deine Entscheidung Verständnis haben, oder auch nicht. Wenn nicht, dann glaubt sein Verstand, dass du dich nur drücken willst. Wenn ja, hat er Verständnis für dich aufgebracht. Indem er dich so akzeptiert, dich umsorgt und dein Zuhausebleiben duldet, übt er Toleranz. Er hat eingesehen, dass du dich jetzt an diesem Tag nicht so verhalten kannst, wie es normalerweise üblich ist.

Nicht immer kann man verlangen, dass alles so verläuft, wie es tatsächlich sein sollte. Toleranz ist also das Üben des Verständnisses. Man zeigt, dass man etwas verstanden hat, von dem man eigentlich eine andere Meinung hatte.

Ein anderes Beispiel: Du hast einen guten Freund, mit dem du schon lange geplant hast, in den Ferien gemeinsam in ein Zeltlager zu fahren. Ihr habt große Pläne geschmiedet und freut euch sehr auf die gemeinsame Zeit. Alles ist schon lange gepackt. Die Ferien nahen. Es sind noch zwei Tage bis zur Abreise. Dein Freund besucht dich und erklärt dir, dass er sich doch entschlossen hat, mit seinen Eltern zu verreisen, da sie sich so große Sorgen machen. Du bist sehr enttäuscht, sogar verärgert. Dein Verstand sagt dir, dass es gemein ist dir gegenüber. Deine Eltern haben kein Geld zum Verreisen, und jetzt musst du zu Hause bleiben. Dein Freund hat ein sehr schlechtes Gewissen. Jetzt liegt es ganz alleine an dir, für seine Lage Verständnis aufzubringen. Er hat es bestimmt nicht böse gemeint. Seine Eltern haben immer noch über ihn zu bestimmen, genau wie deine über dich. Sie wollen ihn beschützen. Er wird auch für dich Verständnis haben müssen, wenn du beleidigt bist. Wenn du dann versuchst, Verständnis zu haben, indem du dir Gedanken machst, warum es so gekommen ist, wirst du viel ruhiger. Das ist oft sehr schwer, ich weiß das.

Später kommt dann die Toleranz hinzu. Du weißt genau, dass es dir nicht sehr viel bringt, ein Leben lang auf deinen Freund böse zu sein. Ihr habt sonst so viel Spaß miteinander. Alles hat einen Sinn. Je mehr Toleranz du übst, um so schöner wird sich die Ferienzeit für dich selbst gestalten. Es wird nicht langweilig sein, glaube mir. Auch deine Eltern und anderen Freunde lassen sich etwas einfallen. Vielleicht würdest du etwas Wunderbares verpassen, wenn du nicht da wärst. Dein Freund lernt so von dir, dass jede unerwartete Situation gemeistert werden kann. Und sei gewiss, es kommt sicherlich einmal ein Moment, wo er auf dich genauso Rücksicht nehmen muss. Denn weißt du, man kann Toleranz und Verständnis nur fordern, wenn man beides selbst meistern kann.

Siehst du jetzt, wie schwer es ist, auch als Erwachsener diese Dinge zu verstehen? Auch die Erwachsenen sind manchmal enttäuscht über ihre Kinder oder andere Erwachsene. Jeder Mensch muss immer wieder an sich arbeiten. Vielleicht können sogar manche Erwachsene etwas von dir lernen. Ich bin sicher, du hast jetzt viel nachgedacht und gelernt. Wollen wir es einmal üben? Ich würde mich freuen. Dann komm in meine Schule nach Atlantis.

EINSTIMMUNG (siehe Seite 17)
MEDITATION

Siehst du den Engel neben dir mit dem rosafarbenen Kleid? Das ist der Engel des Verständnisses. Sein Name ist Stella. Er streckt seine Hand nach dir aus und begleitet dich auf die Erde. Dabei blickt er ernst und gelassen drein. Du hast das Gefühl, als würde er dich tief im Herzen verstehen, ganz so, als könnte er deine Gedanken lesen. Das ist auch so. Stella liest alle Gedanken und kann den Verstand eines

Menschen direkt wahrnehmen. Du kannst diesen Engel immer um Hilfe bitten, wenn du Mühe hast, andere Menschen zu verstehen. Also, schau unter dich. Du siehst dort eine kleine Insel mit vielen Palmen und Wäldern. Viele Blumen blühen überall. Stella kommt mit dir gemeinsam an einem schönen weißen Sandstrand an. Setzt euch gemeinsam hin und fühle dich erst einmal ganz wohl. Lege ruhig deinen Kopf in Stellas Schoß.

Ruhe.

Leise trete ich zu euch hinzu. Ich begrüße dich. Behalte Platz. Du brauchst nicht aufzustehen. Weißt du, ich freue mich immer ganz besonders, wenn Kinder mich hier besuchen. Das kommt gar nicht so oft vor. Unser Thema ist ja auch schon ein wenig schwierig. Deshalb will ich dich auch mit großer Gastfreundlichkeit behandeln. Ich möchte dich einladen, mit mir auf mein wunderschönes Boot zu kommen. Keine Angst, wir bleiben immer in der Nähe des Strandes. Dort draußen gibt es nämlich viele Delfine, die auf uns warten. Komm mit, auch Stella geht mit uns. So kann dir nichts passieren.

Ruhe.

Weißt du, ich möchte mich gerne mit dir alleine unterhalten. Schau, das Boot ist groß, ein richtiges kleines Segelschiff. Es ist rosa angestrichen. Komm, wir machen es uns gemütlich. Steig ein und suche dir ein gutes Plätzchen. Stella möchte dich gerne in ihre Arme nehmen. Wenn es dir angenehm ist, kuschele dich ruhig an sie.

Ruhe.

Ganz leise legt das Schiff ab. Wir besuchen jetzt meine Delfine. Sie warten immer auf die Kinder, denn sie sind ihre Freunde. Delfine sind sehr geduldig und haben für alle Sorgen der Kinder Verständnis. Du kannst mit ihnen sprechen, du wirst sehen.

Ruhe. (Längere Pause mit Musik und Meeresrauschen*)*

Sieh mal, da kommt schon der erste Delfin in die Nähe des Boots. Er springt aus dem Wasser und begrüßt uns freundlich. Da kommen noch mehr, siehst du? Alle freuen sich über deinen Besuch. Sie sind nur gekommen, um dich zu sehen.

Ruhe.

Du fühlst dich wohl und geborgen. Stella und ich hören dir gerne zu. Bitte erzähle uns, was dich beschäftigt. Wo vermisst du Verständnis und Toleranz für deine Lage? Musst du sehr oft Verständnis aufbringen für Dinge, die dir noch zu schwer sind? Wer macht es dir im Moment so schwer? Sprich einfach mit uns darüber. Erzähle uns deine Sorgen.

Ruhe. (Längere Pause)

Weißt du, auch die Menschen, mit denen du es zur Zeit so schwer hast, befinden sich in einer schwierigen Situation. Verständnisvoll und tolerant zu sein, ist ein Zeichen großer menschlicher Qualitäten. Alle stellen hohe Anforderungen. Manchmal sollte man sich einfach mehr Gedanken darüber machen, ob der andere es denn wirklich auch so meint, wie man es selbst versteht. Jeder macht Fehler. Niemand ist perfekt. Auch du musst es nicht sein.

Schau mal nach links. Da kommt ein anderes Segelschiff. Kannst du das sehen? Es wird auch begleitet von vielen Delfinen.

Ruhe.

Es kommt jetzt ganz nahe an uns heran. Schau mal, wer da drinnen sitzt. Es ist der Mensch, von dem du gerade gesprochen hast. Siehst du, auch er oder sie hat uns um Hilfe gebeten. Du bist also nicht alleine auf die Idee gekommen. Das zeigt doch, wie wichtig du dem anderen Menschen bist, oder? Jetzt bitte einfach Stella, in Gedanken für dich mit diesem Menschen zu sprechen. Wir haben sie jetzt als Dolmetscher engagiert. Sage ihr in Gedanken, was sie an liebevollen und verständnisvollen Worten überbringen soll. Denke in Ruhe nach und erzähle ihr alles.

Ruhe.

Schau, jetzt springen die Delfine hin und her. Sie sind wie Briefträger, die alles transportieren. Auch der andere Mensch hat einen Engel bei sich, der so mit Stella spricht. Und so wird dir Stella jetzt die Botschaft aus dem anderen Boot überbringen.

Ruhe.

Kannst du alles für dich annehmen? Wie fühlst du dich jetzt? Es ist doch gar nicht so schwer, Verständnis zu üben, oder? Ihr beide habt das toll gemacht. Aus dieser Unterhaltung wird sich ganz bestimmt viel Toleranz ergeben. Wichtig ist aber, dass du diese Toleranz zeigst. Dann wird sich der andere im Herzen an euer Gespräch erinnern. Behalte den Inhalt des Gespräches ganz für dich. So weißt du immer selbst am besten, was gerade zu tun ist. Es ist unser aller Geheimnis. Und wenn du meine Hilfe brauchst, komm gerne wieder, damit wir daran arbeiten können. Ich freue mich immer auf dich.

Ruhe.

Schau, wir sind schon wieder am Strand angekommen. Die Delfine springen hin und her. Sie wollen sich von dir verabschieden. Winke ihnen ruhig zu. Das andere Schiff hat auch angelegt. Alle steigen wir jetzt aus und gehen aufeinander zu. Reiche dem anderen Menschen friedlich die Hand. Das ist alles. Stella hält dabei deine andere Hand. Alle verstehen sich ohne Worte. Es ist alles gesagt, was wichtig war. Denke immer an meine Worte:

Verständnis ist ein wertvolles Geschenk, das man sich erarbeiten muss. Es öffnet dir die Türen zu den Herzen der Menschen. So braucht es immer weniger Worte, um sich gegenseitig zu verstehen.

Ich möchte mich nun von euch allen verabschieden. Jeder von euch nimmt seinen Engel wieder an der Hand und geht seiner Wege. Kehrt jederzeit zurück an diesen Ort, wenn ihr meine Hilfe braucht. Mein Boot wartet immer auf euch. Du wirst ganz leicht und machst dich mit Stella auf den Weg. Ich winke dir noch einmal zu.

Ruhe. (Leise Musik)

Du lässt Stella los. Sie hat nun andere Kinder abzuholen. Langsam wirst du wieder schwerer und fühlst deinen Körper. Atme tief bis in deine Füße und öffne deine Augen. Du bist wieder in deiner Heimat.

Adonai – Yocara, deine Freundin.

Mantra für Kinder

☆

"Lieber Gott, gib allen Menschen die Kraft, sich gut zu verstehen und miteinander zu sprechen. Ich weiß jetzt, was Toleranz bedeutet."

☆

☆☆☆☆☆

WELLINA – PRIESTERIN DER KINDER DES NEUEN ZEITALTERS

Themen:

- Die Kinder, die jetzt inkarnieren, müssen die Erde retten.
- Sie müssen das Neue Zeitalter garantieren.
- Sie müssen perfekt sein, denn sie haben ja kein Karma mehr aufzulösen.
- Wir alle müssen uns an ihnen orientieren.
- Sie sind hoch intelligent und werden sehr schnell zu Genies.
- Nur spirituelle Eltern werden solche Kinder bekommen.
- Die hyperaktiven Kinder sind alle Indigokinder.

☆☆☆

Wenn du diese Sätze als gegeben nimmst, hast du sehr wenig gelernt. Aber wisse, wir haben dafür Verständnis. Zu viele Menschen haben sich in ihre Träume und alten Erinnerungen verrannt, sind sie doch oftmals karmischer Natur.

Es gab sehr viele Kulturen, die aus ihren Nachkommen Götter und Engel machen wollten. Es wäre nicht das erste Mal. Lerne, die Dinge realistisch und im Sinne des kosmischen Wachstums zu sehen. Ein neues Zeitalter besteht aus euch allen. Eine jede Seele will und soll teilhaben am universellen Aufstieg. Es wäre nicht abzusehen, was geschehen würde, wenn man die gesamte Verantwortung den nun inkarnierenden Seelen auf die Schultern laden würde. Eine jede Seele, die in den irdischen Kreislauf inkarniert, hat ihre Aufgabe und ihr Karma zu bewältigen. Sei gewiss, es gibt in eurem Kreislauf nicht eine einzige Seele, die frei von Karma ist. Gibt es doch im Universum so viele Ebenen. Es gilt, jede Seele zu begrüßen, die sich euch nähert. Es mag sein, dass die jetzt von uns entsandten Seelen ein schnelleres Wachstum erfahren und sich viel früher an ihre mitgebrachte Lebensaufgabe erinnern, dennoch haben sie es verdient, in Ruhe und auch mit Fehlern zu gedeihen. Sie dürfen sich verändern, reinigen und ihrer selbst bewusst werden, so wie sie es für gut halten.

Wenn du das begriffen hast, wirst du auch in der Lage sein, ihre Eigenarten zu akzeptieren. Sei sicher, das Wissen, das sie mitgebracht haben und sich früh entwickelt, ist für euch Erwachsene nicht immer nur schmeichelhaft und überzeugend. Du wirst sehr schnell lernen müssen, in deinen Spiegel zu sehen, hast du doch nicht vergessen, dass man dich dem Spiel der Erziehung aussetzte.

Vielleicht gehörtest du schon zu denen, die man in ihrem Willen sehr früh respektierte, doch das System eurer Gesellschaft hat auch bei dir seine Spuren hinterlassen. Du wirst nun sagen: das kann sein, aber ich habe es ja begriffen. Ich werde tolerant und nachsichtig sein, denn immerhin müssen wir dankbar sein, dass solche Seelen nun ihren Einzug bei uns halten. Lerne, dass das, was du so dahinsagst, wahrgenommen und auf deinem Konto Verständnis und Toleranz verbucht wird. Du hast somit erklärt, dass du dich mit einer transformierenden Veränderung im gesellschaftlichen Leben einverstanden zeigst. Wer von euch ist schon bereit, einer ankommenden Seele vor der Geburt Gehör zu schenken? Das bedingt Verantwortung und Respekt, denn das Gehörte ist eine Tatsache und verlangt die Akzeptanz. Es ist ein Abkommen, das von Seiten des Kindes aktiviert wird. Daran wird man sich zu halten haben, auch wenn die Kommunikation die Neugier als Basis hatte. Oft erkennen wir, dass man das, was bei einem solchen vorgeburtlichen Gespräch vernommen hat, später ignoriert. Manchmal werden die Aussagen auch zu sehr auf die Goldwaage gelegt. Entmutigung macht sich breit, wenn das Kind in den ersten Lebensjahren einen anderen Weg einzuschlagen scheint, hat es sich doch als Vegetarier zu erkennen gegeben und verlangt nach Fleisch. Es erlaubt sich, krank zu werden, da es in der Materie den Giften und all dem Druck auf alle Körper ausgesetzt ist. Es entwickelt Lernschwächen und Interessen, die auf ein niederes Niveau schließen lassen. Denkst du, es steht dir zu, hier ein Maß anzusetzen? Wo ist deine Messlatte anzulegen? Was hast du gelesen und dir an Wissen angeeignet, das dich dazu berechtigt? Wie hättest du dich als Kind empfunden, wenn man dir alle deine kleinen Fehler ständig nachgetragen hätte? Auch du brauchtest deine Zeit der Entwicklung.

Diese kleinen Rosen sind so zart und doch so edel. Versuche dir einfach vorzustellen, dass wir sie sehr, sehr lange kultiviert haben. Sie existierten immer im gleichen Licht. Niemals veränderte sich die Wärme, da wir sie einhüllten in eine liebevolle Watte. Auch du warst dort, bevor du gegangen bist. Dann geht die Rose in die kalte Materie. Sie setzt sich zunächst dem Frost der Erde aus. Du kennst doch das Bild der erfrorenen Blüten. Man schneidet sie ab und wirft sie weg. Nicht einmal die Blütenblätter trocknet ihr. Aber diese Rose muss sich selbst wieder aufrichten. Sie muss warten, bis die wärmende Sonne ihre verständnisvollen Strahlen auf sie wirft und jedes einzelne Blatt streichelt. Die verfaulten Teile wirft sie dann ab und streckt sich wieder dem Licht zu. Du musst Geduld haben mit ihr. Schau, manchmal reicht etwas frisches Wasser, und gelegentlich braucht es eine ganz neue Erde, viel Zuspruch und Licht. Glaube mir, sie ist veredelt, auch wenn sie anfangs ein wenig krumm wächst. Ihre Schönheit und ihr frischer Duft werden euch erfreuen, wenn ihr sie in Ruhe lasst. Fällt sie dem Frost zum Opfer, lasst sie los. Dann braucht sie wieder unsere Kultur, um sich erneut zu verpflanzen. Für diesen Schritt wählt sie wieder einen Garten, der ihr karmisch bereitet wurde. Auch wenn die Seelen, die sie erwarten, nicht spirituell entwickelt sind, wie ihr sagt, sind sie es wert, eine solche Seele aufzunehmen. Wer weiß, wie entwickelt eine Seele ist? Nur sie selbst kann es beurteilen. Mag es doch sein, dass gerade diese kleine Rose diesen Garten zum Erblühen bringt. Mag es dort andere Blumen geben, die man als weniger wertvoll betrachtet hat, so werden sie sich beteiligen am Wachstum, um die Rose zu umrahmen und ihr ein freudiges Beet zu bereiten. So wird es ein gepflegter Garten.

Wenn du ein Kind wahrnimmst, das sich als sehr unruhig und unkonzentriert zeigt, muss es nicht bedeuten, dass es unterfordert ist. Das ist ein sehr hoher Anspruch, der diese Seele extrem belasten kann. Es ist immer wieder die Frage, wie sich das Umfeld des Kindes gestaltet. Wir sehen oft mit Bestürzung, wie viel Leid sich manches

Kind auf die Schultern lädt, wenn es versucht, die Missstände in den Familien mit zu tragen. Es hat die Familie gewählt, wohl wissend, was es erwartet. Doch helft ihm, dieses Los mit allen gerecht zu teilen. Viele werden viel zu schnell erwachsen. Wenn der Geist den Körper und die Seele überholt, ist es nicht immer eine Frage der Intelligenz. Er sucht dann den Ausdruck in den Gesten und im Austausch. Wird es immer so gesehen?

Wenn du möchtest, lade ich dich gerne ein, meinen atlantischen Kindergarten zu besuchen.

EINSTIMMUNG (siehe Seite 15)
MEDITATION

Dein Ziel auf dieser Reise ist meine Wohnstatt. Hier lebe und arbeite ich mit allen Seelen, die sich auf das irdische Leben vorbereiten oder die sich gelegentlich aus ihrem Körper entfernen, um zeitweise an meiner Schulung teilzunehmen. Schnell wirst du merken, dass dir manches gar nicht so fremd erscheint. Schließlich warst auch du schon hier und hast dich der schönen Dinge erfreut. Unter dir liegt Atlantis. Du erkennst eine kleine Insel im Ozean. Sie ist nicht weit vom Festland entfernt. Begib dich dorthin.

Ruhe.

Wisse, du bist erwachsen und keines der Kinder, die ich hier betreue. Aus diesem Grund musst du akzeptieren, dass ich dich nicht dazu einladen werde, unter uns zu weilen. Ich lege großen Wert darauf, dass die zarten Seelen hier vollkommen ungestört sind. Sie verfügen über ein kindliches Gemüt, das dir leider nicht mehr so bewusst ist. Aber es ist für dich kein Problem, alles von oben zu beobachten. Die Vogelperspektive gestattet dir den Blick ins Paradies der Kinder. Du schwebst über einem riesigen Garten. Dafür musst du dich nicht bemühen. Deine Schwerelosigkeit ist perfekt.

Ruhe.

Mein Garten beherbergt alles, was sich ein Kinderherz nur wünschen kann. Lass deiner Phantasie freien Lauf und erkenne die Dinge, die dich selbst als Kind faszinierten. Hier ist immer Zeit für Spiel und Spaß. Dennoch wird auch der Ernst des Lebens vermittelt. Wir leben hier nach dem atlantischen Prinzip. Jeder lernt und spielt, wann er es für richtig hält. Keine Sorge, sie lernen so, wann und wie sie ihre Kräfte am besten einsetzen. Auf der Erde stellt sich dann dieses Potenzial erst zum rechten Zeitpunkt ein. Alles ist gut in die einzelnen Körper programmiert. Sie wissen genau, dass sie sich schon nach euren Regeln verhalten müssen. Hunderte von Kindern sind hier bei mir zu Besuch. Hier gibt es weder Hautfarben noch fremde Sprachen. Alle erkennen sich an ihrer Schwingung. Stell dich darauf ein.

Ruhe.

Wenn du genau hinsiehst, erkennst du überall die Farben der zwölf göttlichen Strahlen. Auch hier werden die göttlichen Tugenden vermittelt. Das ist ihr Handwerkszeug. Wie von Zauberhand geführt, wandeln die Kinder in der für sie richtigen Farbe. Zunächst einmal umgibt sie die Strahlung ihrer Seele. Auch sind sie in dieser Farbe gekleidet. Das macht sie schon hier zum Individuum, das alle anderen in ihren Aspekten respektiert. In Ehrfurcht erkennen sie die Andersartigkeit der anderen an. Siehe dir dieses Spiel der Seelenstrahlen in Ruhe an.

Ruhe.

Ich werde dir jetzt zeigen, wie eine Seele erkennt, dass sie sich auf den Weg in die Inkarnation zu begeben hat. Wir nehmen uns eine Seele vor, die du auf dem blauen Strahl wandelnd beobachten kannst. Sie wird nun von mir aufgefordert, sich an einen ruhigen Platz zu begeben, wo ich auf sie warte. Es ist ein kleiner Tempel, der ganz in Blau gehalten ist, damit sie mich auch gleich findet. Siehst du, wie sie den Weg einschlägt? Wir setzen uns dort gemeinsam in Ruhe hin. Nun öffnet sich für die Seele ein kleines Fenster. Beobachte bitte alles mit. Wir sehen gemeinsam die künftigen Eltern der Seele, wie sie mit der Zeugung befasst sind. Sie erkennt die Kultur, das Land, den Zeitgeist, kurz ihr neues Zuhause, das sie in wenigen Monaten zu beziehen hat. Noch kann sie entscheiden, ob sie sich in dieser Familie wohl fühlen kann. Beobachte sie in dieser schwierigen Phase. Ruhe.

Unser Seelchen hat sich entschieden zu gehen. Das Fenster wird nun etwas größer. Der Horizont erweitert sich. Sie sieht, wie ihr Leben auf der Erde verlaufen wird. Dabei wird ihr bewusst, welches Karma sie erwartet, was es noch aufzuarbeiten gilt, und auch, welche Aufgabe sie für dieses Leben mitnimmt. Sie fasst ihren neuen Plan. Es wird ihr bewusst, dass sie ein Pionier sein wird. Sie wird die Erde in ein neues Zeitalter begleiten dürfen. Ich erkläre ihr, dass sie jedoch einen freien Willen hat und sich jederzeit dazu entschießen kann, zu uns zurückzukehren. Beobachte sie, wie sie sich verändert. Sie wird sehr, sehr nachdenklich. Das Fenster schließt sich langsam.

Ruhe.

Wir würden sagen, diese Seele wurde innerhalb weniger Minuten sehr erwachsen. Sie hat ihre Zeit bei uns schon fast abgeschlossen. Ihre Ziele wurden neu definiert. Sie begann ihre neue Präzipitation. Aber wir sind damit noch nicht zu Ende. Ich führe die Seele nun in einen anderen Raum. Sie weiß, dass ihre Seelenheimat der blaue Strahl ist und kennt alle Aspekte. Ihr geistiger Führer betritt nun den Raum, der ganz in Blau erstrahlt. Die Farben und der Führer verändern sich natürlich je nach Seelenstrahl. Ich trete zurück und wir beide, du und ich, beobachten nun das weitere Geschehen. Die beiden setzen sich gemeinsam hin und ihre Energien verschmelzen. Die Seele nimmt die Kraft der Führung ganz in sich auf. Das ist ein sehr bewegender Moment. Diese Kraft wird ihre einzige Sicherheit da draußen sein. Später wird sie sich zum ersten Mal auf den Weg in ihren künftigen Körper machen dürfen, um erste Erkundungen zu machen. Sie wird ihn mit gestalten und vorbereiten.

Ruhe. (Längere Pause mit Musik)

Ich trete nun wieder zu den beiden. Der geistige Führer und auch ich versprechen der Seele, die sie sich nun gezielt auf die Inkarnation vorzubereiten hat, dass wir immer für sie da sein werden und dass sie jetzt eigenverantwortlich an die Arbeit zu gehen hat. Sie weiß, wo ihre neue Heimat sein wird, welchen Körper sie sich ausgesucht hat und was ihre neue Lebensaufgabe ist. Auch sah sie alle Probleme, die auf sie zukommen werden, aber auch alle schönen Dinge der Materie. Sie wird nun daran gehen, ihre neue Persönlichkeit vorzubereiten. Schau, wie ernsthaft sie geworden ist.

Ruhe.

Den weiteren Weg wollen wir hier im Geistigen begleiten. Du hast nun gesehen, wie einfach es ist, sich auf das Leben bei euch vorzubereiten. Gleichzeitig wurde dir wieder bewusst, welch große Verantwortung man dabei übernimmt. Kannst du nun verstehen, weshalb mir das Wohl eines jeden Kindes so am Herzen liegt? Ich denke, ja. Jeder geht den gleichen Weg. Auch dich ließ ich vor langer Zeit so gehen. Ich möchte dich nun bitten, uns wieder zu verlassen. Du kannst sehen, wie die anderen Kinder weiterhin ganz unbekümmert spielen und lernen. Manchmal kommen sie auch zu zweit oder zu mehreren in meinen Tempel. Das sind dann die Zwillinge oder Mehrlinge. Und so kommen und gehen sie. Ich habe eine wunderbare Aufgabe im Sinne des Loslassens. Denke immer an meine Worte:

Jede Seele befindet sich im Kreislauf des Kommens und Gehens. Sie ist sich all ihrer Werte und Aufgaben bewusst, auch wenn sich der Schleier des Vergessens über sie legte.

Ruhe.

Kehre nun zurück in deinen Körper. Ich wünsche dir und allen Wesen, dass ihr die "neuen" Kinder wie die "alten" in euren Herzen aufnehmen könnt. Lasst sie sein, wer sie sind. Fühle dich wieder in der Materie und atme tief ein und aus.

Adonai – Wellina, deine Freundin.

Mantra

☆

"Vater aller Dinge, lass uns alle den Wert des Wegs der neuen Zeit erkennen. Gib uns die Kraft, sie so anzunehmen, wie sie sind. Zeige uns den Weg der zwölf Tugenden."

☆

Text von Wellina für Kinder

Lass mich dich begrüßen, mein liebes Kind. Es mag sein, dass ich dir zunächst nicht so bekannt vorkomme, aber wir kennen uns sehr gut. Ich bin Wellina, – sagen wir deine Kindergärtnerin im Himmel, bevor du auf der Erde bei deinen Eltern warst.

Vielleicht hast du auch schon von den Kindern des neuen Zeitalters gehört. Manche nennen sie die Indigokinder. Hast du dich auch schon mal gefragt: Bin ich jetzt ein Indigokind oder bin ich keines? Wie kommst du dir dabei manchmal vor? Ich glaube, euch Kindern ist es manchmal gar nicht so recht, wenn die Erwachsenen glauben, euch so gut beurteilen zu können. Eines steht aber fest: Du bist so wie alle anderen Kinder auf die Erde gekommen, um dir und allen Lebewesen, auch Gott, ganz viel Freude zu machen. Du wolltest wie alle anderen auch, dass es Frieden auf der Erde gibt, es allen gut geht, alle gesund und munter sind, und dass jeder genug zu essen und anzuziehen hat. Schau, wenn du überlegst, dass es Kinder auf der Erde gibt, die sehr arm und ungebildet sind, müsste man doch denken, dass sie sich wohl ins falsche Zeitalter verirrt haben, oder? Die können doch wohl keine Indigokinder sein!

Schau, es kommt immer darauf an, wie ein Kind oder ein Erwachsener fühlt, denkt und in seinem Herzen an das Gute in allen Menschen glaubt. Jeder macht einmal Fehler, auch du. Das muss so sein, sonst wärest du nicht auf der Erde, denn du sollst ja wie alle anderen noch so viel lernen. Wenn du dann aber irgendwann einmal spürst oder entdeckst, dass du etwas Bestimmtes ganz besonders gut kannst, dann ist das deine Lebensaufgabe, die du mitgebracht hast, um dich am richtigen Leben auf der Erde zu beteiligen. Das nennt man auch “Fähigkeiten”, “Gaben Gottes” oder auch “Potenzial”, aber das ist so ein Wort der Erwachsenen. Ich sage einfach, es ist das, was Gott dir mitgab, um vielen Menschen damit eine Freude zu machen. Trotzdem darfst du noch spielen, dich mit deinen Freunden, Tieren und Dingen beschäftigen, die auch die Erwachsenen früher einmal gemacht haben. Vielleicht wirst du ja mal ein großer Künstler, ein Heiler oder ein hervorragender Sportler. Dann ist es gut so. Weißt du, es kann ja gut sein, dass dich deine Eltern manchmal nicht so gut verstehen. Pass auf, sie haben in ihrer Kindheit von ihren Eltern gelernt, dass man alles schön nacheinander macht. Wenn man lernt, hört man keine Musik, und wenn Erwachsene sich unterhalten, haben Kinder still zu sein, weil sie noch gar nicht mitreden können. Außerdem geht man abends früh ins Bett, um morgens ausgeschlafen zu sein, wenn die Schule beginnt. Viele von ihnen haben noch gelernt, dass man sich gut ernähren muss, vielleicht auch viel Fleisch essen muss, damit man gesund bleibt. Fleisch gibt Lebenskraft. Das erzählen sie sich oft sogar noch gegenseitig.

Du siehst das alles vielleicht ganz anders. Mag sein, dass du mehrere Sachen gleichzeitig tun kannst und dabei noch gerne Musik hörst. Du bist abends gerne lange wach und genießt die Ruhe, um zu lesen oder zu meditieren, falls du das schon kannst. Morgens bist du dann nicht müde. Du liebst die Tiere so, dass du sie niemals essen würdest. Deshalb hast du auch keine Angst vor ihnen, und die Tiere kommen gerne auf dich zu. Klar magst du auch Süßigkeiten wie alle Kinder. Du fühlst, wenn du krank wirst und dein Körper Ruhe braucht.

Weißt du, es ist wichtig, dass du versuchst, mit den Erwachsenen in Ruhe darüber zu sprechen. Sie müssen wirklich lernen, dich und alle Kinder der neuen Zeit zu akzeptieren. Man nennt das auch "Generationenwechsel". Schau, in der Schule lernst du ja noch vieles über die vergangenen Kriege. Deine Großeltern hatten es noch sehr schwer. Sie wuchsen auf nach einem schweren Krieg. Und deine Eltern mussten auch noch auf vieles verzichten. Für euch haben sie alle guten Grundlagen geschaffen und wollen euch vieles erlauben. Ihr müsst sie einfach liebevoll mitnehmen in euren Gedanken. Dann ist es für alle einfacher. Alle Kinder sind Kinder der neuen Zeit, und wenn ihr einmal erwachsen seid, werden eure Kinder noch mehr für sich verlangen, das kannst du mir glauben. Ich habe alle betreut, deine Urgroßeltern, deine Großeltern, Eltern, und auch dich. Alle hatten sich viel, viel vorgenommen und wollten auf der Erde nur ihr Bestes tun.

Du hast nun mit all deinen Freunden auf der ganzen Welt eine große Aufgabe übernommen. Die Erde soll sich wandeln, gesund werden, und es soll Frieden einkehren. Alle sollen sich lieb haben, Menschen, Tiere, Pflanzen und alles, was du dir vorstellen kannst. Dann sind alle nicht mehr so krank, und viele können das tun, was sie gerne tun möchten. Dafür braucht ihr ganz viel Mut und Kraft.

Möchtest du gerne wissen, was wir beide ganz speziell abgesprochen haben, bevor du zu deinen Eltern gegangen bist? Ich weiß, dass du neugierig bist. Ich weiß auch, dass du sehr klug bist. Deshalb würde ich dich gerne zu mir einladen, damit wir uns an das Ganze nochmals erinnern können. Also, mache dich auf den Weg. Ich warte auf dich.

EINSTIMMUNG (siehe Seite 17)
MEDITATION

Du siehst unter dir eine kleine Insel, gar nicht weit vom Festland entfernt. Sie sieht aus wie ein riesiger Garten. Da du ein Kind bist, das schon auf der Erde lebt, möchte ich dich in eine besondere Schule einladen. Es ist die Schule, in die du gelegentlich nachts im Schlaf kommst, damit wir uns gemeinsam daran erinnern, was du dir vorgenommen hast. Schau, in meinem Garten kannst du von oben viele Kinder sehen, die spielen, irgendwo sitzen und lesen, oder die sich mit ihren Engeln oder geistigen Führern unterhalten. Ich winke dir zu. Kannst du mich sehen? Dann komm sacht herunter. Die Engel, die dich begleitet haben, fliegen langsam weiter.

Ruhe.

Ich grüße dich von Herzen. Es ist schön, dass du hier bist. Komm, wir gehen ein wenig im Garten umher. Schau dir alles in Ruhe an.

Ruhe.

Sag mal, hast du auf der Erde schon einmal eine Ballonfahrt mitgemacht? Du weißt, das sind diese großen Körbe, in die die Menschen einsteigen, und oben dran gibt es einen riesigen Ballon, den man aufbläst. Der Korb fliegt dann mit dem Ballon über die Erde. Ich möchte dich einladen, mit mir eine solche Ballonfahrt zu machen. Dann sind wir ungestört und können uns unterhalten.

Schau, da vorne wartet der Ballon schon auf uns. Sieh ihn dir genau an. Er hat alle Farben, die auch dein Luftballon dir schon zeigte. Der Korb, in den wir einsteigen werden, hat eine spezielle Farbe. Es ist die Farbe, die du dir vorhin schon ausgesucht hattest. Sie möchte heute ganz besonders mit dir arbeiten. Komm, wir gehen hin.

Ruhe.

Sieh mal, da wartet schon jemand auf uns. Es ist dein Schutzengel. Kannst du ihn erkennen? Du kennst ihn schon lange. Er trägt ein buntes Kleid, alle Farben sind darin enthalten. Weißt du, er möchte dir noch viel Gelegenheit geben, dich zu orientieren und die schönsten Farben im Laufe deines Lebens für dich herauszufinden. Dein Geschmack wird sich noch oft ändern. Schau mal, auch dein Kleid, das du trägst, ist ganz bunt. Ist es nicht wunderschön? Komm, wir steigen in den Korb.

Ruhe.

Dein Schutzengel begrüßt dich. Er nimmt dich in seine Arme. Genieße seine Liebe und Nähe. Ich halte mich ganz im Hintergrund. Langsam hebt nun unser Ballon vom Boden ab. Ich bin der Steuermann. Dann habt ihr Zeit, euch zu unterhalten. Du kannst von oben die ganze Insel überblicken. Ist das nicht ein toller Ausblick? Ich finde ihn immer wieder schön.

Ruhe.

Setzt euch doch gemeinsam hin. Die Luft ist ganz warm. Viele Vögel begleiten unseren Weg. Ein Adler hat sich auch mit auf den Weg gemacht. Sieh die vielen Kinder, die da unten ihren Platz gefunden haben. Schau, es sind noch mehr Ballone unterwegs. Du bist nicht alleine auf diese Idee gekommen. Weißt du, ich kann an vielen Orten gleichzeitig sein, wie dein Engel auch. Wir alle arbeiten jetzt zusammen.

Ruhe.

Wir gehen jetzt sozusagen auf eine Traumreise. Der Ballon fliegt auf einen wunderschönen Wasserfall zu. Dein Schutzengel möchte sich mit dir unterhalten und dir zeigen, mit wie viel Begeisterung du dich einst auf den Weg gemacht hast. Vielleicht bist du im Moment nicht so zufrieden auf der Erde. Vielleicht hat es etwas mit den Indigokindern zu tun, wir haben ja schon darüber gesprochen. Nun pass auf, wir schweben jetzt genau vor dem Wasserfall, kannst du das sehen? Dein Engel macht eine Handbewegung wie ein Zauberer, und in dem Wasserfall öffnet sich für dich ein Fenster. Konzentriere dich ganz genau.

Ruhe. (Leise Musik)

Schau genau hin. Du schaust nun zurück in die Zeit, als du noch bei uns in der Schule und nicht auf der Erde warst. Kannst du deine Eltern erkennen? Sie bereiten sich auf deine Geburt auf der Erde vor. Wie einen Film siehst du alle diese Dinge vor dir. Vielleicht sind schon Geschwister da, die auf dich warten. Du siehst deine Mama, und wie dick ihr Bauch schon geworden ist. Da ist dein Körper drin, der langsam wächst. Du weißt, dass du dort mit Freude erwartet wirst. Sie sind alle ganz neugierig. Wenn sie doch nur wüssten, wie viel du schon von ihnen weißt. Schau, wo sie leben. Willst du ihnen helfen, Dinge zu verändern? Auf jeden Fall willst du ihnen ganz viel Freude machen, und das wissen sie. Schau, wie sie schon dein Zimmer einrichten und Babysachen für dich kaufen. Versuche mit ihnen zu sprechen. Sie können dich hören. Weißt du, das geht über das Herz. Du bist ja schon bei ihnen. Konzentriere dich. Dein Engel hilft dir dabei.

Ruhe.

Sage ihnen alles, was dich interessiert und dir wichtig erscheint. Es ist wichtig, dass du dir und ihnen erklärst, was du jetzt in diesem Moment für ganz wichtig hältst und weshalb du auf die Erde kommst. Wenn du größer wirst, werden sich deine Worte und Wünsche ändern. Aber das spielt jetzt keine Rolle. Jetzt bist du noch ein Kind, aber dennoch hast du Ziele und Wünsche. Also, weise sie höflich und liebevoll auf alles hin. Nimm dir Zeit dafür. Auch wir hören dir zu.

Ruhe. (Längere Pause)

Dein Schutzengel hält deine Hand ganz fest, hast du das gemerkt? Er gibt dir all seine Kraft und Energie, damit du dich immer wieder an alles erinnern kannst. Auch wenn du ihn im Alltag nicht sehen kannst, ist er immer bei dir. Er kennt doch alle deine Pläne. Siehst du, wie nachdenklich deine Eltern geworden sind? Sie haben dich genau verstanden. Auch haben sie verstanden, dass du noch ein Kind bist, wie alle anderen. Sie werden dich jetzt vielleicht besser verstehen. Schnell wirst du größer, und deine Erinnerungen an deine gefassten Pläne werden kommen. Keine Sorge. Denke immer an meine Worte:

Du wirst immer ein wichtiges Wesen auf der Erde sein, gleich wo du dich befindest. Und jeden Tag wirst du neue Pläne schmieden, die dich wachsen lassen und dir Flügel verleihen.

Das Fenster schließt sich jetzt wieder. Es bleibt nur noch der Wasserfall übrig. Unser Ballon entfernt sich wieder und fliegt zurück. Unter dir siehst du wieder die anderen Kinder in meinem Garten. Aber du musst nun wieder auf die Erde zurückkehren. Du bist ja schon ein Mensch. Dort hast du viel zu erledigen.

Der Ballon senkt sich langsam zur Erde.

Ruhe.

Dein Engel nimmt dich in den Arm und verabschiedet sich von dir. Du kannst jederzeit zurückkommen und den Ballon mit mir wieder besteigen. Komm, wir steigen in Ruhe aus. Ich gehe mit dir zurück. Winke ihm noch einmal zu. Du glaubst gar nicht, wie wir uns über deinen Besuch gefreut haben. Schau, auch viele andere Ballons sind gelandet. Alle müssen jetzt zurückkehren in ihre Körper. Ich lasse dich los. Du wirst ganz leicht und kehrst in deinen Körper zurück. Ich winke dir noch einmal zu. Komm bald wieder.

Ruhe.

Langsam spürst du dich wieder. Du wirst ganz schwer. Öffne deine Augen. Atme tief ein und aus und strecke dich, so weit du kannst. Ich werde dich nicht vergessen. Du bist immer geschützt.

Adonai – Wellina, deine Freundin.

Mantra für Kinder

☆

"Ich weiß, dass ich eine ganz wichtige Aufgabe mitgenommen habe. Dafür brauche ich viel Zeit, und die hat mir Gott geschenkt."

☆

☆☆☆☆☆

EGLAIA – PRIESTERIN DES ABLEGENS DER EIFERSUCHT

Themen:

- Ich kann nicht loslassen.
- Ich möchte eine perfekte Partnerschaft leben. Der andere soll nur mir gehören.
- Warum haben andere so viel Glück und Besitz, und ich muss mich mit viel weniger zufrieden geben?
- Andere haben immer Glück. Es geht ihnen gut. Nur ich muss mich quälen.
- Ich möchte unbedingt meine Dualseele treffen. Alles andere erscheint mir als Zeitverschwendung.
- Ich bin neidisch, wenn ich sehe, dass andere das besitzen, was ich vergeblich zu erreichen versuche.
- Warum können mich die anderen nicht in Ruhe lassen und mir das gönnen, was ich mir erarbeitet habe? Jeder kann das erreichen.

☆☆☆

Sage mir, weshalb muss das irdische Wesen immer wieder von Besitz träumen? Erkenne, dass jeglicher Besitz und jede daran gebundene Emotion loszulassen ist, willst du jemals die Materie verlassen. Solange du dies nicht bewältigt hast, bleibst du ein Teil des Kreislaufs der niederen Dimensionen. Viele Menschen glauben, sie könnten sich trotz all dieser Hindernisse am Aufstiegsprozess beteiligen. Sei gewiss, ein jeder Makel wird dich zum Innehalten auf der Treppe ins Licht auffordern. Das ist nicht schlimm, doch es ist eine immense Verzögerung. Du selbst wirst auf diesem Weg erkennen müssen, was es noch zu tun gibt, sonst niemand.

Nun kannst du sagen: du hast es gut, bist du doch niemals gestrauchelt. Lass mich sagen, dass wir alle am gleichen Ausgangspunkt gestartet sind. Mehr als einmal hättest du die Gelegenheit gehabt, dich zu läutern und zur Umkehr zu entscheiden. Auch ich wurde vor viele Prüfungen gestellt. Dass ich sie bestanden habe, verdanke ich nur mir selbst. Du warst sicherlich geprägt von deinem Umfeld und auch den Emotionen anderer. Deshalb ist es müßig, darüber zu spekulieren, was du hättest anders machen können. Wir sind Energien der Zukunft und der Taten, nicht des traurigen Rückblicks.

Du hast mich um Hilfe gebeten, da du erkannt hast, dass irgend etwas in dir oder deinem Umfeld nicht mehr ganz korrekt verläuft. Also müssen wir uns die Situation betrachten. Viele Kinder werden schon vom Elternhaus in Emotionen verstrickt. Sie lernen von den Erwachsenen, was Neid und Eifersucht bedeuten. Da ist es ganz natürlich, dass sie so reagieren, wie man sie schulte. Deshalb sollte gerade die Elternschaft dazu genutzt werden, diese Art von Emotionen zu bearbeiten. Ein Kind sollte immer ein Produkt der Liebe zweier Menschen sein. Diese beiden haben etwas Wunderbares geschaffen. Sie gehören zusammen, und niemand sollte diese Liebe und das Vertrauen zerstören können. Auch wenn es keine Dualseelen sind, werden ihnen doch Prüfungen auferlegt, die ähnliche Voraussetzungen mitbringen. Das Leben mit der Dualseele wäre nur noch schwieriger.

Das Umfeld wird natürlich aus karmischen Gründen reagieren. Viele wünschen sich vielleicht eine solche Partnerschaft und auch ein solches Kind. Neid und Eifersucht sind die Folgen. Die Menschen, die es ertragen müssen, verfallen sehr oft in negative Schwingungen, und Missgünstige haben gesiegt. Eine Krise ist die Folge. Dann gehören sehr viel Mut und Selbstbemeisterung dazu, um die Partnerschaft wieder zu retten und ihr ein neues Fundament zu geben. Dabei ist alles so einfach. Es ist nur wichtig zu verstehen, dass man sich grundsätzlich nirgends einzumischen hat. Viele Seelen haben noch nicht verstanden, dass dieses Prinzip eine der größten Prüfungen der Materie darstellt. Wir wissen, dass alles, was vom Menschen verlangt wird, auch einen Lohn mit sich bringt. Die göttliche Liebe wird niemals nur fordern. Wenn sie Ursache und Wirkung schickt, wird sie auch Geben und Nehmen verstehen. Du gibst all deine Energie hinein in diese wunderbare Schwingung der bedingungslosen Liebe, wenn du jedem Wesen, das sich mit dir gemeinsam in der Materie und im Geistigen befindet, nur das Beste wünschst, und indem du allen die perfekte Partnerschaft und die Erfüllung aller Träume als Glückwunsch in die Wiege legst. Ich sage bewusst: auch jedem Wesen im Geistigen.

Wir wissen, dass viele Dualseelen im Geistigen weilen. Da sie mit ihrem Dual in der Materie auf alle Zeit verbunden sind, solltest du auch sie mit einbeziehen. Wissen wir denn, welche Hälfte dieser Einheit du schon länger kennst? Nochmals, denke darüber sehr gut nach. Diese Prüfungen werden immer mehr an Gewicht gewinnen, denn sie sind ein wichtiger Bestandteil für den Eintritt ins neue Zeitalter. Der Frieden muss hergestellt sein, und zwar in jedem Herzen. Deine Frage ist berechtigt, wenn du nun erwiderst: worin liegt die Härte der Prüfung? Ich will es dir erklären. Nehmen wir doch ein Gleichnis:

Ein Bauer besitzt ein großes Ackerland, auf dem er seit Jahren gutes Getreide anpflanzt. Davon lebte er sehr gut. Nun kommt ein Jahr der Dürre. Es will und will nicht regnen. Sein Weizen geht nicht auf. Er weiß nicht, wovon er diesen Winter leben soll. Sein Nachbar pflanzt etwas anderes an. Er hat sich etwas ausgesucht, das mit weniger Wasser zufrieden ist. Dafür war er nie so reich wie der andere. Aber das störte ihn nicht. Der Bauer malt sich in seinen schlimmsten Träumen jetzt aus, wie gut es dem anderen gehen wird, während er selbst auf dem Trockenen sitzt. Neid überkommt ihn und Eifersucht, weshalb er selbst nicht auf die rettende Idee gekommen ist. Was kann er tun? Er kann dem Nachbarn alles Böse wünschen: dass die Käfer über sein Land herfallen und alles vernichten, oder dass er krank wird und sein Land nicht versorgen kann. Dann wären sie auf dem gleichen Stand. Sie könnten sich gegenseitig trösten. Er könnte auch warten, bis der Nachbar alles geerntet hätte. Dann würde er seine Ernte stehlen und für sich nutzen, oder er würde sie vernichten. Das wäre eine noch größere Genugtuung, denn dann hätte der andere zusätzlich alle Mühe gehabt.

Wenn du nun sagst, diese Vorstellungen wären übertrieben, dann verschließt du deine Augen seit Zeitaltern vor der Wirklichkeit. Deshalb kannst du in diesem Kreislauf überleben. Deine Zweifel bestätigen dann höchstens deinen Traum von einer heilen Welt. Die Wirklichkeit habe ich dir beschrieben.

Ich sage dir, was der Bauer tun könnte: Er könnte zu seinem Nachbarn gehen und ihm sagen, was ihm widerfahren ist. Dieser würde sofort überlegen, wie er ihm helfen könnte. Wenn er ihm dann noch ehrlichen Herzens sagen würde, dass er sich für ihn freut, dass ihm dieses Schicksal erspart bleibt und er wenigstens gut über die Runden kommt, dann hätte der Nachbar das Gefühl, einen ehrlichen Menschen vor sich zu haben. Im besten Falle könnte er sich noch anbieten, dem Nachbarn bei der Ernte zu helfen, da sein Acker sowieso nichts mehr hergibt.

Du wirst sicherlich schmunzeln und dabei an die Worte Jesu denken, als er von der Wange sprach, die man zusätzlich hinhalten soll. Aber er dachte sich etwas dabei, als er diese Worte sprach.

Wenn du es noch immer nicht verstanden hast, will ich es noch näher erklären: Das, was dann folgt, ist nicht mehr irdisch messbar. Wir haben es hier mit Stromlinien des Herzens zu tun, was mit der dreifältigen Flamme in direkter Verbindung steht. Ich möchte sagen, wenn du Neid und Eifersucht überwindest und umkehrst in Liebe und ehrliche Unterstützung des anderen, wird in deinem Herzen ein neues Ziel formuliert. Die Weisheit des Christus bringt die Erkenntnis, dass du durch das Ablegen jedweder Emotionen im Sinne von Neid und Eifersucht den geistigen Lohn dafür erhältst, indem von dieser Ebene aus die aktive Intelligenz in Gang gesetzt wird. Das bedeutet, dass sich in diesem Moment ein neues Muster zeigt, das du lange, lange Zeit für völlig unwirtschaftlich gehalten hast. Erst dann wird sich für dich die Lösung zeigen, die dich für alles entlohnt. Du wirst beschenkt mit allem, was du brauchst, um dein Glück und deinen Frieden zu finden. Das ist die erste Hürde, die du zu nehmen hast. Dann wirst du zum Spiegel für andere. Aber du hast soviel gelernt, dass es dir leicht fällt, allen Angriffen ein wertvoller Gegner zu sein. Um es dir für die Zukunft leichter zu machen, lade ich dich ein zu mir. Ich möchte dir einiges zeigen.

EINSTIMMUNG (siehe Seite 15)
(siehe Seite 15)

MEDITATION

Ich habe mich dazu entschlossen, dich in die Lage zu versetzen, die Kommunikation mit deiner Dualseele aufzunehmen. Wisse, sie ist in dir, über dir, weit weg von dir, Licht und Schatten gleichzeitig. Die Trennung ist eine Illusion. Es spielt keine Rolle, ob sie neben dir weilt, auf einem anderen Kontinent oder auf der geistigen Ebene. Wenn du der bist, der du bist, wirst du sie spüren und leben. Ihr seid eins und wart im Grunde nie getrennt, denn etwas hat jede Trennung überstanden: die Urenergie der göttlichen Herkunft. Wärest du niemals in diese Illusion gegangen, könntest du noch heute in der Sicherheit der geborgenen Liebe existieren. Aber du wolltest es so, indem du dich hast fallen lassen in die irdische Emotion des Leidens, das nach einer Erlösung sucht, die dem Paradies nahe kommt. Dieses Leid ist Illusion. Es ist wie ein künstliches Koma, das dich zur endlosen Reise durch die kalte Wirklichkeit zwingt. Reise zu mir in das Licht von Atlantis. Gehe direkt in dein Herz. Du sollst wissen, dass du mich auch in Atlantis immer in meinem kleinen Tempel aufgesucht hast, wenn dich die Trauer der Leere überkam.

Ruhe. (Leise Musik)

Du siehst den Tempel von oben. Steuere direkt darauf zu. Er ist nicht groß. Gerade zwei Menschen haben darin Platz. Es ist ein kleiner Pavillon, ganz bewachsen mit wilden Rosen in allen Farbvarianten von Hellrosa bis Rubinrot. Schon von weitem kannst du ihren Duft einatmen. Er öffnet die Sinne für den Strom der Liebe. Atme ihn ein und schwebe langsam herunter. Ich warte auf dich in dem Tempel.

Ruhe.

Tritt ein und sei mir willkommen. Außer uns ist niemand hier. Niemand erhält von außen Einblick. Wir sind ganz geschützt. Ich habe für dich einen Wein aus Erdbeeren mit Rosenblättern vorbereitet. Nimm Platz in deinem bequemen Sessel und genieße das Getränk. Schließe deine Augen und werde ganz ruhig.

Ruhe.

Ich kenne deine Sorgen, sei gewiss. Es spielt hier für uns keine Rolle, ob du glaubst, deine Dualseele gefunden zu haben, oder ob du dich nach ihrem Dasein sehnst. Du befindest dich so und so in einem Zustand, der noch ein wenig Arbeit an dir voraussetzt. Alles wurde einmal getrennt. Die Dualität schuf auch Gegensätze. Wenn sich die Geister, Körper und Seelen scheinbar scheiden, entsteht die Scheinwelt der ewigen Einsamkeit, der Eiszeit der Herzen. Es wird dunkel, und das Licht liegt am Ende des Tunnels. Schau in diesen Tunnel hinein.

Ruhe.

Du stehst am Anfang des Tunnels. Tritt ein in diese Dunkelheit. Du brauchst keine Angst zu haben. Ich bin bei dir. Schau an dir herab. Du kannst dich genau erkennen, obwohl es doch dunkel ist. Welche Farben kannst du sehen? Sie sind strahlend hell. Das göttliche Licht durchdringt jede Dunkelheit. Du hörst nicht auf, in seiner Liebe zu existieren, gleich wo du dich befindest. Fühle deine Wahl der Dualität. Bist du in deiner Energie männlich oder weiblich? Du weißt, dass dies nicht von deinem Körper abhängig ist.

Ruhe.

Fühle deinen Körper. Er ist stark und gefestigt. Du hast festen Boden unter deinen Füßen. Nun gehe voran in das Dunkel. Es umfängt dich mit seiner Ambivalenz. Einmal ist es kühl, dann wieder sehr warm. Geh.

Ruhe.

Welche Gefühle hast du? Bist du wütend, dass du hier alleine herumwandern musst? Wünschst du dir eine feste Hand, die dir Mut und Vertrauen gibt? Sprich dir selbst Mut zu. Strecke beide Hände nach vorne aus. Hast du dafür das Vertrauen? Strecke deine Hände aus in die Dunkelheit. Akzeptiere das, was dir nun begegnet. Es wird dir nur gelingen, wenn du frei von jeder Wertung bist. Du wirst nichts sehen, nur fühlen. Du suchst deinen Halt und deine Sicherheit. Ich weiß, du möchtest gerne bis zum Licht marschieren, aber nicht alleine.

Ruhe.

Nun spürst du zwei Hände, die dich liebevoll umfassen. Wunderst du dich, dass der Griff dem deinen so ähnelt? Du vernimmst keinen anderen Geruch. Der Schritt, der Ton, alles ist gleich. Du hast völlig vergessen, ob es kühl oder warm ist. Vermeide es, deinen Verstand einzuschalten. Bleibe im Gefühl. Prüfe dich selbst, ob deine Intelligenz in diesem Zustand ruhen kann. Sie würde den Moment zerstören. Fühle und genieße diesen Moment. Euer beider Herz öffnet sich wie eine Rose, die ihre volle Blüte erreicht hat. Daraus entsteht eine einzige Rose, die niemals verblüht ist. Ihre samtigen Blätter sind seit ewiger Zeit wie in einem Gemälde sichtbar. Und glaube mir, eine jede der Milliarden von Seele im Universum weiß, dass sie diesen Blütenkelch niemals wird verändern können. Sie weiß, dass sie ihr wie ein Schädling oder wie ein Schmetterling begegnen kann.

Ruhe. (Längere Pause)

Du hast dein Dual berührt. Wenn dieser Moment sich ergibt, hat der Verstand keine Chance mehr. Er wird fortan jede Hürde nehmen, die eine Trennung bedingt. Du wirst nun erkennen, dass auch die Begegnungen mit anderen Wesen der Spiegel der Dualität sein können. Sie bereiten dich vor auf die tatsächliche Begegnung. Zuerst musst du beweisen, dass dir jede andere Seele es wert ist, deine Liebe aus karmischen Gründen zu erhalten. Diesen Prozess wird deine Dualseele verfolgen und sich dir so immer mehr nähern. So sei offen für jede Begegnung.

Ruhe.

Schau, nun erkennst du die Farben deines Gegenübers im Dunkel des Tunnels. Sie sind so vielfältig wie die deinen. Dennoch spürst du eine ganz bestimmte Schwingung, die euch verbindet. Das ist der Seelenstrahl, der bei euch gleich ist. Es ist ein Gefühl der Untrennbarkeit, des sicheren Gefühls eines Verstehens ohne Worte. Sprich nun zu deinem Dual:

Ich werde dich lieben wie mich selbst. Wir waren eins, wir sind eins und werden es immer sein. Es ist gleich, wo du bist. Ich weiß, dass du mir seit Zeitaltern zur Seite stehst. Ich schätze deine Liebe, die mich befreit von vielen Emotionen. Du bist ein Geschenk Gottes.

Ruhe.

Nun lass die Hände wieder los. Du weißt, dass du nicht festhalten musst. Lass los! Eure Energie ist verbunden. Dafür braucht ihr keine Hände. Verneige dich vor deinem Dual mit dem Gruß der Atlanter. Dabei spürst du, wie der Tunnel immer heller wird. Das Licht durchdringt ihn. Kannst du das erkennen? Alles erstrahlt in den göttlichen Strahlen. Du weitest dich aus und fühlst eine grenzenlose Energie. Es gibt keine Trennung.

Ruhe.

Komm, wir verlassen nun den Tunnel und kehren zurück in meinen kleinen Tempel. Es ist kein Abschied. Du bist nur zu dir selbst zurückgekehrt.

Ruhe.

Ich wünsche dir, dass du nun bereit bist, dich auf alles einzulassen, was dir begegnet. Halte dich zurück, wo es angebracht ist. Dränge dich niemals zwischen zwei Menschen, die ihren Weg gemeinsam gehen, auch wenn es dir schwer fallen mag. Du weißt, der Lohn dafür ist dir sicher. Kehre nun zurück in deine Welt. Ich bin jederzeit für dich da, wenn du mich brauchst. Komm wieder, wenn dir danach ist. Alles braucht seine Zeit. Übe Geduld mit dir und den Menschen. Alle spielen mit im gleichen Spiel des Lebens.

Ruhe.

Du spürst, wie du schwerer wirst. Die Materie nimmt dich wieder in ihre Arme. Der Duft der Rosen begleitet dich in dein Bewusstsein. Atme ihn tief ein und öffne deine Augen. Spüre jede Zelle deines Körpers. Lebe und sei du selbst.

Adonai – Eglaia, deine Freundin.

Mantra

☆

"Vater aller Dinge, gib mir die Kraft deiner Weisheit. Lehre mich das Loslassen und schenke mir dein Vertrauen. Zeige mir den Weg der zwölf Tugenden."

☆

Text von Eglaia für Kinder

Ich freue mich sehr, mich mit dir unterhalten zu dürfen. Es ist gleich, wie alt du bist, unser Thema betrifft alle Menschen.

Neid und Eifersucht sind Krankheiten des Gefühlskörpers. In diesem Körper, der den Menschen in seiner Aura umgibt, ist all das gespeichert, was dieser Mensch jemals an schlechten Gefühlen hatte. Es sind die negativen Gefühle früherer Leben, die noch nicht losgelassen sind, und es sind die Gefühle aus dem heutigen Leben, die dringend geheilt werden sollten. Neid und Eifersucht sind nur zwei davon. Es gibt noch viele andere, wie Angst, Hass, Wut, Zorn, Geiz und vieles mehr.

Gerade Neid und Eifersucht spüren schon viele Kinder, wenn sie noch ganz klein sind. Viele sehen es bei ihren Eltern, Geschwistern, im Kindergarten, unter den Spielkameraden und dann später in der Schule und im Freundeskreis. Du wirst dich vielleicht schon oft gefragt haben, woher das alles kommt.

Weißt du, es gab Zeiten, da hatten die Menschen diese Gefühle noch nicht. Man nannte es das Paradies. Das sind Märchen und Erzählungen. Wenn man das hört, glaubt man, das Leben damals wäre so einfach gewesen. Jeder von euch kann das Paradies wieder schaffen. Damals in Atlantis waren die Menschen noch so klug, dass sie wussten, jeder hat das, was ihm zusteht. Man war damit zufrieden, und wenn man etwas brauchte, konnte man es sich besorgen, ohne andere zu verärgern oder ihnen weh zu tun. Niemand kam auf die Idee, einem anderen etwas wegzunehmen, was ihm gehörte. Man wusste, dass man alles auch selbst erreichen kann. Dafür war man aber auch bereit, etwas zu leisten.

Jetzt frage ich dich: ist es heute so schwer, das auch zu leben? Schau, warum soll man neidisch sein, wenn ein anderes Kind etwas Schönes besitzt, das man selbst nicht hat? Du hast mit Sicherheit auch schöne Dinge, die andere gerne hätten. Vielleicht wärest du mit den Dingen der anderen gar nicht glücklich.

Ich will einmal versuchen, dir etwas zu erklären. Gott und alle deine Engel und Helfer wissen ganz genau, was du dir gewünscht hast, bevor du auf die Erde gekommen bist. Du hast mit ihnen alles ganz genau abgesprochen. Sie wissen, welche Spielsachen du dir vorher ausgesucht hast, welche Freunde, und wann du bestimmte Dinge erleben willst. Man nennt das den Lebensplan. Vielleicht kannst du dir gar nicht vorstellen, dass man von dort aus so viele Kinder auf der ganzen Welt gleichzeitig hüten und betreuen kann. Aber ich sage dir, das geht. Sie betreuen nämlich nicht nur die Kinder, sondern auch all die Erwachsenen, denn die waren ja auch einmal Kinder. Das heißt also, jeder Mensch hat vorher ganz genau geplant, was er haben möchte und erleben muss. Dabei hat er all seinen Helfern natürlich auch gesagt, dass er endlich nicht mehr neidisch und eifersüchtig sein möchte. Die Helfer haben ihm also versprochen, ihm dabei zu helfen, diese unnötigen Gefühle zu verlieren. Das bedeutet aber Arbeit.

Jetzt musst du dir vorstellen, wie das abläuft, wenn ein Mensch geboren worden ist. Du kennst ja aus der Schule den Stundenplan. Jetzt stelle dir vor, du hast dir auch so einen Plan für dein ganzes Leben gebastelt. Der ist natürlich viel, viel größer, denn er muss ja für viele, viele Jahre gültig sein. Er sieht eher aus wie ein Buch. Gott und alle deine Helfer schauen also jeden Tag in diesen Plan und wissen ganz genau, was sie dir an diesem Tag speziell schicken sollen. Stell dir vor, du hast Geburtstag. Du wirst zehn Jahre alt und hast vor langer Zeit Gott genau gesagt, was du dann alles an Geschenken brauchst. Er wird mit Sicherheit dafür sorgen, dass du genau das bekommst. Irgend jemanden wird er schon finden, der die richtigen Dinge besorgt. Da kannst du ganz sicher sein.

So geht es auch allen anderen Menschen. Nun wäre es schön, wenn alle das begreifen würden. Sie bekommen immer das, was sie sich selbst gewünscht haben. Genauso ist das mit Freunden oder Geschwistern. Auch du wolltest bestimmte Menschen in deinem Leben treffen, mit denen du dich gut verstehst, oder mit denen du manchmal Probleme hast. So ist es wichtig, dass du lernst, jede Begegnung in deinem Leben als wertvoll anzusehen, auch wenn sie mal nicht so gut verläuft.

Und noch etwas: Du möchtest doch sicherlich nicht, dass sich andere Menschen einmischen, wenn du gerade einen neuen Freund oder eine Freundin gefunden hast. Es ist dann sehr störend, wenn andere versuchen, euch auseinander zu bringen, indem sie Streit anfangen oder dumme Sachen reden. Das nennt man Eifersucht, das weißt du. Wenn so etwas passiert, weise die anderen höflich darauf hin, dass es jetzt unpassend ist, sich einzumischen. Ärgere dich nicht und ziehe dich nicht einfach verletzt zurück. Weißt du, manchmal muss man Menschen auf so etwas aufmerksam machen. Sie denken nämlich oft, dass du es gar nicht merkst und freuen sich über ihren Erfolg. Ihr Neid wird dann befriedigt. Aber sie haben dadurch keinen Erfolg, denn Gott sorgt dafür, dass sie das gleiche Gefühl erfahren müssen, auch wenn du das gar nicht mehr nachverfolgen kannst.

Aber lerne auch, dass du selbst nicht das Recht hast, dich woanders einzumischen. Akzeptiere einfach, dass es jetzt für die anderen Menschen wichtig ist, sich so miteinander zu beschäftigen. Sie haben etwas Wichtiges miteinander zu erledigen.

Das kann dir auch mit neuen Geschwistern passieren. Du bist schon größer, wenn sie geboren werden, oder du hast ein Geschwister, das sehr krank ist. Dann gibt es Zeiten, wo sich deine Eltern vielleicht mehr um das andere Kind kümmern müssen. Es ist noch viel hilfloser oder nicht so gesund wie du. Das heißt aber nicht, dass sie dich nicht so lieben wie dieses andere Kind. Du beweist durch dein Verständnis, wie erwachsen und verständnisvoll du schon bist. Und ich kann dir versprechen, dass du dafür mit Sicherheit einen Ausgleich bekommen wirst. Gott und alle deine Helfer werden deine Eltern schon darauf hinweisen, dass sie in dir einen wunderbaren Menschen mit einem riesigen Herzen gefunden haben, der auch einmal etwas ganz

Besonderes verdient. Dann schauen sie in deinen Plan und sehen einen besonderen Wunsch, der dir dann erfüllt wird. Dein Plan ist so groß und dein Lebensbuch ist so dick, dass ihnen immer etwas einfallen wird. Hast du vielleicht Lust, mit mir einmal gemeinsam in dieses Buch hineinzusehen? Dann komm mich besuchen. Ich warte auf dich.

EINSTIMMUNG (siehe Seite 17)

MEDITATION

Schau jetzt einmal unter dich. Direkt unter dir siehst du einen wunderschönen Rosengarten. Ganz viele Rosen blühen dort in den Farben hellrosa bis dunkelrot. Siehst du den kleinen Tempel zwischen den Rosenbüschen? Dort kannst du mich finden.

Schau, deine Engel lassen dich jetzt los. Du schwebst ganz langsam herab und landest mitten zwischen den Rosen.

Ruhe.

Ruhe dich ein wenig aus und schau dich um. Eine Fee kommt zu dir. Sie trägt ein Körbchen mit rosa Röschen. Es ist unser Willkommensgruß für dich. Sie überreicht dir ein paar Blüten und lächelt dich freundlich an. Hör zu, was sie dir sagt: "Ich freue mich, dass du uns hier besuchst. Alles, was du hier siehst, steht dir zur Verfügung. Doch lass die Rosenblüten an den Büschen unversehrt. Erfreue dich an ihnen so, wie sie sind. Die Blüten, die wir dir reichen, haben sich bereit erklärt, ihr Leben aufzugeben, um dich zu erfreuen. Sie wissen, dass die anderen Rosen dafür noch ihr Leben genießen dürfen. Ist das nicht eine weise Entscheidung?"

Ruhe.

Nimm in Ruhe dein Geschenk an und bedanke dich auf deine Art bei der kleinen Fee. Sie lächelt dich dankbar an und geht davon. Komm, steh auf und mach dich auf den Weg durch die Rosenbüsche.

Ruhe.

Siehst du, es ist gar nicht weit, bis du zu meinem kleinen Tempel kommst. Ich warte da auf dich. Nimm Platz in dem bequemen Sessel. Nur wir beide sind zugegen.

Schau, auf dem kleinen Tisch steht ein phantastischer Himbeersaft. Trinke ihn. Er wird dir gut tun.

Ruhe.

Was liegt dir auf dem Herzen? Hast du Fragen an mich? Unser Thema ist Neid und Eifersucht. Aber wir wollten ja mal einen Blick in deinen Lebensplan, oder sagen wir dein Lebensbuch werfen, nicht wahr? Du befindest dich gerade in einer Zeit, wo du mit Neid und Eifersucht zu kämpfen hast, ich weiß das. Deshalb ist es für dich gut, einmal zu sehen, dass du damit nicht alleine bist.

Du hast deine Augen geschlossen. Nun stell dir vor, dass sich ein riesiges Buch öffnet. Wie im Kino siehst du eine große Leinwand vor dir. Dort siehst du dich mit den Menschen, die es dir im Moment so schwer machen. Das, was du gerade mit ihnen erlebt hast, läuft dort ab wie ein Film, den du anschauen kannst. Ist das nicht interessant? Sieh dir den Film in Ruhe an.

Ruhe. (Längere Pause mit Musik)

Was fühlst du? Bist du traurig oder wütend? Freust du dich vielleicht, dass du einem anderen Menschen eins ausgewischt hast? Bist du der Meinung, dass das, was du gerade wieder erlebst, so ganz richtig ist? Ich denke, es gibt da einiges zu regeln, nicht wahr? Also, ich weiß, dass du sehr intelligent bist. Deshalb verstehst du auch, dass es euch allen nichts bringt, wenn man diesen Zustand bestehen lässt. Da gibst du mir doch sicherlich recht. Lass es noch ein wenig auf dich wirken.

Ruhe.

Jetzt wollen wir uns in Gedanken einmal mit dem oder den Menschen zusammensetzen, die in diesem Film vorkommen. Wir alle gehen gemeinsam in einen wunderschönen Raum. Dort kannst du alle möglichen Farben entdecken. Ihr alle tragt wunderschöne Gewänder, die herrlich leuchten. Jeder hat das gleiche Gewand an, siehst du das? Alle seid ihr auf eure Art und Weise schön.

Wir setzen uns gemeinsam auf den Boden. Dort liegen herrlich weiche, bunte Kissen. Jedem von euch reiche ich nun ein Büchlein und einen Stift. Mache mit dem Stift einmal ein paar kleine Striche. Es fließt eine wunderschöne rosa Farbe heraus. Da hat man richtig Freude, damit zu schreiben, nicht wahr? Male ein wenig damit.

Ruhe.

Jetzt möchte ich euch etwas diktieren. Jeder von euch schreibt es in sein Büchlein. Wir nennen es das "Büchlein der Geheimnisse des Lebens". Nur ihr wisst jetzt, was da drin steht, denn es betrifft euch alle gemeinsam. Also schreibt auf:

Hier sind wir alle gleich. Wir sind hier in der Schule von Gott. Alle tragen wir das gleiche Gewand, und alle dürfen wir die gleiche Liebe Gottes, aller Engel und Helfer für uns haben. Es gibt genug für alle. Wir müssen weder neidisch noch eifersüchtig sein. Das, was wir brauchen, bekommen wir immer wieder geschenkt. Wir sind uns einig, dass wir froh sind, uns gefunden zu haben. Das Leben auf der Erde ist so interessant und schön. Alle haben das Recht, glücklich zu sein. Dabei wollen wir uns gegenseitig helfen. Es ist nicht schön zu streiten und dem anderen Dinge wegzunehmen, die man sich selbst sehr gewünscht hat. Das tut weh und macht nur ärgerlich. Wir sind alle Freunde, auch wenn wir sehr verschieden sind. Deshalb sind wir alle ja auch so neugierig.

Vielleicht fällt dir zusätzlich noch etwas besonders Nettes ein, das du den anderen sagen möchtest, damit sie es für sich aufschreiben können. Möchtest du eventuell jemanden für etwas um Verzeihung bitten? Oder wäre es dir wichtig, mit jemandem Freundschaft zu schließen? Dann erzähle es, damit er oder sie es aufschreiben können.

Ruhe. (Längere Pause)

Jetzt höre genau zu, ob die anderen dir noch etwas zu sagen haben. Es kann sein, dass sie dich nur dankbar anlächeln. Vielleicht fehlen ihnen die Worte. Nicht jeder kann immer gleich sagen, was er fühlt. Höre und schau hin. Ruhe.

Jetzt ist es gut. Ihr habt viel gearbeitet. Kommt, gebt mir euer Büchlein. Ich will es hier aufheben, falls ihr mal wieder herkommen wollt. Dann schreiben wir wieder etwas hinein.

Wir verlassen den Raum und gehen wieder in den Tempel. Setze dich wieder hin.

Ruhe.

Jetzt siehst du, wie die Leinwand sich wieder schließt. Dein Film ist für heute zu Ende. Wenn du einmal wiederkommst, wird sich ein neuer Film zeigen.

Du hast nun gelernt, wie einfach es ist, sich auch mit den Menschen auseinander zu setzen, die sich nicht immer so gut mit dir verstehen. Alle sind nur Menschen, und oft tut es ihnen auch leid, wenn sie dir etwas angetan haben. Du würdest dich auch oft gerne entschuldigen und hast nicht den Mut dazu. Aber du siehst, es geht irgendwie immer. Die Menschen müssen lernen, sich immer wieder über diese Dinge zu unterhalten. Aber du kannst jederzeit zu mir kommen, wenn du dich darin üben willst. So kommt die Zeit, wo du es auch mit den anderen direkt klären kannst. Ich bin mir da ganz sicher.

Du darfst jetzt wieder nach Hause zurückkehren. Ich habe mich sehr gefreut, dass du diesen wichtigen Schritt getan hast. Die anderen werden dir dafür dankbar sein. Nimm deine Rosenblüten mit. Sie gehören dir. Ich verabschiede mich in Liebe von dir. Komm jederzeit zu mir zurück.

Ruhe.

Du verlässt meinen Tempel und wirst ganz leicht. Unter dir siehst du wieder den Rosengarten.

Ruhe.

Langsam wirst du schwerer und schwerer. Du fühlst dich wieder ganz in deinem Körper. Atme tief und ruhig. Öffne deine Augen und strecke dich aus.

Adonai – Eglaia, deine Freundin.

Mantra für Kinder

☆

"Lieber Gott, lasse alle Menschen Freunde sein. Jeder soll das bekommen, was er braucht und sich vorgenommen hat."

☆

☆☆☆☆☆

DIE GROSSE INVOKATION

Mächtige ICH BIN Gegenwart,
lass aus dem Lichtpunkt im Geist Gottes
Licht in den Geist aller Menschen einströmen.
Lass Licht auf die Erde herabfließen.

Lass aus dem Liebespunkt im Herzen Gottes
Liebe in die Herzen aller Menschen einströmen.
Möge dadurch das Christusbewusstsein bei allen Menschen
täglich mehr und mehr aufwachen,
wachsen und in der Tat zu Tage treten.

Lass aus dem Zentrum, wo der Wille Gottes sitzt,
den Sinn entspringen, der den Menschen leitet,
der Sinn, den die Meister kennen und dem sie dienen.

Lass aus dem Herzen der Menschheit
den Plan der Liebe und des Lichtes erfolgreich sein.
Möge er alles Destruktive transformieren und auflösen!
Lass Licht und Liebe und Kraft den Plan auf Erden
wieder herstellen.

So sei es!

Anmerkung

Die große Invokation ist eine Anrufung, um die Seele mit der ICH BIN-Gegenwart in Verbindung zu bringen und so ihrem wichtigen Auftrag zu folgen. Außerdem bitten wir durch die Invokation alle hohen Energien, sich an unserer wichtigen Arbeit zu beteiligen.

Die hier veröffentlichte Version wurde von Bernhard Linz, einem Schüler des Aufgestiegenen Meisters Serapis Bey, neu erarbeitet. Sie enthält neue Aspekte, die, wie wir meinen, dem aktuellen Zeitgeschehen angepasst sind.

Bernhard Linz bekam vor mehr als fünfzehn Jahren den ersten Zugang zu verschiedenen traditionellen Rhythmen der Karibik. Weiterhin folgte die Beschäftigung mit brasilianischen und westafrikanischen Rhythmen. Durch seine Seminare und laufenden Kurse vermittelt er sowohl die Spieltechniken und Rhythmen, als auch den Zugang zum persönlichen kreativen Ausdruck. So hilft er den Menschen dabei, ein Stück Lebensfreude auf der Suche nach den eigenen Wurzeln zu finden.

Für Kontaktaufnahme hier seine Anschrift:
Bernhard Linz
Brückenstr. 4
66564 Ottweiler-Fürth

Einige Worte zum Abschluss

Die Texte und Meditationen empfehle ich im Allgemeinen für Kinder ab zehn Jahren. Es ist sicherlich auch eine Frage der Vorarbeit mit den Eltern und Geschwistern. Kinder, die Meditationen, spirituelle Themen und Gespräche in der Familie gewohnt sind, können sicherlich auch schon früher mit dem einen oder anderen Kapitel in Kontakt gebracht werden.

Sollten Sie an der Einzelarbeit mit mir interessiert sein, wenden Sie sich bitte an den Smaragd Verlag, um die Adresse des Instituts Morya zu erfahren. Schreiben Sie mir Ihren Kontaktwunsch und fügen Sie einen mit 1,-- € frankierten Rückumschlag bei. Dann erhalten Sie von mir die wichtigsten Informationen. Meine Seminare können Sie nur besuchen, wenn Sie eine Einzelsitzung bei mir hatten, da wir in den Seminaren darauf aufbauen. Sehen Sie bitte von persönlichen Fragen und Schilderungen in Ihren Briefen ab, da ich aufgrund meiner intensiven Arbeit nicht in der Lage bin, persönliche Briefe zu beantworten. Ich danke Ihnen für Ihr Verständnis.

Gerne möchte ich Sie noch einmal auf das Bild "Die Präzipitation" von Marcus vom See aufmerksam machen. Es entstand zu meinem Buch "Die zwölf göttlichen Strahlen und die Priester aus Atlantis" unter Anleitung des Meisters El Morya und des Atlanters Tunere. Der vom Künstler und mir signierte Kunstdruck kann im Posterformat direkt unter folgender Adresse bestellt werden:

Marcus vom See
Postfach 1237
79196 Kirchzarten
E-Mail: Marcus-vom-See@t-online.de

Bitte fügen Sie 30,-- € für Kosten und Versand im Inland oder 35,-- € für Ausland in bar oder als Verrechnungsscheck bei.

Ich möchte die LeserInnen an dieser Stelle bitten, mit uns daran zu arbeiten, dass die Bücher der Weißen Bruderschaft auch im Ausland bekannt werden. Es ist unser großer Wunsch, dass die Bücher in andere Sprachen übersetzt und so allen Menschen zur Verfügung gestellt werden können. Wir danken Ihnen für Ihre Empfehlungen.

Claire Avalon

Die zwölf göttlichen Strahlen und die Priester aus Atlantis

384 Seiten, geb., ISBN 3-934254-12-8

Dieses umfangreiche, ausschließlich gechannelte Werk enthält hochinteressante Informationen über das Wirken der zwölf göttlichen Strahlen und macht uns mit dem neuen und doch alten Basiswissen aus Atlantis vertraut, das uns bisher nicht zur Verfügung stand. Wir lernen 84 atlantische Priester und Priesterinnen kennen, die von EL MORYA vorgestellt werden und dann selbst zu ihren speziellen Aufgaben sprechen. Ein wichtiges Buch, das auch viele Therapeuten, Heilpraktiker und Helfer der Menschheit erreichen möchte.

Claire Avalon

Die Weiße Bruderschaft

EL MORYA: Was ihr sät, das erntet ihr!

256 Seiten, broschiert, ISBN 3-926374-59-4

EL MORYA, Aufgestiegener Meiser und Herrscher des Ersten Strahls, zeigt in diesem Buch über Karma sehr anschaulich, dass es keinen strafenden Gott gibt, sondern jede Seele für das verantwortlich ist, was ihr widerfährt und dass jedes noch so kleine oder große Problem seine Ursache hat. vor allem lässt er uns spüren, dass der Vater allen Seins mit unendlicher Liebe und Güte auf die Rückkehr jeder Seele wartet.

Auch für Therapeut/inn/en ein wichtiges Buch.

Barbara Bessen

KRYON

Neue Botschaften des Lichts

ca. 200 Seiten, gebunden, ISBN 3-934254-79-9

Nun ist es auch möglich, die Botschaften der Erzengelwesenheit KRYON direkt in deutscher Sprache zu hören und zu lesen. Das Medium Barbara Bessen channelt seit September 2002 die Worte der beliebten und bekannten Wesenheit KRYON. KRYON gehört zur Familie der Schwerter und ist direkt der QUELLE unterstellt. Die Richtung des Magnetgitters der Erde ist eine seiner Hauptaufgaben gewesen, die im März 2003 beendet wurde. KRYON ist weiterhin für uns da, um bekannte und neue Informationen an uns weiterzugeben – Botschaften, die wichtig sind für die Öffnung des Herzens, ohne die der Eintritt in die Neue Energie und die Entwicklung zum Kosmischen Menschen nicht möglich ist.

Anna Amaryllis

Die Weiße Bruderschaft – Freunde im Licht

160 Seiten, broschiert, ISBN 3-92637-52-7

Dieses Buch gibt einen Einblick in das Wirken der Weißen Bruderschaft, zu deren Mitgliedern u.a. Jesus, Daskalos, El Morya, St. Germain, die Indianerin No-Eyes und Yogananda gehören. Es vermittelt Zuversicht, Kraft und Freude all denen, die um die Frunde im Licht wissen und sich diesen Energien öffnen.
Das Einstiegsbuch zum Thema DIE GROSSE WEISSE BRUDERSCHAFT.

Barbara Vödisch

Einssein mit Gott – das Ende jeder Suche

192 Seiten, broschiert, ISBN 3-934254-08-X

Mit überwältigender Intensität und Dringlichkeit über Wochen, von einer nicht beschreibbaren unendlichen lichten, in in allem enthaltenen Energie erfasst, empfing die Autorin innerhalb kürzester Zeit diese Durchgaben von „ES", göttliches Sein, das zu uns Menschen spricht, um uns zu helfen, die Einheit mit Gott zu erfahren.
Eins sein mit Gott ist nicht Erleuchteten in Indien, Mönchen oder Asketen vorbehalten. Es ist jedem Menschen zu jeder Zeit möglich.
Dieses Buch räumt daher mit Missverständnissen und Tabus auf und ermutigt und hilft dem spirituell erfahrenen, aber auch dem unerfahrenen und skeptischen Leser, aller Suche ein Ende zu machen und unendliches göttliches Sein, unendliche göttliche Liebe für immer gewahr zu werden.

Barbara Vödisch

Lady Nada: Botschaften der Liebe

196 Seiten, DIN A 5, Softcover, ISBN 3-926374-75-6

Hier ist die Antwort der geistigen Welt zu einem Thema, das die Menschheit seit jeher bewegt hat.
Nada, Aufgestiegene Meisterin, spricht über das Thema Liebe in all seinen Facetten: Die Liebe zu sich selbst und zu anderen; zu Pflanzen und Tieren; Kontakt mit der geistigen Welt – das sind nur einige Themen dieses Buches, aus dem so viel Liebe strömt, dass einem bei der Lektüre ganz warm und das Herz ganz weit wird.

Simone Crämer

Sananda: Ihr seid das Licht der Welt
Neue Botschaften zur Bergpredigt

192 Seiten, broschiert, ISBN 3-934254-38-1

Dieses aus der geistigen Welt übermittelte Buch verbindet altes christliches Gedankengut mit dem Christusbewusstsein unseres Neuen Zeitalters.
Der Aufgestiegene Meister und Weltenlehrer SANANDA gibt uns ein Neuverständnis seines Anliegens und knüpft dabei an die Bergpredigt an, jene Eingangsrede zum Neuen Testament, deren immerwährende Gültigkeit und tiefe spirituelle Weisheit noch immer wegweisend für uns ist.

Barbara Vödisch

Sananda – die Neue Zeit ist jetzt

192 Seiten, broschiert, ISBN 3-934254-44-6

Sananda (auf Erden als Jesus Christus bekannt) gibt uns hier für diese Zeit großer Turbulenzen und Herausforderungen im Privaten wie im Weltpolitischen wichtige Hinweise, u.a. auch zum 11. September, zu Macht und Machtmissbrauch, zu den Indigo-Kindern sowie zu Ernährung und Krankheit. Er zeigt eindringlich auf, dass wir auf keine bessere Welt in der Zukunft warten sollen, sondern beschreibt, wie wir hier und jetzt wahren Frieden, die Vollendung finden können, mit Segenssprüchen, Gebeten, Meditationen und Affirmationen sowie zahlreichen praktischen Tipps.

Barbara Vödisch

Sananda - Frieden jetzt!

168 Seiten, broschiert, ISBN 3-934254-76-4

Sehnen auch Sie sich nach Frieden in Ihrem Leben und vor allem in der Welt? Frieden ist, wenn es auch schwierig erscheint, hier und jetzt möglich! Wie das endlich wahr werden kann, zeigt uns Sananda aus dem Bewusstsein ewigen Friedens. Als Jesus der Christus setzte er sich auf Erden schon unermüdlich für Frieden und Liebe ein.
Die Energie des Friedens ist in diesen Zeilen so präsent, dass Sie durch das Lesen allein mehr Frieden mit sich und der Welt finden können. Mit Meditationen und vielen praktischen Hinweisen.

Manuela Torelli

SANANDA

Maria Magdalena – Meine große Liebe

144 Seiten, A5, broschiert, ISBN 3-934254-69-1

Sananda spricht in berührenden Worten und einer wunderschönen, etwas altertümlichen Sprache von seinem Leben in Atlantis und zu späterer Zeit als Jesus Christus, aber v.a. von seiner großen Liebe, die in beiden Inkarnationen nicht gelebt werden konnte/durfte. Mit großer Zuneigung, die in jeder Zeile zu spüren ist, erzählt er von Maria Magdalena, die als Seelenaspekt der Aufgestiegenen Meisterin Lady Nada unter uns weilt, und ihrer wichtigen Aufgabe, die sie noch zu erledigen hat, bevor sie den endgültigen Aufstieg in die Einheit machen darf.

Ines Witte-Henriksen

St. Germain – Die Violette Flamme der Transformation

144 Seiten, broschiert, ISBN 3-934254-58-6

St. Germain führt uns in die Arbeit mit der Violetten Flamme ein, damit wir dieses kraftvolle Instrument der Transformation für uns und andere im Alltag nutzen können. Hilarion vermittelt Wissen über die grüne Heilflamme. Seine Heilmeditationen im grünen Strahl bestärken uns darin, uns für die eigene Wahrheit zu öffnen und unseren inneren Bildern und Wahrnehmungen zu vertrauen. Das Innere Kind erfährt Heilung durch das Mitgefühl der Aufgestiegenen Meisterin Kwan Yin und die bedingungs-lose Liebe der Delfine. Die Hilfe der Aufgestiegenen Meister wird durch dieses Buch für jeden praktisch erfahrbar.

Ines Witte-Henriksen

Einweihung in die türkise Flamme von Atlantis

144 Seiten, broschiert, ISBN 3-934254-74-8

Aus der Blütezeit von Atlantis bringt uns die Engelwesenheit Amai das Geschenk der türkisen Flamme. Der türkisfarbene Strahl ist eine Engelenergie, die zusätzlich zu den zwölf göttlichen Strahlen den türkisen Farbstrahl zur Verfügung gestellt wird, um uns direkt in die Neue Energie zu tragen.
Mit Sanftheit und Güte führt Amai uns zu unseren atlantischen Wurzeln, damit wir uns erinnern und unser Potenzial von damals wieder nutzen können.
Mit wunderschönen Channelings, einfühlsamen Meditationen, Gebeten und Einweihungen.